Christian Steinhag

MÜNSTER IM DRITTEN REICH

Ein Stadtführer

Aschendorff Verlag

ZUERST

Während der Arbeit an diesem Buch fanden sich zahlreiche Personen, die wichtige Postitionen in der NS-Zeit hatten, die aus Münster stammten, eine Zeit ihres Lebens hier aus beruflichen oder privaten Gründen verbrachten oder sich nach dem Krieg hier niederließen. Ihnen, den Ereignissen jener Zeit und den Orten gilt das Interesse. So entstand ein Stadführer, der in sechs Rundgängen mit über 100 Stationen die Stadt Münster in jenen Jahren erlebbar macht.

Über die Zeit des Nationalsozialismus und des 2. Weltkrieges ist in Münster schon viel veröffentlicht worden. Deshalb erschien es sinnvoll, möglichst weitgehend auf Wiederholungen zu verzichten, weshalb manche, durchaus sehr bekannte Persönlichkeiten dieser Jahre, nicht vorkommen.

Den aktuellen Forschungsstand zu Bischof Galen editierte Joachim Kuropka, eher hagiographisch sind die älteren Galen-Bücher von Max Bierbaum und Heinrich Portmann. Gisela Möllenhoff erforschte jahrelang mit weltweiten Kontakten die Schicksale jüdischer Familien aus Münster. Den Bombenkrieg mit zahlreichen Fotos findet man in den Titeln „Bomben auf Münster" des Stadtmuseums sowie bei Hüffner, „Münster in Schutt und Asche". Eine generelle Darstellung dazu – mit Passagen über Münster und den nordwestdeutschen Raum – enthält Jörg Friedrich, „Der Brand". „Die Universität Münster im Nationalsozialismus" von der Forschungsgruppe um Hans-Ulrich Thamer erschien 2012, während die Universitäts-Festschrift von 1980 ein Totalausfall ist. In dieser Darstellung existieren die Jahre 1933–45 nicht. Für die Zeit nach 1945 im Raum Münster sei auf Julia Volmer-Neumanns Arbeit „Bürokratische Bewältigung", Essen 2012 sowie den Band zur Dauerausstellung der Villa ten Hompel „Wiedergutmachung als Auftrag" hingewiesen.

Darüber hinaus bleibt zu sagen: Viel vom „Jägerlatein" während der Recherchen war zwar unterhaltsam, aber dennoch nicht brauchbar. So etwa das vermeintlich geplante Hitler-Attentat der KPD Münster im Februar 1933 an der Klemensstraße, für das der Attentäter in einer münsterischen Gartenlaube bereits ausgelost worden sei und sich deshalb schon von seiner Ehefrau verabschiedet habe. In diese Kategorie fällt auch der münsterische Anwaltssohn mit Freisler-Kontakten, der 1919 im Berliner „Adlon" logierte, bevor er angeblich im zarten Alter von 18 Jahren von Karl Liebknecht und Rosa Luxemburg zu politischen Gesprächen empfangen wurde. Auch Gerüchte, wonach Medizinprofessor Joseph Arneth (1873–1955) in der Nacht des Novemberpogroms 1938 einem verletzten jüdischen Kollegen die Behandlung verweigert haben soll, erwiesen sich als falsch.

Widersprüchliche Quelleninhalte waren ständige Begleiter bei den Recherchen. Falsch beschriftete Fotos des Bundesarchivs, schon in ihrer Enststehungszeit divergierende NS-Amtsbezeichnungen und auch Internetfunde waren Imperative zur Kontrolle.

Berichtigungen und Ergänzungen erreichen den Autor über den Verlag. Besonders dankt der Autor Christoph Spieker von der Villa ten Hompel für ständige Informationsimpulse, starke Nerven bei der Erörterung diffiziler Fragenkomplexe und seinen Einsatz für das Gelingen des Projekts. Außerdem sei ihm für die Durchsicht des Manuskripts gedankt.

Münster im März 2013

Christian Steinhagen

INHALTSVERZEICHNIS

ERSTER RUNDGANG

INNERHALB DER PROMENADE

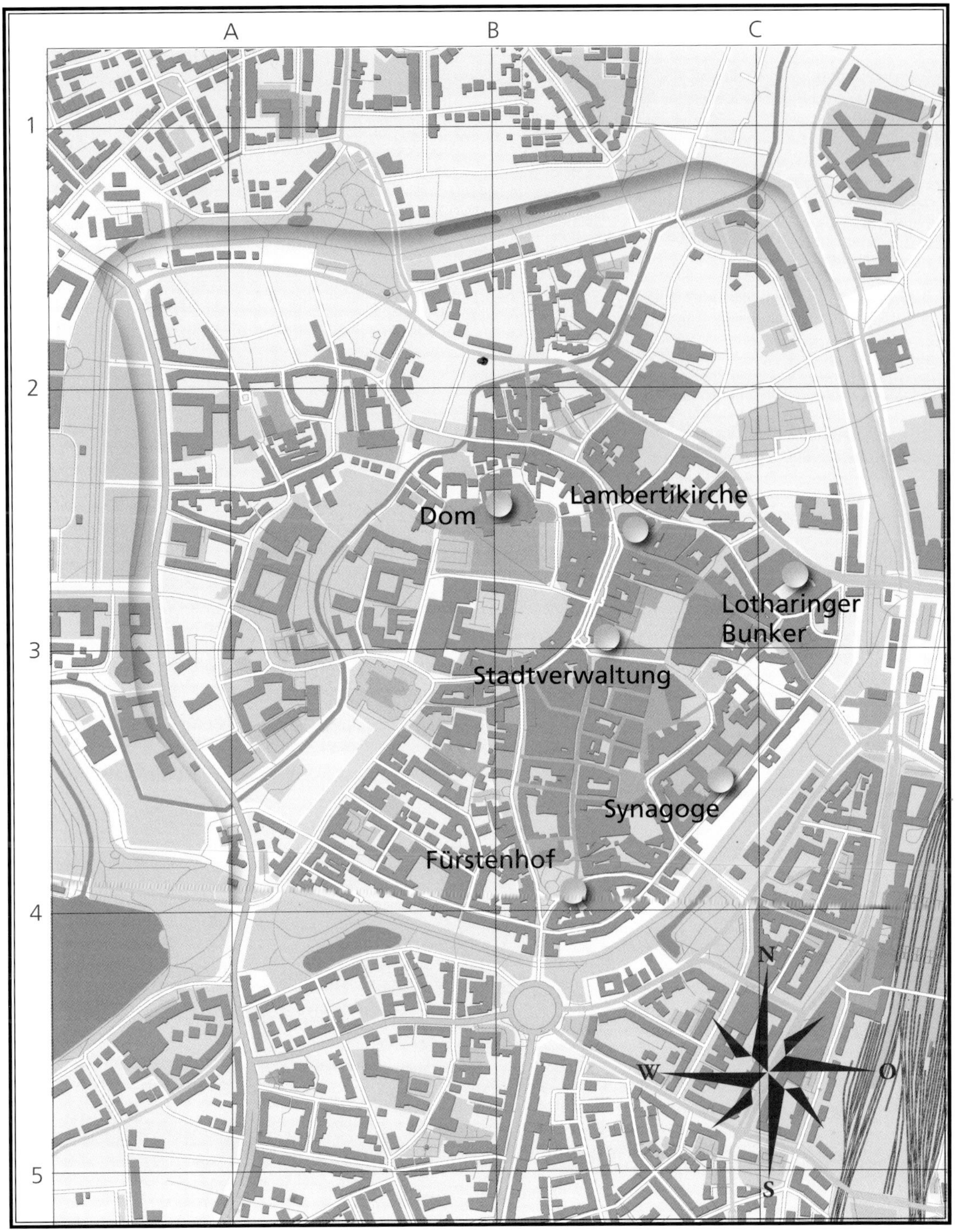
A
B
C
1
2
3
4
5
Dom
Lambertikirche
Lotharinger
Bunker
Stadtverwaltung
Synagoge
Fürstenhof
N
W
O
S

Viel Geld wurde in der NS-Zeit im Zwinger verbaut. 1944 wurde er zerbombt; 1945 wurden dort Zwangsarbeiter erschossen.

1. HJ – Zwinger

Von der Stadtbefestigung zu Kunstinstallationen erlebte der Zwinger eine Historie ständig wechselnder Nutzungen. Mehrmals konnte der Abriß zur Promenadenverbreiterung im letzten Moment vermieden werden. Als Notquartier 1919–1935 war der Zwinger an den Künstler und Mitbegründer der Künstlergemeinschaft „Schanze“ Friedrich Wilhelm Liel vermietet. Von 1938 bis 1944 war der wuchtige Rondellbau Kulturhaus der Hitlerjugend. Dafür wurde der Zwinger aufwendig saniert. 17 Funktionsräume: Heimabendraum, funktechnische Bereitschaft, (Schellack-) Schallplattenschneidegerät, Kaminraum, Dienstzimmer, Kaminecke waren einige davon. Der Orchester-Probenraum hatte eine gute Akustik, die auch für Radioaufnahmen genutzt wurde. 500 Jugendliche der HJ (Hitlerjugend) und des BDM (Bund deutscher Mädell, Volksmund: „Bubi Drück Mich“) nutzten das Vorzeigeobjekt. Der HJ-Betrieb nahm allerdings im Kriegsverlauf immer mehr ab, weil zunächst die HJ-Führer eingezogen wurden und dann die Einberufungsjahrgänge immer jünger wurden, bis im Frühjahr 1945 die Einberufungen für den Jahrgang 1929 verschickt wurden. Zugestellt wurde diese Post manchmal durch die schon anwesenden Alliierten. Die erschreckten Eltern warfen das Schreiben dann schnell in den Ofen, damit die Söhne nicht noch als Kriegsgefangene angesehen und abtransportiert würden. 1944/45 war der Bau Gestapogefängnis. Im Spätsommer 1944 wurden im Innenhof drei russische Zwangsarbeiter erschossen. Im benachbarten Gefängnishof erschossen Ende März 1945 fünf Gestapo-Beamte 17 russische Zwangsarbeiter. Heute erinnert eine Gedenktafel daran.

Auch für Konzerte wurde der Zwinger genutzt.

2. JÜRGEN STROOP – Zeppelinstraße 8

Himmlers Mann fürs Gröbste war Jürgen Stroop. Was kaum einer machen wollte, zog er bis zum Ende durch: 1943 vernichtete er das Warschauer Ghetto; nach dem 20. Juli 1944 leitete er die Hinrichtungen. Von beiden Verbrechen gibt es nur noch wenige Spuren. Ein Fotoalbum von der Ghettovernichtung schickte er an Himmler; der Film von den Hinrichtungen 1944 wurde nach dem Krieg aus Archivbesitz gestohlen und soll sich jetzt in der Schweiz befinden. Ein Jahr war Stroop in Münster; vom Mai 1934 bis zum Juni 1935 leitete er eine SS-Dienststelle, die in der Zeppelinstraße 8 dafür eine Wohnung gemietet hatte. Es fing gut für ihn an, denn gerade hatte er eine enorme Beförderung erhalten. Himmler persönlich hatte sich bei seinem Besuch in Münster im Juni 1934 gewundert, daß Stroop nur einfacher Scharführer war. Spontan und an allen Vorschriften vorbei hatte Himmler ihn daraufhin um drei Dienstgrade zum Hauptsturmführer ernannt (siehe S. 202). Das entsprach einem Hauptmann beim Militär. Es war der nachgeholte Dank für Stroops Organisation des Wahlkampfes im Land Lippe Mitte Januar 1933, der ein wesentlicher Schritt zum Machtantritt 1933 war.

Stroop in SS-Uniform rechts hinter Gauleiter Alfred Meyer.

In dieser Zeit war die SS allerdings regional noch keine Killertruppe, sondern kultivierte in auf Taille geschnittenen schnieken Uniformen ein elitäres Gehabe mit Abgrenzung von der Saalschlägertradition der SA. Die SS in Münster plante in dieser Phase Aufmärsche, Parteiorganisationsfragen und Germanenkult. Der 20. Juli 1934 war für die SS ein bedeutsames Datum: Hitler erhob die SS zur selbständigen Organisation der NSDAP, wobei Reichsführer-SS Himmler (noch) dem Obersten SA-Führer unterstand. Eine willkommene praktische Auswirkung kam sofort: Die SS bekam jetzt Geld von der Partei, während sie sich bis dahin selbst zu finanzieren hatte. Stroops SS-Dienst erfolgte primär am Schreibtisch. Als Stabschef des SS-Abschnitts XVII mit Hauptquartier in Münster empfing er Meldungen und geheime Berichte, organisierte und bildete Nachwuchskräfte aus. 1934 besuchte er Bischof Galen im bischöflichen Palais am Domplatz, der soeben die NS-Rassenlehre verurteilt hatte. Stroop hatte Respekt vor der mächtigen Erscheinung des Bischofs und versuchte herauszufinden, wie sich dieser in Zukunft verhalten würde. Galen lobte zu Gesprächsbeginn Stroops Mutter als aktive Katholikin im protestantischen Detmolder Umfeld und lehnte die Wiedereinführung altgermanischer Religionsformen ab. Vehement wandte er sich gegen Hochzeiten vor Wotan-Altären und Rituale wie das Verstreuen der Asche eines Verstorbenen über dessen

Unverändert steht das Haus an der Zeppelinstraße, wo die SS für ihre erste Dienststelle in Münster eine Etage gemietet hatte.

Felder. Stroop beeindruckte Galens Kenntnis seiner Teilnahme an einer solchen Zeremonie: „Perfekter jesuitischer Geheimdienst!" formulierte er darüber. Wütend war Galen über jene Parteikreise, die Kirchenbesitz beschlagnahmen wollten. Stroop sah Galen als perfekten nationalbewußten Deutschen, beanstandete aber, daß Galens Führungszentrum außerhalb Deutschlands Grenzen lag und daher Konflikte in Zukunft vorprogrammiert seien. Später wurde Galen vorgeworfen, er habe den Nationalsozialismus unterschätzt und als Hauptgegner den Kommunismus angesehen. Unter dem Kommunismus hatte es aber schon bereits Millionen Morde gegeben, bevor Hitler einen Tag im Amt war. Im selben Jahr traf Stroop ein familiäres Unglück: Wenige Tage nach der Geburt starb sein zweites Kind Jürgen, was er in Verzweiflung und Unkenntnis seiner Frau anlastete. Bei Abschluß seiner Stabstätigkeit an der Zeppelinstraße und vor der Versetzung nach Hamburg im Juni 1935 wurde Stroop zum SS-Sturmbannführer befördert; insgesamt vier Beförderungsstufen hatte ihm das Jahr in Münster eingebracht. Gemäß der im militärischen Bereich üblichen Abwechselung zwischen Schreibtisch und Praxis erwartete ihn dort eine praktisch-militärische Position: Die Führung eines SS-Reiterregiments.

Jürgen Stroop, geb. 26. September 1895 Detmold, hingerichtet 6. März 1952 Warschau — 1935 SS-Sturmbannführer Hamburg, 1936 Obersturmbannführer, 1938 Standartenführer, 1939 Befehlshaber SS-Abschnitt Gnesen, 1941 karrieretaktische Änderung seines Vornamens von Josef zu Jürgen, April 1943 Leitung der Vernichtung des Warschauer Ghettos, dabei 17.000 Tote im Ghetto und 49.000 später vergast, dann Höherer SS- und Polizeiführer (HSSPF) Warschau, September 1943 HSSPF Griechenland, November 1943 HSSPF Wiesbaden für

Abschnitt Rhein-Westmark, nach 20. Juli 1944 Abordnung als Henker in Berlin-Plötzensee, 1945 Werwolf-Führer Frontgebiet Niederrhein, 1947 Todesstrafe US-Militärgericht, dann Auslieferung an Polen, 1951 Todesurteil, 1952 Hinrichtung Warschau.

3. SYNAGOGE – Klosterstraße 8/9

Die Umstände und Zerstörungen des Novemberpogroms 1938 sind erforscht. In Münster hatte man damit schon ein Jahr vorher begonnen, was kaum bekannt ist: In der Nacht vom 23. auf den 24. Oktober 1937 brachen Unbekannte in die Synagoge ein und zerhackten die Sitzbänke. Der Gebetsraum sah danach aus wie ein Trümmerfeld. Der geplagte Rabbiner Friedrich Leopold Steinthal befürchtete

Imposant war die Synagoge an der Klosterstraße, von der eine Innenaufnahme nicht bekannt ist. Heute stünde sie unter Denkmalschutz. Bereits im Oktober 1937 wurde die Inneneinrichtung der Synagoge verwüstet.

weitere Zerstörungen und ließ die Schäden unauffällig beheben. Strafanzeige wollte er nicht stellen, weil er keine Anregungen für Nachfolgetaten liefern wollte. Die Lokalpresse brachte das Ereignis nicht; die Konsequenzen wären unabsehbar gewesen. Allerdings machte der M.A. (Münsterischer Anzeiger, Vorläufer der „Westfälischen Nachrichten") einen geschickten Schachzug. Auf die Titelseite kam eine behördliche Anordnung aus dem weit entfernten Danzig. Darin stand, daß der Danziger Polizeipräsident ausdrücklich Beschädigungen jüdischen Eigentums verboten hatte. Ein Jahr später, im bekannten November 1938, half auch das nichts mehr. Der auch von auswärts herangeschaffte Mob verwüstete die Synagoge zur Ruine; Meßgewänder und Thorarollen wehten durch die Promenade. Rabbiner Steinthal wurde in die Gräfte am Kanonengraben gejagt. Später veranlaßte jemand von der Gestapo Münster seine Freilassung aus dem KZ und Steinthal gelang die Ausreise. Die Synagoge wurde danach abgerissen und das Grundstück war jahrelang Streitobjekt gieriger Kaufleute. Am Ende diente es als Löschteich zur Feuerbekämpfung nach Brandbombenabwurf. 2012 wurden bei Erweiterungsarbeiten im Erdreich die historischen Fundamente entdeckt.

4. ALFRED MÜLLER-ARMACK – Wallgasse 6

Professor Alfred Müller-Armack. Der Namensbestandteil „Armack" ist der Geburtsname mütterlicherseits.

Wer es mit der Theorie genau nimmt, sieht in Alfred Müller-Armack den Gründer der „sozialen Marktwirtschaft". Denn Ludwig Erhard setzte diese zwar um, aber das Konzept stammte von seinem Staatsekretär aus dessen früherer Zeit in Münster. In seinem Buch von 1947 „Wirtschaftslenkung und Marktwirtschaft" entwickelte er die theoretische Grundlage für den erneuten Aufstieg Deutschlands zur Industrienation. Von 1938 bis 1950 lebte Müller-Armack in Münster, wo er den Lehrstuhl für Nationalokönomie (heute Volkswirtschaft) und Soziologie übernahm und die heute noch bestehende „Forschungsstelle für allgemeine und textile Marktwirtschaft" gründete. Die Jahre des „Kriegs-Plankapitalismus", also der privaten Gewinnmaximierung bei staatlichen Produktionsvorgaben, verbrachte er im inneren Exil. Seine Vorlesungen orientierten sich an unverfänglichen kultur- und religionssoziologischen Fragen. Als Parteimitglied blieb er ohne jegliche NS-Aktivität. 1941 erschien sein Buch „Genealogie der Wirtschaftsstile" über die geistesgeschichtlichen Ursprünge neuzeitlicher Staats- und Wirtschaftsformen, das 1944 die dritte Auflage erreichte. Darin hatte Müller-Armack soziologische Elemente der „verschiedensten Lebensgebiete einer Zeit" betrachtet und dementsprechend die „Wirtschaftsstile" als untrennbare „Erscheinungsformen des Sozialen und des Wirtschaftlichen" bestimmt. Dementsprechend betrachtete er gemäß dem von ihm nach 1945 geprägten Begriff der „sozialen Marktwirtschaft" diese als einen neuen Wirtschaftsstil. Diskret entwickelte er in der Wallgasse Planungen in diese Richtung für die Zeit nach Kriegsende, wie auch die ähnlich orientierte „Freiburger Schule". Das war gefährlich und bei Entdeckung wären geschickte Argumente nötig gewesen, um der Anschuldigung „Zweifel am Endsieg" wirksam zu begegnen. Müller-Armack war Verfechter des Mittelweges zwischen Kapitalismus und Planwirtschaft. Neben der Freiheit des ökonomischen Handelns betonte er in seinem gesamten Schrifttum stets die Gesamtverantwortung der Marktteilnehmer anstatt des schnellen Griffs in die Kasse.

In diesem Haus wurde ab 1943 die soziale Marktwirtschaft als dritter Weg zwischen Kapitalismus und Sozialismus konzipiert.

Alfred Müller-Armack, geb. 28. Juni 1901 Essen, gest. 16. März 1978 Köln — 1926 Habilitation Köln, 1926–1938 Privatdozent und außerplanmäßiger Professor ebda.,1938–1940 außerplanmäßiger Professor Münster, 1940–1950 ordentlicher Professor ebda., 1950 ordentlicher Professor Köln, 1952–1958 Leiter I (Wirtschaftspolitik) Bundeswirtschaftsministerium, 1958–1963 Staatssekretär ebda. für europäische Angelegenheiten, 1958 Verwaltungsratsmitglied „Europäische Investitionsbank", 1960 Vorsitzender konjunkturpolitischer Ausschuß EWG, 1963 wieder Professor Köln, 1966–1968 Aufsichtsratsvorsitzender „Rheinische Stahlwerke", 1964–1971 Ratsherr Köln.

5. WALTER BLUME – Bispinghof 20

Walter Blume in der Untersuchungshaft bei den Nürnberger Prozessen.

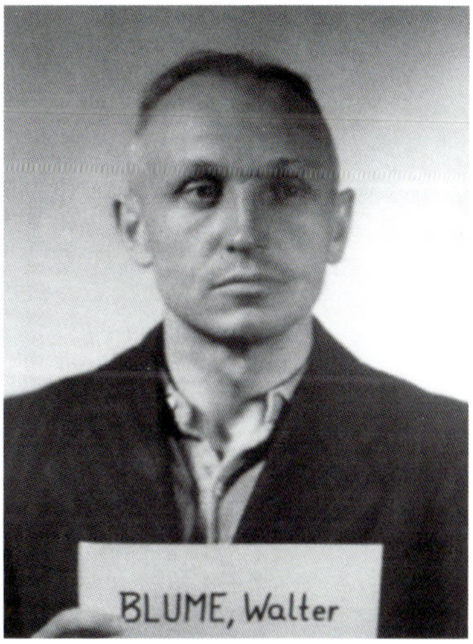

Lange Zeit betrachtete die Forschung die Angehörigen der Mordkommandos, die sich harmlos „Einsatzgruppe A, B, C, D (von Nord nach Süd)" nannten, nur als gescheiterte Landsknechtsexistenzen, die ihr Trauma von 1918 hatten. Der Blick auf eine große Zahl der Haupttäter, mit dem Doktortitel verzierte Volljuristen, geriet dabei lange in den Hintergrund. Dieses Buch enthält sieben dieser Juristen als Direkttäter (Bast, Blume, Braune, Hahn, Schöngarth, Schmidt-Schütte, H. Zimmermann), die in Münster studiert oder eine Position bei der Gestapo hatten und deren extreme Taten auf der Kombination von Befehlsgehorsam mit kreativer Eigeninitiative basierten. Zwei weitere Juristen (Landgraf, Hahn) hatten Taten dieses Kalibers schon hinter sich, bevor sie zur Gestapo Münster kamen. Bei diesen Tätern kann man den üblichen Vorwurf mangelnder gerichtlicher Verfolgung nach 1945 nicht erheben. Nur Bast konnte sich bis zu seiner Ermordung 1947 verstecken, bei Landgraf,

Walter Blume wohnte am Bispinghof 20. Außer dem kurvigen Straßenverlauf ist nichts geblieben.

Hahn und Schmidt-Schütte gab es erhebliche Beweisnöte. Die Quellenlage über deren Tätigkeiten in Münster ist mager; sowohl wegen der Kürze der Zeit in Münster, als auch, weil SS und Gestapo Münster ihre Unterlagen bei Kriegsende komplett verbrannt hatten. Walter Blume, Sohn eines Dortmunder Lyzealoberlehrers (Mädchengymnasium), studierte nach Bonn und Jena drei Semester in Münster vom Sommersemester 1927 bis zum Sommersemester 1928. Zur Universität hatte er nur sehr wenige Schritte vom Bispinghof 20 direkt bei der ehemaligen Universitätsbibliothek, wo jetzt die Strafrechtler sind. Seine Vermieterin war eine Tabakgroßhändlerswitwe; die Bewohnerschaft in dem Haus war gemischt vom Professor bis zum Polizisten. Im Januar 1929 beendete er das Studium mit dem Examen beim Oberlandesgericht Hamm.

Von dort führte ihn der Karriereweg zur Gestapo. Bei dynamischen Karrierebeamten waren ständige Versetzungen üblich; Blume wohnte also immer zur Miete. Bekannt wurde er wegen schwerster Kriegsverbrechen sofort nach dem Angriff auf Rußland 1941. Sämtliche erlernte Zivilisation wurde zurückgelassen und ein extremer Gewaltmodus begann. Es waren keine spontanen Exzesse, sondern eine von der Führung in Berlin diabolisch vorbereitete Aufhebung jeglicher Sinngehalte und Ethik. Schon früh, Mitte Juni 1941, wurden viele dafür Vorgesehene von Heydrich zu einer geheimen Tagung in Berlin versammelt, neben Blume auch Karl Jäger (siehe S. 80). Dabei gab der initiative Heydrich einen allgemeinen Rahmenbefehl zur Ausrottung der „Untermenschen", wobei die individuelle Ausführung jedem selbst überlassen blieb, einschließlich eifriger Unterstützung Einheimischer vor Ort.

Bispinghof 20.

Erklärungsempfänger waren SS-Männer, die in der Regel über zwei verschiedene Karriereschienen in diesen Bereichen angekommen waren. Viele dieser Kategorie waren Volljuristen, die nach dem Examen bei der Gestapo gutbezahlte Anfangsstellen gefunden hatten. Die zweite Gruppe kam ursprünglich von der Polizei und gelangte über eine Dienstrangangleichung zur SS. Das Führungsprinzip hieß: „Kämpfende Verwaltung". Im Klartext bedeutete das einen steten Wechsel von Managerqualitäten am Schreibtisch und Völkermord im Osten. Sozial flankiert wurde das Ganze mit beträchtlichen Sozialleistungen wie etwa zehn Wochen Urlaub im Jahr. Dem Bewußtsein, jetzt alle Brücken hinter sich abgebrochen zu haben, folgte ein fataler Kameradschaftsgeist, das Ganze jetzt beschleunigt durchzuziehen. Auch der Kulturschock der Invasoren über die elenden Zustände im Stalinreich wurde ausgenutzt und pauschal mit dem Kontext „Untermenschentum" abgestempelt.

Die Gerichtsakten des Angeklagten Walter Blume vom Einsatzgruppenprozeß 1947/48, dem neunten (von 12) Nürnberger Nachfolgeprozessen, sowie seine späteren Aussagen als Zeuge gegen weitere Täter ergeben folgendes Bild: Als Befehlshaber des Sonderkommandos (SK) 7a der Einsatzgruppe B leitete Blume Massenerschießungen weißrussischer Juden von Juni bis August/September 1941. Je nach Tagesform griff er auch selbst zur Waffe oder mußte sich übergeben. Die Akten belegen auch den Wandel der Vorgehensweisen. Bei den ersten Aktionen herrschte Chaos; es wurde wild herumgeschossen mit Aggressionen unter den Mordschützen, die völlig unvorbereitet waren. Manche drückten sich vor dem Schießen, manche waren im Mordrausch. Auf Anregung Blumes führte das Sk 7a ein schematisches Verfahren ein, bei dem sich zwei Schützen ein Opfer vornahmen samt Absprache, wer auf den Kopf und wer auf die Brust zielen sollte. Gleiches galt für Mütter mit Baby im Arm. Dabei diskutierten die Schützen, wo genau das Projektil ins Genick treffen müsse, um zu vermeiden, daß umherspritzende Hirnmasse und Schädelknochen die Uniformen verunreinigten. Unter der allgemein eingeführten Sprachregelung wurden kollektive psychische Probleme der Täterseite als „seelische Anstrengungen" und „widerliche Pflicht" bezeichnet. Wer jedoch Spaß beim Morden zeigte, wurde sofort wegversetzt. Das Gleiche galt auch für diejenigen, die das Mitmorden verweigerten. Nach zehn Tagen Chaos hatte sich in allen Kommandos die Erkenntnis durchgesetzt, daß die Tötungen in einem weniger belastenden Handlungsrahmen abzulaufen hatten, und zwar angelehnt an die strukturierten Handlungsmuster militärischer Exekutionen. Während Blumes zweier Monate als

Parallel und nur wenig zeitversetzt zu Walter Blume verlief das Leben von Friedrich Schmidt. (geb. 6. Dezember 1908 Bochum, 1962 Namenserweiterung „Schmidt-Schütte", gest. nach 1969). Beide beendeten ihr Jurastudium in Münster, wobei Schmidt 1929 Mitbegründer des lokalen NS-Studentenbundes war. Beide Beamtensöhne waren nach dem Examen in Hamm arbeitslos und fanden nach 1933 ihren Berufsstart bei der Polizei/Gestapo. Auf den Machtverlust der SA nach 1934 reagierten beide mit dem Übertritt zur SS. Bis 1941/42 hatten sie rotierende Posten in Gestapoleitstellen an wechselnden Standorten (beide nacheinander Breslau), danach jeweils mehrere Funktionswechsel zwischen den Erschießungen im Osten und den Schreibtischen der Personalabteilung im RSHA (Reichssicherheitshauptamt). Nach 1945: Zerbombte Meldeämter und sein häufiger Name ermöglichten Schmidt das Untertauchen und eine Karriere bei der Hamburg-Mannheimer Versicherung. Die DDR erblickte in ihm konspirative Fähigkeiten und wollte ihn als Agenten anstellen. Weil Schmidt nicht wollte, brachte das „Neue Deutschland" im November 1961 seine NS-Vergangenheit ans Licht. Mehr als zwei Jahre Untersuchungshaft verursachte das im kalten Krieg aber nicht.

Kommandoführer belief sich die Anzahl der Tötungen auf 1.000; andere Kommandos erschossen in derselben Zeit das Vier- bis Fünffache. Auch waren Blumes Nachfolger länger als er Chef des Sk 7a, sein Nachfolger vier Monate, dessen Nachfolger ein Jahr. In den 60er Jahren wurde Blume mehrfach als Zeuge vor Gericht geladen. Da er wegen seiner Tat nicht mehrfach bestraft werden konnte, beschrieb er seine eigenen Tatbeiträge korrekt. Aber zugunsten seiner angeklagten Kollegen verfolgte er ebenso konsequent die klassische Entlastungsstrategie, indem er die Schuld immer denjenigen zuschob, die schon tot waren. In einem Interview dieser Jahre bramarbasierte er vom „völkisch-preußischen Ethos" und hatte auch etwas zu beklagen: Daß die Endlösung der Judenfrage nicht auf die Zeit nach Kriegsende verschoben worden war. Von Juni bis Oktober 1944 befehligte Gerhard Bast (siehe S. 121) als letzter Führer das Sk 7a.

Walter Blume, geb. 23.Juli 1906 Dortmund-Marten, gest. 13. November 1974 ebd. — 1932 unbezahlter Hilfsrichter Dortmund und Promotion; 1933 Leiter der politischen Abteilung beim Polizeipräsidenten Dortmund mit Beitritt NSDAP und SA; 1935 Wechsel von SA zu SS, bis 1939 Gestapo Dortmund, Berlin, Halle, Hannover; 1939 SS-Obersturmbannführer und Chef Gestapo Berlin; 1941 Reichssicherheitshauptamt, als Leiter der Personalabteilung (Gruppe I A im Amt I) Zusammenstellung der Mordkommandos („Einsatzgruppen"); Juni bis August/September 1941 Befehlshaber Sonderkommando 7a der Einsatzgruppe B; September 1941 Ministerialrat/Standartenführer, 1942 Partisanenbekämpfung Slowenien, 1942/43 Chef Sicherheitspolizei Düsseldorf; 1943 Befehlshaber der Sicherheitspolizei (BdS) Griechenland; 1944 Berlin; 1948 Todesurteil Einsatzgruppenprozeß, 1951 Reduzierung zu 25 Jahren Haft; 1955 Freilassung, dann Geschäftsführer Soest.

6. GESTAPO-JAGD-BILDER – Drubbel

Die ungarndeutschen Gäste der Stadt im April 1941.

Osteuropäische Grenzkonflikte auf Münsters Boden ausgetragen plus Zugriff der Gestapo – das war Mitte April 1941 eine lebensgefährliche Mischung. Diese Volksdeutschen aus Ungarn, die als Gäste der Stadt eine schöne Zeit in Münster hatten und ein handwerkliches Bildungsprogramm absolvierten, waren nicht so friedlich, wie das Bild vermuten läßt. Ein einzelner querköpfiger politischer Gegner reichte aus, damit das Idyll in eine kleingruppendynamische Gewaltgemeinschaft umschlug. Der Provokateur war ein vergammelter Langzeit-Musikstudent, der einen Job als Geiger in einem Kino hatte und dessen Name unbekannt ist. Er wurde impertinent und störte die ungarndeutsche Gruppe mit seinen politischen Ansichten. Diese betrafen Grenzkonflikte auf dem Balkan, die damals wie heute emotional hoch besetzt waren. 1941 kam hinzu, daß die europäischen Nationalsozialisten häufig fanatischer waren als das deutsche Vorbild. Das lag auch daran, daß diese hofften, deren Grenzkonflikte würden gleichzeitig von den Deutschen während des Kriegs miterledigt. Daher wollte man sich vorauseilend mit dem NS-Staat gut stellen. Ungarn war darüber hinaus noch ein Sonderfall, weil es nach 1918 zum Kriegsverlierer erklärt worden war und zwei Drittel seines Staatsgebiets verloren hatte, die dann unter seinen gierigen Balkan-Nachbarn verteilt wurden. Ein wirtschaftliches Chaos in dem zerfetzten Reststaat war die Folge. Seitdem dürstete Ungarn auf Rache und wartete auf den großen Erlöser. Der Frankfurter Musiker schimpfte laut über Hitler wegen der Eroberung Jugoslawiens und das wochenlang; immer wenn er die Ungarndeutschen in der Innenstadt erblickte, legte er los. Diese betrachteten das natürlich völlig anders und begrüßten Jugoslawiens deutsche Besetzung wie die Festnahme eines Räubers. Anstatt den lange Zeit lästigen Störer einfach zu verjagen, was bei der Übermacht der kräftigen Ungarndeutschen gegenüber dem schlaffen Geiger wohl möglich gewesen wäre, beschloß man schärfere Mittel: Erst Fotos, dann Polizei. Es entstanden diese beiden Fotos, das erste, nachdem der Frankfurter sein Mittagessen in einem Schnellrestaurant Ecke Rothenburg/Königsstraße beendet hatte. Der Geiger rannte los, spurtete über den Prinzipalmarkt und entwickelte dabei ungeahnte Geschwindigkeiten, um seine Wohnung der Neubrückenstraße zu erreichen. Erst am Spiekerhof, Ecke Neubrückenstraße, gelang das zweite Foto, ebenfalls verwackelt. Weil es wegen der politischen Komponente keine übliche Belästigung war, erfolgte die Verhaftung nicht durch die normale Polizei, sondern durch die Gestapo. Wie es weiterging, ist nicht bekannt, weil die Gestapo ihre Akten im letzten Moment 1945 verbrannte.

Die Jagd auf den Musiker ging von der Rothenburg ...

... bis zum Drubbel, Ecke Neubrückenstraße.

7. „ZUM DEUTSCHEN HERMANN" – Neubrückenstraße 35

Vor 1933 waren die Räumlichkeiten der Partei karg und die Adressen wechselten oft. Später wurde das als tragendes Element verherrlicht, das die Bewegung erst richtig zusammengeschmiedet und hochgebracht habe. 1924/25 war der „deutsche Hermann" das Lokal der Bewegung. Der Name dürfte den Parteigenossen gefallen haben. „Hermann" stand für „Hermann den Cherusker" als Vorzeige-Germanen, aber auch die Namensgleichheit mit Hermann Göring erwärmte das nationalsozialistische Herz.

Um welches Parteilokal es sich hier handelt, bleibt bisher offen.

Viele Lokalwechsel hatte die Partei in ihrer Frühzeit. 1924/25 tagte sie im „Deutschen Hermann" an der Neubrückenstraße 35 (rechts), anschließend bis 1927 bei „Stieger" am Alten Fischmarkt 20 (unten Giebelhaus am linken Bildrand). Beide Gebäude stehen nicht mehr.

Die Gründung der münsterischen NSDAP begann Ende August 1922 auf Initiative des Kaufmanns und Bürovorstehers Erich Hartmann (1896–1976). Fünf Mitglieder des soeben verbotenen DVSTB (Deutsch-Völkischer Schutz- und Trutzbund) schickten ihre Aufnahmeanträge an die Münchner NSDAP. Die Zusendung ihrer Mitgliedsbücher aus München galt später als Start der Partei in Münster. Vereinsjuristisch wurde die münsterische Ortsgruppe von den Bayern nicht als solche anerkannt, da man dort in größeren Kategorien dachte: Eine Ortsgruppengründung gab es nämlich erst ab einer Mindestanzahl von 30 Personen. Kurioserweise wurden die Münsteraner daher erst mal von den Parteigenossen in München aufgeschluckt und waren somit Mitglieder der NSDAP München. Das erwies sich schnell als enorm praktisch, als im November 1922 im Land Preußen ein Verbot der NSDAP (bis März 1925) erging, nicht aber in Bayern. Die Münsteraner störte das nicht sonderlich, weil sie ja ohnehin zur Münchner Ortsgruppe gehörten. Erst mal reaktivierten die renitenten Münsteraner den ehemaligen einschlägigen Stammtisch „Nothung"; benannt nach Siegfrieds Schwert aus Wagners Operntetralogie „Der Ring des Nibelungen". Zur Tarnung der wahren Aktivitäten formulierte man speziell für die Kontrollbehörden eine Satzung mit dem Zusatz, daß Nothung „auf dem Boden der Verfassung" stehe. Gemeint war allerdings nicht der Boden der Weimarer Verfassung, sondern jener der illegalen NSDAP-Ortsgruppe. Sicherheitshalber wechselte die Tarnorganisation öfter ihre Decknamen und nannte sich „Verein für niedersächsische Geschichte“, „Wirtschaftsbund“ und „Interessengemeinschaft Nord“. Tagungsort zu dieser Zeit war eine Kneipe an der Loerstraße, die schon vor 1930 abgerissen wurde.

Das erste Parteilokal der Nationalsozialistischen Betriebszellenorganisation (NSBO) war bei Brabeider in der Königsstraße 9. Aus der NSBO entstand 1933 die Einheitsgewerkschaft Deutsche Arbeitsfront (DAF).

Die Zeit als Polit-Sekte war vorbei, als 1923 das Chaos ausbrach und daher radikale Gruppen mit einfachen Lösungen plötzlich großen Zulauf hatten: Im Januar besetzten die Franzosen das Ruhrgebiet, als Deutschland mit den Warenlieferungen gemäß dem Versailler Zwangsvertrag etwas in Rückstand geriet, es folgten Hochinflation und Hungersnot. Während des Umsturzversuches am 9. November 1923 in München („Hitlerputsch“) war in Münster auch Friedrich Karl Florian in Bereitschaft, Frühmitglied des verbotenen DVSTB. Er war der einzige aus diesen münsterischen Anfangsjahren, der später zur NS-Führung aufstieg. Später als Gauleiter in Düsseldorf gelangte er als Durchhaltefanatiker zu trüber Prominenz. Die Zahl der Parteigenossen der Ortsgruppe Münster entwickelte sich von 1925–1929 von ungefähr 40 auf 150, allerdings nicht linear ansteigend, sondern mit erheblichen Ausschlägen. Weshalb die Partei den „deutschen Hermann“ verließ, ist unbekannt. 1925 tagte sie im „Alt-Münster“ an der Rosenstraße, vom November 1925–1927 bei „Stieger“ am Alten Fischmarkt. 1929 war der „Adler“ an der Königsstraße das Parteilokal. Die Lokalwechsel waren immer mühsam, zumal es immer schwierig war, einen solidarischen Wirt zu finden. Zu dessen Aufgaben gehörte nämlich die Ohren offenzuhalten. Da gab es vieles wie anrückende Polizei zwecks Durchsuchung oder aber auch kämpferischen Besuch aus Klein-Muffi: Dort war die eiserne Bastion der KPD-Münster, die ihre Kneipen rund um den Hubertiplatz hatte, genannt „Moskauer Platz“.

8. HEINRICH HEISING – Breul 23

Das Studentenwohnheim am Breul leerte sich im Kriegsverlauf, weil immer mehr Studenten zur Wehrmacht eingezogen wurden. Die leerstehenden Räume wurden dann von Behörden belegt. Ab 1941 saß hier in der zweiten Etage die friedlich klingende „Devisenstelle“ unter Heinrich Heising, der kein Parteigenosse war. Die neuere Forschung bekommt zunehmend die Verbrechen derjenigen in den Blick, die nicht NSDAP-Mitglieder waren. Bis dahin konnte sich diese Täterkategorie oft bequem mit Verweis auf die Parteilosigkeit durchmogeln oder sogar als Widerstandskämpfer

Vom Deportierer (1941) zum Gerichtspräsidenten (1949): Heinrich Heising.

selbstoptimieren. Ein Beispiel dafür ist Heinrich Heising, Münsters Hehler jüdischen Eigentums. Vom Grundstück bis zum Löffel war nichts vor seinem Zugriff sicher. Etwas nach Steuerfahndung klang seine Position in der Fremdwährungsabteilung beim Landesfinanzamt Westfalen: „Leiter der Straf- und Prüfungsabteilung bei der Devisenstelle". Ihren Ursprung hatte diese Stelle in den Fremdwährungsbewirtschaftungsgesetzen von 1931, die in der NS-Zeit als Knüppel gegen auswanderungswillige Juden mißbraucht wurden. Trickreich ging Heising bei der Auslegung der Gesetze vor und es wurde zur Routine, stets gegen die Juden zu enteignungsgleichen Ergebnissen zu kommen. 1941 konnte auf jede Tarnung verzichtet werden; die neugeschaffene Bezeichnung von Heisings nächster Aufgabe zeigte jedem, was los war: „Leiter der Dienststelle für die Einziehung von Vermögenswerten".

Nach 1945 bezeichnete er das als harmlose „Vermögensverwaltung" und alle glaubten fest daran. Als Teilnehmer der Aaseekonferenz November 1941 (siehe S. 162) weitete er sein Aufgabengebiet noch weiter aus: Er beantragte 20 Liter Benzin, um noch am Deportationstag in die Wohnungen mit Einrichtung zu kommen. 1945 war für ihn kein Einschnitt, er machte einfach weiter. Das Tätigkeitsfeld änderte sich nicht, erschien offiziell aber mit umgekehrtem Vorzeichen. Er sollte jetzt nämlich die Vermögenswerte, die er vorher enteignet hatte, wieder zurückerstatten. Heising blockierte das, wo es nur ging. Für seine Opfer war diese Wiederbegegnung eine böse Überraschung. 1947 wurde es selbst dem nordrhein-westfälischen Innenminister zu schlimm und der soeben beförderte Heising bekam eine Rüge. Diese hatte aber keine weiteren Konsequenzen, die nächste Beförderung wurde dadurch nicht verhindert. 1949 wurde seine Karriere am Rhein vergoldet. Heising wurde Präsident des Finanzgerichts Düsseldorf.

Das Studentenwohnheim am Breul wurde im Kriegsverlauf zum Ausweichstandort diverser Behörden.

Sein Glück 1945 war, daß der von den Engländern als Nachfolger des schwer belasteten Vorgängers neu eingesetzte sehr gutgläubige Oberfinanzpräsident Carl Bispinck sich nicht vorstellen konnte, daß ein Finanzbeamter ein geringeres Berufsethos haben könnte als er selbst. Somit konnte Heising als Teilnehmer der Aaseekonferenz dreist behaupten, er habe von den Deportationen erst nach Kriegsende erfahren. Auch wegen einer ausgebliebenen Beförderung in der NS-Zeit, die vielleicht daran lag, daß er ledig war, lobte er sich als Regimekritiker. In den 50er Jahren geschah in den Wiedergutmachungsbehörden nicht selten weiteres schweres Unrecht. Böswillige Beamte verdrehten die Tatsachen so, daß am Ende herauskam, daß die Verfolgten ihr Eigentum freiwillig dem NS-Staat geschenkt hätten. Es gab auch die Variante, daß die Deportationen freiwillige Ausreisen gewesen seien und daher der Besitz in Münster mit Überschreiten der Reichsgrenze Staatseigentum geworden wäre. Belangt wurden diese Leute nie, in Frage wären Raub, Erpressung, Nötigung, Unterschlagung, Rechtsbeugung gekommen. Aber eine Änderung gab es für Heising 1945 dann doch: Seine Mitgliedschaft im Zwei-Löwen-Klub war vorbei.

Heinrich Heising, geb. 25.1.1885 Berlin, gest. 22.9.1962 Köln — 1931 Oberregierungsrat und Leiter der Straf- und Prüfungsabteilung bei der Devisenstelle im Landesfinanzamt Westfalen, 1941 Leiter der Dienststelle für die Einziehung von Vermögenswerten, 1947 Regierungsdirektor, 1949 Präsident Finanzgericht Düsseldorf.

9. BUNKER – Lotharingerstraße 13

Architekturhistoriker sahen dem Bunker sofort sein Baujahr aus den ersten Kriegsjahren an. Die aufwendige Außengestaltung unter Verwendung regionaler Baumaterialien wie Rotklinker und Baumberger Sandstein vermittelt dem Bau Werthaltigkeit. Nach 1945 war der große Bau hinter dem Martini-Schulhof Notquartier für Ausgebombte und Vertriebene. Ein Teil wurde als „Bunkerhotel" genutzt, da fast alle Hotels zerstört worden waren, die meisten noch einige Tage vor dem alliierten Einmarsch in Münster. Alarmierend war daher der alliierte Befehl, daß sämtliche Bunker in den Westzonen gesprengt werden müßten, da man

Der Bunker wurde 1999 mühsam abgetragen und durch einen gerundeten Aluminium-Leichtbau ersetzt.

diese als „Wehranlagen“ ansah. Verzweifelt bemühte man sich um Kompromißlösungen wie Vergrößerungen der Fensterlöcher, die dem Großbau die Festigkeit nehmen sollten. Mit Beginn des kalten Krieges scheuten die Alliierten öffentliche Zwangsräumungs-Szenen. Der Bunker wurde erst 1999 in einem sehr aufwendigen Verfahren beseitigt, um Schäden an den Nachbarhäusern zu vermeiden. Heute steht dort ein Leichtbau für Sportzwecke.

10. HERMANN GÖRING – St. Lamberti

Der Kiepenkerl als münsterisches Marketing konfrontierte Göring mit den westfälischen Delikatessen.

Ein Stück Lambertikirche eingebaut in Görings Landsitz Carinhall in der brandenburgischen Schorfheide war ein bizarrer Akzent seines monomanischen Sammlertriebs, sich aus seinem ganzen Herrschaftsgebiet Kunstwerke aller Art zu beschaffen.

Das Südportal der Lambertikirche war ein um 1550 geschaffenes 6,2 m hohes und 2,1 m breites Sandsteinwerk, das den Stammbaum Jesu abbildet; als Künstler wird der münsterische Bildhauer Johann Beldensnijder angenommen. 1913 wurde es von der Kirchenverwaltung durch eine wetterfeste Kopie ersetzt, weil der Sandstein stark gelitten hatte und nicht mehr den Wettereinflüssen ausgesetzt werden sollte. Ein Kunsthändler mit dem richtigen Riecher stieß auf das Objekt, das sich zur Dekoration in einem münsterischen Privatgarten befunden haben soll. Der geschickte Händler sah reichsweit nur einen einzigen Kunden dafür: Hermann Göring, der alles mochte, was alt, groß, teuer war und ihm nicht gehörte. Göring griff zu und veranlaßte etwas, was bei jedem Kunsthistoriker Spontanschmerz verursacht. Er ließ das Eingangsportal erst mal zersägen und entsprechend seiner Türmaße neu zusammensetzen. Dann wurde es am Carinhaller Gebäudeteil „Waldhof" an die Nordseite der „großen Halle" neben seinem Arbeitszimmer eingebaut. Somit war der bröselige Baumberger Sandstein wieder bedenkenlos Wetter und Nordwind ausgesetzt. Auf der Stufe davor wurde ein eiserner Fußabschaber montiert, vermöge dessen des Reichsmarschalls Stiefelsohlen gesäubert werden konnten vom Waldlehm und den Hinterlassenschaften seines Privatzoos.

Carinhall-Tür: Das Lamberti-Kirchportal wurde zersägt und in Görings Landsitz Carinhall eingebaut.

Die Kirchenverwaltung St. Lamberti behauptete später zwar einen Diebstahl des Portals, konnte das aber kaum belegen: Keiner konnte oder wollte nämlich angeben, von wo es denn verschwunden sein sollte. Von der Sache mit dem privaten Garten wollte keiner so genau etwas wissen. Im Ergebnis blieb es dabei, daß sich nach 1913 keiner mehr um das ausgebaute Portal gekümmert hat. Insgesamt war es schon sonderbar, daß ein tonnenschweres Kirchenportal mit meterhohen Maßen gestohlen sein sollte und erst über dreißig Jahre später danach vergeblich gesucht wurde. Bei Kriegsende ließ Göring vor seiner Flucht sein privates Phantasialand samt Inhalt sprengen. Zwischen den Trümmern zusammengefallener Gebäudeteile blieb das Lambertiportal unversehrt. 1946 veranlaßte die Groß-Berliner Magistratsverwaltung eine Bergungsaktion in den Trümmerresten. Lastwagenweise wurde Görings „Konkursmasse" sichergestellt und verstreut über ganz Berlin eingelagert. Selbst diese Reste zeigten, mit welchen gigantischen Mengen an Kunst und Wertgegenständen Göring seine Einschüchterungsarchitektur ausgestattet hatte. Danach geriet das Portal wieder für Jahrzehnte aus dem Blickfeld, bis es 1996 in der Skulpturensammlung der Berliner Museen wieder entdeckt wurde, allerdings sehr stark verwittert (Auskunft Volker Knopf).

11. WAHLWERBUNG 12.11.1933 – Prinzpalmarkt

Die zweite Wahlwerbung hing am Prinzipalmarkt Ecke Ludgeristraße/Rothenburg.

„Wir wollen kein Volk minderen Rechts sein!", „Mit Adolf Hitler ‚Ja' für Gleichberechtigung und Frieden": Dadurch war nicht vorauszusehen, wie das Land einige Jahre später aussehen würde. Die innereuropäische Gleichberechtigung und der Frieden waren die Elemente für die Reichstagswahl Ende 1933, welche die erste war, die keine Wahl mehr war, sondern eine „Ja-Nein-Abstimmung". Die anderen Parteien existierten bereits nicht mehr. Trotzdem wollte die junge NS-Herrschaft sichergehen und brachte primär Themen, die ohnehin breiten Konsens hatten und diskrete Unmutsbekundungen in der Wahlkabine vermeiden sollte. Ein enormer Aufwand wurde

Im windigen Bereich am Drubbel mußte das Werbebanner im November 1933 besonders fest angebracht werden.

veranstaltet, der auch Wirkung Richtung Ausland haben sollte. Einen gewissen Absicherungsbedarf sah die Berliner Führung auch deswegen, weil das Reich im Juni zuvor einen spektakulären Schritt getan hatte. Es war aus dem Völkerbund, der UNO-Vorläuferorganisation, ausgetreten, mit der Begründung, Einigkeit bestehe dort nur, wenn es um Deutschlands Ausbeutung gehe. Im Volk war man über diesen Schritt nicht überall begeistert. Zwar hatte die große Mehrheit die Kündigung des Versailler Zwangsvertrages begrüßt, aber vielen war dieser weiter gehende Schritt unheimlich, weil sie keinen totalen Abbruch der Kommunikationsbasis zu den europäischen Nachbarn wollten. Die Novemberwahl, die formell in „Reichstagswahl“ und „Volksabstimmung“ gegliedert war, hatte die erwartbaren 95%-Ergebnisse. Der Reichstag war nur noch Staffage und seine 600 Mitglieder galten wegen der dort lautstark geschmetterten Hymnen als „größter deutscher Männergesangverein“.

Die Generalität nahm die Parade vor dem Stadtweinhaus ab. Auch dieses bekam das Eiserne Kreuz.

12. NACH DEM SIEG ÜBER FRANKREICH – Prinzipalmarkt

Geheimer Aufmarsch – das klingt widersprüchlich. Der Grund, die Siegesparade am Prinzipalmarkt über Frankreich unauffällig zu halten, war einfach: Man befürchtete ein Blutbad durch britische Bomber, die bereits oft über Münster flogen und auch schon Bomben abgeworfen hatten. Daher wurden die Rückkehr mit Innenstadt-Durchmarsch münsterischer Soldaten, die in Frankreich gekämpft hatten, vorher „nicht an die große Glocke gehängt“. In den Gauen Westfalen-Nord und Weser-Ems waren Berichte über heim-

Eigentlich ungewollt war diese Parade 1940, weil man die Aufmerksamkeit britischer Bomber auf das Treiben in der Innenstadt befürchtete. Aber alles strömte zum Prinzipalmarkt, so daß alles wie geplant wirkte.

kehrende Truppen verboten worden. Der Aufmarsch ergab sich dann durch einen gruppendynamischen Prozeß. Alles strömte zum Prinzipalmarkt; immer mehr Militärfahrzeuge kamen und plötzlich war alles dekoriert. Die Blumenstände unter den Bögen hatten Rekordumsätze, waren schnell leergekauft, und die Blumenberge flogen auf die Fahrzeuge, deren Sicht dadurch eingeschränkt wurde, weswegen es zu Beinahe-Unfällen kam. Die Gasse durch die jubelnden Massen wurde immer enger und nur durch ein Wunder passierte nichts. Große Teile der 16. Infanteriedivision, aus der später die 16. Panzerdivision hervorging, quetschten sich durch die Massen. Gut einen Monat zuvor hatte die Divison 220.000 französische Soldaten kriegsgefangen genommen. Aber es hatte auch viele Tote gegeben. Viele Münsteraner warteten vergeblich auf ihre Väter, Söhne, Brüder, Verlobten. Das Infanterieregiment 79, das auf dem Prinzipalmarkt dabei war, hatte 25 % seiner Soldaten verloren. Auch unheimliche Begegnungen hatten viele Divisionsangehörige. In den Urwaldgebieten am Mont Damion bei Sedan hatten die Franzosen Afrikaner in den Kampf geschickt, die sie vorher aus ihren Kolonien deportiert hatten. Als 6. Kolonialdivision saßen sie in den Bäumen und kämpften nach Munitionsverbrauch mit dem Messer bis zum Ende. Die NS-Führung war nach dem Sieg über Frankreich aus politischer Taktik nicht allzusehr an triumphalen Feiern interessiert. Sogar die Franzosen wunderten sich über die knappen deutschen Siegesfeiern. Der Grund war, daß die Berliner Führung die Franzosen schon als strategischen Bündnispartner gegen England einkalkulierte und Provokationen der Besiegten vermeiden wollte.

13. WEINHANDLUNG NIEMER – Salzstraße 57

Durch den mutigen Einsatz des Hauseigentümers blieb der Neobarockbau von 1907 erhalten.

Viele Münsteraner erfreuen sich an der schönen Neobarockfassade von 1907 der ehemaligen Weinhandlung Niemer. Den Krieg überstand die Fassade, weil die Eigentümer Josef und Karl ihr persönliches Schicksal mit dem ihres Geschäftshauses verbanden. Die Inhaber merkten schnell, daß die offiziellen Luftschutzmaßnahmen nicht ausreichen würden. Zwar begannen diese schon 1933 mit Aufrufen und Anordnungen zur Leerung der Dachböden, damit alles brennbare Material wie etwa Möbel von dort verschwand. Diese wurden so emsig befolgt und kontrolliert, daß die historischen Archive öffentlich aufriefen, verstaubtes historisches Papiermaterial nicht zu entsorgen, sondern den Archiven zukommen zu lassen. Schon 1934 gab es eine Groß-Luftschutzübung der gesamten Stadt. Mit Ausgangssperre ab 19 Uhr, Verdunkelungspflicht und Luftschutzübungen wurde der Ernstfall simuliert. Maßnahmen wie Sandeimer und Feuerpatschen erwiesen sich letzlich als sinnlos, was Niemer voraussah. Er befestigte bei Kriegsbeginn festes Segeltuch über der gesamten Dachbodenfläche und tränkte es mit einer nicht brennbaren Flüssigkeit. Grimmig ging er während der Bombardierungen nicht in den Luftschutzkeller, sondern war im Gebäude auf dem Sprung, um notfalls einfallende Sprengbomben in den wenigen verbleibenden Sekunden bis zur Explosion schnell auf die menschenleere Salzstraße zu werfen. Die Zerstörung des Daches kalkulierte er ein. Niemers jahrelanger Mut hatte sich gelohnt. Dach und Fenster waren bei Kriegsende kaputt, mehr aber auch nicht. So gelang ihm die Rettung des Hauses einschließlich der schönen Marmortreppe im Inneren. Im Kriegsverlauf sorgte das Verdunkelungsthema allseits für Beschäftigung. Die Versicherungsjuristen hatten das Thema der speziellen Haftung bei Verdunkelungsunfällen, die Zivilrichter behandelten Probleme wie Mietzahlung zerbombter Wohnungen oder Eigenbedarfsfragen, die Strafrichter bekamen harte Sondergesetze für Taten unter Ausnutzung der Verdunkelung und die Scheidungsanwälte hatten ein neues Wort: "Verdunkelungsbekanntschaft". Am besten verdienten dabei die Hersteller und Händler des lichtundurchlässigen Verdunkelungsmaterials.

14. JOSEPH GOEBBELS – Rathaus

Allseitige Erleichterung im Friedenssaal im Dezember 1937, als dem mächtigen Gast kein Tropfen danebenging: Für den Öffentlichkeitsprofi Goebbels waren solche Situationen Routine. 1. v. r. Oberbürgermeister Albert Hillebrand, 2. v. r. Gauleiter Alfred Meier, 1. v. l. Kreisleiter Ernst Mierig.

„Ich bin hier, um alte Erinnerungen aufzufrischen", sagte Joseph Goebbels am 1. Dezember 1937 im Friedenssaal zu Oberbürgermeister Albert Hillebrand. „Während der Zeit der Ruhrbesetzung habe ich hier getrennt von meiner Heimat gelebt." Was damals so für jeden verständlich war, ist heute erklärungsbedürftig: Schon 1919 besetzten die Franzosen linksrheinische Gebiete und benutzten diese als Ausbeutungskolonie, was dort zum Bürgerkrieg führte. Das Ergebnis waren schwere terroristische Anschläge auf beiden Seiten und ein Totalausfall der ohnehin schwachen Wirtschaft. Das Reich zahlte weiterhin die Löhne im Kampfgebiet; rasend verfiel der Geldwert und die bekannte Extreminflation war die Folge. Wer sich gegen die Besatzer auflehnte, wurde enteignet, ausgewiesen oder inhaftiert. Dieser Gefahr wich Goebbels nach Münster aus. Zuvor begrüßte Oberbürgermeister Hillebrand den Propagandaminister mit einer Fokussierung auf das Archaische: „1643 begrüßte hier in der Rüstkammer der Oberbürgermeister einen Minister des deutschen Reichs, der im Auftrage des Kaisers den Kongreß eröffnet hatte." Nach einem Ausblick auf den Zerfall des mittelalterlichen Reiches wurde ihm der goldene Hahn, das Zierstück der Kaufmannschaft, gereicht.

Goebbels hatte Sinn für Symbolik: Nach dem Ehrentrunk reichte er den Goldhahn an Gauleiter Alfred Meyer sozusagen als Reichsverweser, der ihn dann dem Oberbürgermeister übergab. Die Münsteraner hatten trotz großer Ankündigung nicht viel von dem Gast gesehen, denn bei seiner Ankunft am Bahnhof gegen

17 Uhr war es schon dezemberlich dunkel. Per Auto ging es über Windthorststraße und Verspoel kurz zum Übernachtungsquartier Hotel Fürstenhof, von dort über die Promenade, die Salzstraße und den Alten Steinweg zum Friedenssaal. Dann fuhr man zum Programmpunkt „Partei“ an den Aasee zum neuen Gauhaus, wo er vor den NS-Amtsleitern eine Rede hielt, über deren Inhalt nichts verlautete. Direkt danach fuhr er zur Halle Münsterland. Diese war schon lange vorher ausverkauft; den begabten Redner wollte man nicht verpassen. Nach Art und Auftreten entsprach Goebbels nicht dem üblichen NS-Parteitypus; mit seiner manchmal marinierten Sprache wirkte er eher wie ein oppositioneller Advokat im Pariser Parlament. Die Rede wurde zeitgleich in den Schützenhof an der Hammer Straße übertragen, die ebenfalls schnell voll war. Spontan wurde dann noch die Stadthalle an der Neubrückenstraße aktiviert. Inhaltlich war die Rede ein Rückblick auf die vier Jahre seit 1933 mit regionalem Einschlag. Hauptthema war die Beseitigung der Arbeitslosigkeit.

Goebbels verglich die Reichs-Sozialleistungen vom katastrophalen Dezember 1932 mit der aktuellen Lage und hatte auch Zahlen parat: 25 Millionen gegen 1,5 Milliarden Reichsmark im Jahr 1937. Hinsichtlich der Konflikte mit der katholischen Kirche betonte er seine praktische „christliche Gesinnung“ und „praktische Nächstenliebe“ durch die Beendigung der Arbeitslosigkeit. Und auch die „muffigen Moralprediger“ hatte er auf dem Kieker: Das waren diejenigen, die gegen die Aufhebung der Trennung von Jungen und Mädchen in den Schul-Sportstunden waren, von denen er in Münster nicht wenige vermutete. Aber keine Goebbels-Rede ohne Drohung. Man erkannte, daß er vorher informiert worden war, was die lokale NS-Führung störte: Zielobjekte waren „kleine Cliquen, die sich dem Zug der Zeit entziehen und glauben, sie könnten außerhalb des nationalsozialistischen Reiches ihre eigene kleine Domäne sich errichten.“ „Werde Bischof Galen nicht den Gefallen tun, gegen ihn zu polemisieren" und: „gebe Bischof Galen die Antwort" notierte er dazu im Tagebuch.

Zum sechsten Mal kam Joseph Goebbels am 28. Februar 1940; seine ersten Auftritte vor 1933 waren Wahlkampfreden. Jetzt betrachtete er seine Rede vor dem Hintergrund des Krieges als wichtigstes Element dieses Tages. In seinem Tagebuch ist diese Rede der einzige Hinweis auf seinen Besuch: „... findet im In- und Ausland stärkste Beachtung ...“, notierte er einen Tag später.

Goebbels hatte bewußt die Stadt des Westfälischen Friedens gewählt, da er in diesem Friedensschluß 1648 eine gesamteuropäische Ausbeutungsaktion erblickte, in der sich die Signatarmächte jeweils ein Stück von Deutschland abgeschnitten hatten. Auch im Parteiblatt „Völkischer Beobachter“ war die Rede in Münster abgedruckt unter der Überschrift: „Schluß mit der plutokratischen Welttyrannei!“, wobei der Begriff Plutokratie für die Herrschaft von Banken und Börsen stand. Der Untertitel war aktuell kriegsorientiert: „80 Millionen Deutsche kämpfen um ihr Lebensrecht!“ Inhalt der Rede war eine Demonstration kriegerischer Entschlossenheit. Tief in die Vergangenheit griff der Propagandaminister und beschwor seine Ablehnung des Westfälischen Friedens als „größten Schmachfrieden aller Zeiten“. Den preußischen König Friedrich den Großen und den Weg der NSDAP glorifizierte er als Aufstiege aus dem Nichts. Im innenpolitischen Teil kam der Begriff „Sozialstaat“, der als Erfindung der Wirtschaftswunderjahre gilt. Goebbels' Tagesprogramm begann mit der Landung auf dem Flugplatz Loddenheide und der Fahrt zum Prinzipalmarkt. Empfang im Friedenssaal, Eintrag in das Goldene Buch und Eintopfessen im Ratskeller waren bis Mittag absolviert. Ein Kiepenkerl überreichte ein Geschenk, das Goebbels in Berlin wohl schnell in die hinterste Ecke befördert haben dürfte: Ein Bild vom Friedenssaal. Dann ging es an die Hammer Straße zum überfüllten Schützenhof, wo Goebbels seine Rede hielt. Neben den Verwaltungsspitzen der Stadt eskortierten ihn die Generalleutnante Gerhard Glokke und August Schmidt von Heer und Luftwaffe sowie Robert Ley, der seit seiner Studienzeit in Münster jede Gelegenheit zu einem Besuch nutzte.

15. KLEIDERSAMMLUNG OSTFRONT 1941 – Stadtverwaltung

Nachdem die Sowjetunion nicht durch „Blitzkrieg“ zu besiegen war und der Winterkrieg bevorstand, wurde die Bevölkerung Ende 1941 zur Spende von Winterkleidung aufgerufen. Gesammelt und verpackt wurden die Sachen in der Stadtverwaltung.

Nur in Sommeruniformen erfolgte 1941 der Angriff auf die Sowjetunion. Man war sich sicher, noch vor der Schlechtwetterzeit Moskau eingenommen und den Krieg nach dem bisherigen „Blitzkrieg-Muster" gewonnen zu haben. Die Sowjetregierung hatte Moskau bereits verlassen und die wichtigen Gebäude vermint. Stalin hatte in den 30er Jahren grundlos Millionen seiner Soldaten ermordet, weswegen eine wirksame Gegenwehr zunächst ausblieb. Aber am Stadtrand von Moskau blieb die Offensive stekken. Den Deutschen mangelte es an allem, auch die Reichsbahn war mit dem plötzlichen Gebietszuwachs völlig überfordert. Im Reich begann die Führung, die Bevölkerung zu Spenden von Winterkleidung aufzurufen. Auch Ski-Ausrüstungen waren gefragt. Wer nähen konnte, wurde zur Herstellung von Wintersachen für die Ostfront angehalten. Gesammelt und verpackt wurden die Sachen in geräumten Büros in der Stadtverwaltung.

Von der alten Stadtverwaltung steht nur noch der Turm.

16. REGIERUNGSPRÄSIDIUM – Domplatz

Drei NS-Regierungspräsidenten ertrug Münster in den NS-Jahren; der ernannte vierte trat seinen Posten nicht mehr an, weil er bereits in amerikanischer Kriegsgefangenschaft war. Es waren farblose Gestalten, die man als Stützen des Regimes bezeichnen kann. Andererseits hätte es auch ohne sie genauso funktioniert. Denn nach und nach war die NSDAP-Parteistruktur auf die Staatsorganisation übertragen worden, so daß die bisherigen Verwaltungseinheiten immer bedeutungsloser wur-

Unbeschadet hatte das imposante Regierungspräsidium am Domplatz den Krieg überstanden, bis es 1965 unter ungeklärten Umständen abgerissen und durch einen Plattenbau ersetzt wurde.

den. Die wahren Machthaber saßen in den neugeschaffenen Institutionen Gauleitung, Sicherheitspolizei, SS und Gestapo und hatten die Vorgängerinstanzen zur Staffage degradiert. Typisch für Regierungsformen dieser Kategorie mag es sein, daß jeder Gestapo-Unteroffizier mehr zu sagen hatte als ein Regierungspräsident. Kläglich blieb das Trio auch nach der Amtszeit in Münster: Der eine konnte sich nach 1951 rechtsradikal betätigen. Der zweite ging im Herbst 1941 zu einer der übelsten Adressen des Dritten Reichs, dem Reichsministerium für die besetzten Ostgebiete, und wurde nacheinander Generalkommissar in zwei russischen Generalbezirken, wo der Vernichtungskrieg in Form von Massenerschießungen extreme Dimensionen erreichte. Der dritte stellte sich nach 1945 erfolgreich dumm: Als Gestapochef von Recklinghausen habe er von Folterkellern, Prügelböcken, 237 Mißhandlungen und „verschärften Vernehmungsmethoden" überhaupt nichts gewußt, obwohl diese damals Bestandteil jeder Polizeidienstverordnung waren. Die drei Pensionen dieser mediokren Gestalten waren jahrzehntelange Belastungen der Steuerzahler. Das schöne alte Gebäude, das den Krieg unbeschadet überstanden hatte, wurde 1965 unter obskuren Umständen abgerissen.

17. REGENSBERG – Horsteberg 6

Unbequem war die Regensberg'sche Buchhandlung und Druckerei den braunen Machthabern schon schnell nach dem Machtantritt.

Die Kirchennähe des Verlegers Bernhard Lucas war auch durch die Nachbarschaft seiner Firma zum Dom erkennbar.

Bis nach Berlin wurde deren Widerspenstigkeit bekannt und die lokalen Satrapen wollten den Eindruck vermeiden, man hätte die Lage in Münster nicht im Griff. Die Traditionsfirma der Familie Lucas hatte viele kirchliche Druckaufträge und nach 1933 häufig Zensur und Beschlagnahmen auszuhalten. Allein bis März 1937 war das Kirchliche Amtsblatt mehrmals konfisziert worden, ebenso das „Kirchenblatt für Münster und das Münsterland", Auflage 45.000 Exemplare, das schon seit 1935 unter Vorzensur der münsterischen Gestapo stand. Fünfmal waren Hirtenbriefe verboten worden; ständig war die Gestapo im Haus, was den Mitarbeitern einiges abverlangte. Die Angestellten sahen sich als Firmenfamilie, was das Ethos beflügelte, solche Situationen durchzustehen. 1937 verfaßte der schwer kranke Papst Pius XI. eine Enzyklika, ein päpstliches Rundschreiben mit dem Titel „Über die Lage der katholischen Kirche im Deutschen Reich", die an Deutlichkeit nichts vermissen ließ. Der Papst attackierte Menschenrechtsverletzungen im Reich ebenso wie Verletzungen bestehender Verträge mit dem Vatikan. Das Verfahren bei päpstlichen Rundschreiben sah eine maximale Breitenwirkung vor. Zunächst sollte es in den kirchlichen Amtsblättern der einzelnen Bistümer komplett abgedruckt werden, damit die Pastoren sich auf die öffentliche Verlesung in der Messe vorbereiten konnten. Einheitlicher Termin für die Verlesung war reichsweit Palmsonntag 1937. Bischof Clemens August von Galen sah die Gelegenheit, seine Gegner „im Glauben zu befestigen", und erteilte neben dem Auftrag der üblichen Auflage von 2.200 des Amtsblattes für das Bistum auch noch einen größeren Zusatzauftrag: 100.000 Exemplare der Enzyklika in Heftform, Format Postkartengröße und praktisch für die Jackentasche, damit die Gläubigen diese nach der Messe auch nach Hause nehmen konnten. Die bischöfliche Planung war, daß somit 5 % der zwei Millionen Katholiken im Bistum Münster ein Exemplar erhalten würden.

Verleger Dr. Bernhard Lucas, den man als „Mutbürger" bezeichnen kann, sah die Gefahr, daß die Gestapo jetzt völlig überreagieren und ihn ins KZ sperren könnte. Trotzdem startete er unter größter Geheimhaltung am Donnerstagmorgen vor Palmsonntag die Druckmaschinen, die auch über Nacht liefen: Pünktlich waren die 2.200 Amtsblätter für die Pastoren fertig und auch die 100.000er-Auflage für die Kirchenbesucher konnte an die Pastoren zur Sonntagsverteilung ausgeliefert werden. Am Samstag schaffte Regensberg noch den Druck 20.000 zusätzlicher Exemplare, bestimmt für die Stadt. Sehr unangenehm wurde es dem Verleger Lucas, als Exemplare schon verfrüht auf dem

Domplatz-Wochenmarkt am Samstagmorgen zirkulierten, weil ein übereifriger Nordwalder Pastor sich vor Begeisterung nicht im Griff hatte.

Außerdem bekam Lucas einen anonymen Anruf eines wohlmeinenden Gestapomannes mit dem Hinweis, daß ein Zugriff der Gestapo bevorstünde. Den strapazierten Lucas beunruhigten die 20.000 Exemplare, die noch im Verlag lagerten und jetzt schnellstmöglich von dort verschwinden mußten. Da er keinen diskreten Lagerort wußte, wandte er sich an einen alten Freund aus Studententagen, den Notar Bernhard Terrahe II (1898–1989), und bat ihn um Hilfe. Nachdem am restlichen Samstag nichts passiert war, kam in der Nacht Terrahe mit Ehefrau Greta. Beide packten alles in Rucksacke auf Fahrräder und verschwanden durch die Nacht quer über den Domplatz. Eingelagert wurde das Material für den Rest der Nacht im Keller seiner Anwaltskanzlei, der weitere Verbleib der 20.000 Drucke ist unbekannt. Einige fanden den Weg nach Osnabrück. Am Montag nach Palmsonntag kam dann die Gestapo, aber zu spät: Frisch Gedrucktes konnte nicht mehr beschlagnahmt werden; nur die Druckstöcke waren noch da. Verärgert beschlagnahmte sie dann gleich die ganze Druckerei; Wert 250.000 RM. Einen neuen Inhaber hatte man auch schon: Zum Billigtarif von 28.000 RM griff der Herforder SA-Sturmführer Otto Kieser zu und verwandelte die Druckerei in einen NS-Musterbetrieb; gut gefüttert durch staatliche und städtische Druckaufträge. Das kirchliche Amtsblatt wurde von 1937 bis 1939 verboten. Dank des Einsatzes von Oberpräsident Ferdinand von Lüninck (siehe S. 208) blieben Verlag und Buchhandlung von der Beschlagnahme verschont.

Wie an jenem Wochenende in Berlin rotiert wurde, zeigte sich erst später: Am Samstagabend informierte Gestapo-Chef Heydrich Hitler, Himmler, Göring, Goebbels und Kirchenminister Kerrl über die bevorstehende Verlesung der Enzyklika mit „hochverräterischen Angriffen auf den Staat". An alle Gestapo-Stellen ging per Funk der Befehl, die Verlesung zu überwachen und gedruckte Exemplare abzugreifen, wozu es in Münster bei den Verteilaktionen nach den Gottesdiensten nicht kam. Durchsuchungen in Kirchen und Pfarrhäusern waren aber verboten. Auch die Tagespresse hatte es schwer: Den „Münsterischen Anzeiger" als Vorläufer der heutigen „Westfälischen Nachrichten" hatten die braunen Satrapen schnell auf dem Kieker: Schon ab Februar 1933 stand der „M.A." unter Zensur und wurde 1936 durch Enteignung zur Parteizeitung für den Gau Westfalen-Nord. Hier konnten Druckerei und Buchverlag in Eigentümerhand bleiben.

Während des Bombenkrieges flüchtete die Familie Lucas auf die Burg Vischering, lebte aber auch dort gefährlich: Ausgerechnet auf den von der Familie bewohnten Teil fiel eine Bombe, woraufhin die Bwewohner in einem evangelischen Pfarrhaus in Lüdinghausen unterkamen.

Das Entnazifierungsverfahren des abdekorierten SA-Hauptsturmführers Kieser lief für diesen ungünstig. Schwerpunkt war der „böswillige Erwerb" seitens der Gestapo. Mit seiner Behauptung, er sei in Wahrheit der edle Retter der Firma, da sonst die Maschinen separat verkauft worden wären, kam er nicht durch. Negativ fiel er auch wegen seines guten Verdienstes auf. Bei 7.000 bis 8.000 RM jährlicher Privatentnahme hatte Kieser außerdem noch 100.000 RM „verdient". Sein Verteidiger brachte noch Kiesers Einsatz bei der Rettung der Schätze aus dem bombardierten benachbarten Dom zur Sprache, aber das betrachtete man als nicht zum Verfahren gehörig. Nach der Totalzerstörung des Horstebergs hatte Kieser den Betrieb verlegt: Am Schloßgarten 4. Verleger Lucas bekam die Firma erst im Februar 1950 per 16-seitigen Beschluß der Wiedergutmachungskammer des Landgerichts zurück. Bis dahin war es dem miesen Kieser gelungen, die Rückgabe zu blockieren. Raffiniert war auch sein letzter Versuch, den Rückgabeumfang auf den Stand des Beschlagnahmejahres 1937 zu beschränken. Alles, was in „seiner Zeit" 1937–1945 an Technik, Kundenkontakten und Rechtsbeziehungen entstanden war, wollte er behalten. Das wäre in guter Start ins Wirtschaftswunder gewesen. Die Kammer verfügte aber eine Komplettrückgabe auf Basis der vermuteten Firmenentwicklung, wie wenn Lucas nicht enteignet worden wäre. Gleichwohl fehlten einige Druckmaschinen: Das war aber nicht Kieser, sondern die Alliierten im Juni 1945. Kieser hatte allerdings noch eine üblere Nummer parat: Er behauptete, Lucas habe das NS-System jahrelang aktiv unterstützt und sei daher eine akute Gefahr für den jungen demokratischen Rechtsstaat. Als Belege dafür hatte er die Taschenkalender (Münsterischer Almanach) 1939–1941, die im 1937 nicht beschlagnahmten Buchverlag gedruckt worden waren. Darin waren dünn gedruckt einige NS-Standardfeiertage wie der Geburtstag am 20. April, ohne die in dieser Zeit voller Zensurzwänge ein Kalenderdruck ausgeschlossen war. Auch die Entschädigungsbehörde des Landes NRW schloß sich dem Hauptsturmführer a. D. an, der Verleger habe „dem NS-System Vorschub geleistet". Erst 1957 beendete das Landgericht Münster den braunen Spuk endgültig. Der dreiste Kieser war danach noch jahrelang als Lobbyist des westfälischen Druckereiverbandes aktiv.

18. WILHELM RUDOLF MANN – Offizialat/Horsteberg

Wilhelm Rudolf Mann als Angeklagter beim Nürnberger IG-Farben-Prozeß.

Die Domkapitulare beim bischöflichen Ehegericht hätten bedenklich die Köpfe gewiegt, wenn ihnen bewußt gewesen wäre, wessen Ehe kirchenrechtlich für nichtig erklärt werden sollte; genauer gesagt, welche Aktivitäten der Ehemann Wilhelm „Will" Rudolf Mann vor 1945 betriegben hatte. Imposant war dessen Fassade als Vorstandsmitglied der IG Farben und königlich dänischer Generalkonsul, dahinter verbargen sich aber auch seine Aktivitäten zur Intensivierung und Privatisierung der Auschwitzer Menschenversuche.

Als deutlicher Beleg dafür existiert sein Schreiben vom November 1943 mit lobender Erwähnung der Versuche des KZ-Arztes Mengele. Empfänger des Briefes war der berüchtigte Mediziner Otmar von Verschuer, Mengeles Doktorvater (siehe S. 170). Das Schreiben empfand selbst Mann wohl als so brisant, daß er es nicht durch seinen Bürobetrieb im IG-Farben-Vorstand laufen ließ, sondern sicherheitshalber den Briefbogen mit seiner Privatanschrift in Berlin-Grunewald verwendete. Er dankt Verschuer für die Begegnung mit Mengele und beschreibt dessen zweiten Vortrag als „eindrucksvoll". Worum es konkret ging, merkt der heutige Betrachter, als Mann formuliert, Mengeles „Versuchsreihen sollten auf jeden Fall forciert werden". Mann wiederholt sein Versprechen, eine private Finanzierung von Mengeles Auschwitzer Versuchen durch IG-Farben voranzutreiben; also eine Privatisierung der greulichen Menschenversuche. Um Mengele nicht zu lange auf seine Sponsoren warten zu lassen, legt er dem Brief für ihn schon mal einen „ersten Scheck" bei. Mann war 1938 nach achtzehn Jahren Ehe mit drei Kindern verwitwet. 1940 erfolgte seine zweite Ehe mit einer Tochter eines nordfälischen Textilindustriellen, die schon als Studentin im Münchner Bayerischen Hof gewohnt hatte. Der flotte Mann renommierte bei den Textilern mit seinem Konsuls-Titel, seiner Uniform als Hauptmann der Luftwaffe und der Prunkvilla in Berlin-Grunewald und war ansonsten oft wochenlang verreist; garantiert immer dienstlich. Der Ehevertrag von 1940 sah einen splendiden Lebensstil vor. Beiderseits war eine Million Reichsmark für die laufenden Kosten einzubringen. Ihr Unternehmensanteil blieb außen vor; vorgesehen waren auch schon Modalitäten für den Scheidungsfall. Obwohl sich beide schon seit 1930 kannten, war die Ehe sofort problematisch, dann schwierig, später unglücklich; Scheidungstermin war im November 1944 beim Landgericht

Düsseldorf. Standesamtlich heiratete er erneut 1952; sie Ende 1955. Als Katholikin wollte sie ihre neue Ehe auch kirchlich eingehen. Voraussetzung dafür war eine Nichtigkeitsfeststellung der vorherigen Ehe gemäß der Kirchengesetze. Kirchliche Ehenichtigkeitskriterien dafür waren etwa „Verweigerung von Nachkommen" oder „Ablehnung der Unauflöslichkeit der Ehe", was in diesem Falle seitens des Ehemannes schließlich den Ausschlag zur Ehenichtigkeit gab. Durchgeführt wurde das Verfahren schließlich mit guten Kontakten ihres Vetters vom Prinzipalmarkt bei den bischöflichen Gerichten in München und Augsburg, weil man in Westfalen das Thema samt Gerede vermeiden wollte. Es dauerte von 1956 bis 1960, weil diese Verfahren grundsätzlich zwei kirchengerichtliche Instanzen durchlaufen müssen, für die das komplette Umfeld befragt werden muß („Interrogationen").

Wilhelm Rudolf Mann, geb. 4. April 1894 Wuppertal-Elberfeld, gest. 10. März 1992 Grainau/Zugspitze — Sohn des gleichnamigen späteren Mitbegründers der IG (Interessengemeinschaft) Farben, 1922 Prokurist Bereich Farben Hoechst, 1924 kaufmännischer Direktor Pharma-Bayer, 1926 Aufsichtsrat Degesch (Deutsche Gesellschaft für Schädlingsbekämpfung), 1931 Nachfolge seines Vaters als stv. Vorstandsmitglied IG Farben sowie Direktor der Verkaufsgemeinschaft Pharmabereich aller IG-Unternehmungen (dabei Verwaltung der Aspirin-Gewinne), Vorsitzender des Ostasien-Ausschusses der IG Farben, 1934 Vorstandsmitglied und dänischer Generalkonsul, 1935 Präsident der Gesellschaft für Konsumforschung, 1937 erster Direktor der IG und Reichswirtschaftsrichter, 1940 Gründer der deutsch-französischen „Theraplix"-Verkaufsgemeinschaft, ca. 1941 Vorsitzender des Verwaltungsausschusses des Zyklon-B-Herstellers IG-Tochter Degesch, Oktober 1944 Forderung der Komplettverlegung der IG in das Landesinnere und Umzug von Berlin nach Leverkusen, 1945 verhaftet, 1948 Anklage im IG Farben-Prozeß wegen Raub, Versklavung und Massenmord, Juli 1948 Freispruch nach 152 Verhandlungstagen, 189 Zeugen und 16.000 Seiten Protokoll, 1951 Ruhestand in Baden-Baden, dann Grainau/Zugspitze, Aufsichtsratsmitglied Bayer AG; 1959 Kameradschaftstreffen des ehemaligen IG-Vorstandes in Leverkusen, 1992 Nachruftext der Bayer AG: „In Verehrung und Dankbarkeit nehmen wir Abschied".

Wilhelm Rudolf Mann 1940.

19. SCHANDPFAHL 1933 – Domplatz

In den Anfangsmonaten 1933 fühlte sich das neue System so unsicher, daß es auch gegen Bücher vorging. Reichsweit gab es Büchervernichtungsaktionen, die von der Berliner Leitung des NSDStB (Nationalsozialistischer Deutscher Studentenbund) aus gesteuert wurden. Auf verschiedenen Listen standen Autoren, die als „links" oder „jüdisch" bezeichnet wurden und deren Werke daher

Der Schandpfahl vom Mai 1933. Im Hintergrund das Landesmuseum. Heute ist die Stelle durch eine Gedenktafel markiert.

verschwinden müßten. Einen einheitlichen Index gab es allerdings nicht, so daß lokal einiges Ermessen möglich war. Privatleute wurden aufgefordert, ihre Bücherschränke auszusortieren und auch Buchhandlungen wurden genötigt, „freimüssig" Bücher für diese Aktionen zur Verfügung zu stellen. Aus der bequemen Sicht heutiger Nachgeborener bucht man das gerne als Anbiederung an das neue NS-System. Aus damaliger Sicht standen eher die Sorge um öffentliche Aufträge und der Erhalt von Arbeitsplätzen im Vordergrund. Koordiniert wurde die Aktion gegen die Bücher durch einen „Kampfausschuß". In Münster wurden die Bücher durch Studenten eingesammelt. In den Nicht-Universitätsstädten hingegen gab es skurrile Situationen, als etwa ein ganz eifriger Analphabet glaubte, alle rot eingebundenen Bücher seien „bolschewistisch", und somit auch einige Bände „Mein Kampf" mit rotem Einband verbrannte. An den meisten Orten geschah es in Form öffentlicher Verbrennungen, manchmal in Kombinationen mit einem speziellen Schandpfahl, an den beanstandete Titel genagelt wurden, so daß man noch Autor und Inhalt erkennen konnte. Diese Doppelvariante gab es auch in Münster: Auf dem Domplatz gegenüber Landesmuseum und Fürstenberghaus stand ein körpergroßes Baumstück, an das ungefähr 30 dünne Publikationen genagelt waren. Blaue Daumen durch das Festnageln dickerer Werke wollte keiner riskieren, so wichtig war die „Reinigung der deutschen Volksseele" dann nun doch nicht. Vier Tage wurde das

Baumstück auch nachts bewacht, bis am 10. Mai zirka 1.000 Bücher auf einem Karren vom Domplatz zum Schlossplatz gezogen und in ein gut sechs Meter hohes Feuer geworfen. Einige Buchtitel hatten später sozusagen doch noch gewonnen: Durch die Verbrennungen wurden einige davon selten und wurden dadurch bekannter, als sie es ansonsten geworden wären. Um 2000 machten Aussagen die Runde, daß es am Domplatz noch eine weitere Bücherverbrennung gegeben habe. Empörte Bürger erinnern sich an die Verbrennung der historischen Bibliothek des Regierungspräsidenten im Keller des Gebäudes. Teilweise konnten die Bücher, die den Krieg überstanden hatten, gerettet werden und zirkulieren seitdem mit dem regierungspräsidialen Bibliotheksstempel über die regionalen Flohmärkte.

20. FERDINANDE („NANDA") HERBERMANN – Pferdegasse 2

Im Februar 1941 wurde die Schriftstellerin Nanda Herbermann an der Pferdegasse 2 verhaftet und nach monatelanger Einzelhaft in das KZ Ravensbrück gebracht, das als besonders berüchtigt galt: „Frauen quälen Frauen". Der Grund war die Unterstützung ihres früheren Arbeitgebers, der in die Niederlande geflohen war und dort untergetaucht war. Der Theologe und Jesuitenpater Friedrich Muckermann war bis dahin in Münster Herausgeber der Kulturzeitschrift „Der Gral". Der streitbare Schriftleiter nahm auch in der NS-Zeit den Begriff „Pressefreiheit" wörtlich und ließ keine Gelegenheit aus, sich mit der NS-Führung anzulegen. Nach der Flucht Muckermanns war Nanda Herbermann Alleinleiterin der Zeitschrift und außerdem sehr mutig: Einmal wöchentlich fuhr sie heimlich nach Holland, um ihren Chef in seinem Versteck zu versorgen und Material für die nächste Ausgabe der Zeitschrift abzuholen. Die Gestapo reagierte mit Verwüstung ihres Büros an der Pferdegasse und Verhaftung; auch „Der Gral" wurde verboten. In der Haft versuchte Gestapomann Eugen Dehm ein Geständnis und weitere Informationen herauszupressen. Über 25 Mal ließ er sie vorführen. Als Dehm 1952 vor dem Landgericht Münster stand, erklärte er, er habe der Gefangenen damit einen Gefallen tun wollen. Er habe ihr nämlich die eintönige Haft erleichtern wollen. Die ständigen Verhöre sollten nur „eine Abwechselung" sein. Wie diese Abwechselung aussah, konnte die Oberwachtmeisterin vom Frauengefängnis als Zeugin dem Gericht berichten. Nanda Herbermann war nach den Sitzungen bei Dehm

Die Pferdegasse Blickrichtung Domplatz.

Verstarb 1946 in Genf: Friedrich Muckermann.

in ihrer Zelle oft zusammengebrochen, weil Dehm einen üblen Tausch angeboten habe: Zurückziehung der KZ-Einweisung gegen Informationsbeschaffung aus dem Generalvikariat. Als Dehm merkte, daß Nanda Herbermann hart blieb, schickte er sie in das KZ Ravensbrück. 1943 gelang ihrem Bruder ihre Freilassung aus dem KZ.

1946 brachte sie eine der ersten Veröffentlichungen über die KZ-Welt mit dem heute sonderbar klingenden Haupttitel „Der gesegnete Abgrund". Der Untertitel zeigte klar das Thema: „Schutzhäftling Nr 6582 im Frauenkonzentrationslager Ravensbrück". Günstig verlief für sie das Wiedergutmachungsverfahren, bei dem sie durch Auszahlungen und Rentenempfang auf die ungefähre Summe von 250.000 bis 300.000 DM kam. Es ist aber auch ein Beispiel für die in diesen Jahren übliche selektive Sicht auf die Verfolgten. Diejenigen, die weniger der deutschen Sprache mächtig waren oder nicht geschickt mit der Bürokratie umzugehen vermochten, erhielten wesentlich weniger. Muckermann starb 1946 im Genfer Exil. Gestapomann Dehm, der auch einige Priester in das KZ Dachau eingeliefert hat, wurde 1952 zu 16 Monaten Haft verurteilt. Es war ein Erfolg für die Verteidigung, der es gelungen war, mit ihren Hauptargumenten durchzukommen: Dem üblichen Verweis auf höhere Befehle sowie die Berücksichtigung von Dehms 32-monatiger alliierter Internierungshaft. Heute wird in Münster durch Straßennamen an Nanda Herbermann und Friedrich Muckermann erinnert.

Ferdinande („Nanda") Herbermann, geb. 29. Dezember 1903 Münster, gest. 2. August 1979 Beelen bei Warendorf — Gasthörerin Universität Münster, Ausbildung Buchhandel und Redaktion Privatsekretärin Friedrich Muckermann.

21. WERNER MANSFELD – Johannisstraße 9

Der Begriff „Ehrenarier" war eine delikate Bezeichnung. Denn er bedeutete, daß jemand trotz jüdischer Abstammung ausnahmsweise in seiner bisherigen Position bleiben konnte und somit von den ansonsten üblichen Nachteilen verschont blieb. Begünstigter war hier Ministerialdirektor Werner Mansfeld, ein sehr hoher Beamter des Reichsarbeitsministerium. Wegen seines jüdischen Großvaters väterlicherseits, also als „Vierteljude", war er in die Maschinerie der NS-Rassenbürokratie geraten. Diese hatte allerdings keine Entscheidungskompetenz, sondern bereitete lediglich vor, was Hitler stets persönlich entschied, wobei er nichts seinen Mitarbeitern überließ, von denen er Aufweichungen und zu viele Ausnahmen befürchtete. Bestandteile dieser Vorlagen waren stets eine Beurteilung der Wichtigkeit der betreffenden Person sowie Fotos in Front, Seitenprofil und Figur. Nach langer Wartezeit, die auch noch durch des Führers Aufenthalt auf dem Berghof verlängert wurde, bekam Werner Mansfeld im Oktober 1936 über das Parteigericht der NSDAP Nachricht über die positive Führerentscheidung (5. Dezember 1935). Als „Vierteljude" durfte er NSDAP-Mitglied bleiben. Eine Entfernung aus der Partei hätte für ihn als zusätzliches Übel den Verlust des Beamtenstatus samt Pensionsberechtigung bedeutet; er wäre also schlechter gestellt worden als seine Kollegen, die nie Parteigenossen waren.

Wie selten solche Rangerhöhungen waren, zeigen die Zahlen: Nur geschätzt 1.000 „Mischlinge" wurden den Deutschen gleichgestellt, bei „Volljuden" gab es während der gesamten NS-Zeit nur zwei Fälle. In seiner Zeit in Münster hatte sich der Jurist Werner Mansfeld auf ein damals noch neues Rechtsgebiet spezialisiert:

Mansfeld 1942 im „Völkischen Beobachter" mit der Bildzeile: „Arbeitseinsatz".

Hier hatte Werner Mansfeld sein Büro. Der alte Innenhof der Universität ist weitgehend erhalten geblieben.

Das Arbeits- und Sozialversicherungsrecht. Dazu verfaßte er einen „Kommentar zum Betriebsrätegesetz", der sich an Firmen und Bibliotheken gut verkaufte. Dem geschickten Mansfeld gelang 1930 sogar noch eine Zweitverwertung des Kommentars als Habilitationsschrift, die ihm den Professorentitel einbrachte. Für seine Antrittsvorlesung im Institut für Wirtschafts- und Sozialwissenschaften erkundigte er sich nach der Kleiderordnung. Die war damals streng: Frack, Zylinder und weiße Handschuhe. Während des Krieges hatte Mansfeld kurz einen Posten, der ihn bei längerer Ausübung nach 1945 als Angeklagten vor die Nürnberger Prozesse gebracht und ihn den Kopf gekostet hätte. Im November 1941, als der Rußlandfeldzug stockte, ernannte Göring ihn zum Generalbevollmächtigten für den Arbeitseinsatz, also für den Einsatz von Zwangsarbeitern im Reich, wo ein großer Arbeitskräftemangel herrschte, weil die deutschen Arbeiter als Soldaten im Krieg festhingen. Zunächst galt das als Kompetenzaufwertung des Reichsarbeitsministeriums. Denn im Bereich des Arbeitskräfteeinsatzes konkurrierten besonders viele Behörden und Dienststellen um die maximale Effizienz. Aber Mansfeld als klassischer Beamter eines Ministeriums hatte nicht die notwendige kategorische Durchsetzungskraft gegenüber den neugeschaffenen Dienststellen, so daß während seiner Verantwortungszeit nur wenige Zwangsarbeiter ins Reich deportiert werden konnten. Hinzu kam, daß manche Parteigenossen selbst Mansfelds Stelle wollten und ihn schon deswegen nicht unterstützten. Absurderweise hatte diese Verlangsamung den gefangenen Rotarmisten mehr geschadet als genützt, denn viele waren bereits in deutschen Lagern verhungert. Um den Zwangsarbeitereinsatz zu beschleunigen, besetzte Hitler den Posten auf seine Weise Per Führererlaß vom März 1942 ernannte er an aller Bürokratie vorbei einen Sonderbeauftragten mit radikalen Kompetenzen. Es war Speers Untergebener Fritz Sauckel, der bei den Nürnberger Prozessen über sein Todesurteil sprachlos war, während sein Vorgesetzter, der taktische Speer, mit 20 Jahren Haft davonkam. 1941 gab es noch einen weiteren Fall und zwar eine Befreiung vom Judenstern zugunsten der Ehefrau eines im Forschungsbereich tätigen Mediziners. Ernst Custodis hatte im November 1918 einen Kursus für Kriegsteilnehmer am Paulinum mit dem Abitur beendet, nachdem ihm im März in Frankreich ein Bein abgeschossen worden war. Als Augenarzt befaßte er sich während der NS-Zeit in Düsseldorf mit der Netzhautbefestigung, einer Erfindung, die aus dem Experimentieren mit militärischem Laser-Gerät der Luftwaffe hervorging. Sein Argument, er könne nicht unbelastet weiterforschen, solange seine Frau den Stern tragen müsse, war erfolgreich. Ehefrau Erika geb. Sonntag hatte Ruhe vor den NS-Satrapen. Diese Forschungen wurden später auch einem ehemaligen Kriegsverbrecher sehr nützlich. Der in Nürnberg verurteilte Baldur von Schirach bekam für diese Operation Haftunterbrechung.

Werner Mansfeld, geb. 12.12.1893 Uchte/Kreis Stolzenau, gest. 10.2.1953 Berlin — 1924 Rechtsanwalt; 1926 Geschäftsführer des Vereins für bergbauliche Interessen Essen; 1930 Habilitation Münster; 1930–1933 Privatdozent Univ. Münster, 1933 Ministerialdirektor und Leiter Abteilung III für Tarifrecht, Arbeitsrecht und Arbeitsschutz im Reichsarbeitsministerium sowie Vorstandsmitglied Salzdetfurth AG, 1936 Mitleiter der Geschäftsgruppe Arbeitseinsatz in der Vierjahresplanbehörde, November 1941– März 1942 kurzzeitig Generalbevollmächtigter für den Arbeitseinsatz, 1942–1945 Personaldirektor in der Mineralverarbeitung (Kali-Salz-Industrie), nach 1945 Streitigkeiten über seine Rentenhöhe.

22. ALFRED WÜNNENBERG –
Gymnasium Paulinum

Bis 1945 war das Paulinum hinter dem Fürstenberghaus. Heute sind dort Grünflächen mit Fußweg zur Universitätsbibliothek. Erhalten ist die Petrikirche an der linken Bildkante.

Nachfolger Himmlers als Chef der deutschen Polizei wurde in den apokalyptischen letzten Kriegstagen ein alter Pauliner. Als das Regime auf den harten Kern zusammengeschrumpft war, erfuhr Hitler in der Nacht vom 28. auf den 29. April in seinem Bunker, daß Himmler schon seit einiger Zeit Geheimkontakte mit den Westmächten und dem jüdischen Weltkongreß hatte. Verhandlungsziel war eine Teilkapitulation an der Westfront. Hitler, dem ein wagnerianisches Finale mit endloser Treue und totaler Zerstörung die letzte Befriedigung gab, explodierte vor

Alter Pauliner mit stahlhartem Blick vom Polizeihunde-Kommandeur zum Himmler-Nachfolger.

Wut und stieß Himmler aus Partei und Amt aus. Als Nachfolger benannte Hitler spontan den SS-Obergruppenführer Wünnenberg, einen Kommißkopf klassischer Art, der von Polizeihunden bis Elitekämpfern jahrzehntelang alles eisern in den Griff bekommen hatte. Hitlers Ernennungserklärung umfaßte das Polizei-Spitzenamt, jedoch nicht die Nachfolge als Reichsführer-SS. Da Wünnenberg in den Endtagen 1945 seine Dienststelle im Berliner Kessel hatte, müßte ihn die Nachricht von seiner letzten Beförderung über die kurze Distanz einiger Hundert Meter noch ereilt haben. Genaueres ist jedoch ungewiß. Nach Kriegsende war es geschickt, die allerletzten Beförderungen unerwähnt zu lassen, um sich wenigstens als etwas unwichtiger darstellen zu können. In seinem politischen Testament, das Hitler vor seinem Freitod im Bunker diktierte, hatte er es sich dann noch anders überlegt. Zu Himmlers Nachfolger in dessen beiden Funktionen bestimmte er Karl Hanke, den besonders brutalen Gauleiter von Niederschlesien.

In Münster gibt es praktisch keine Spuren Wünnenbergs. Von den Schülern des Paulinums werden nämlich nur jene erfaßt, die Abiturient werden; nicht jedoch diejenigen, die schon vor dem Abitur abgehen. Oft lag das an beruflichen Veränderungen des Vaters und Versetzungen bei Karrierebeamten. Vater Wünnenbergs Versetzung aus Münster war der Grund, daß Sohn Alfred nur wenige Jahre das Paulinum besucht hat. Vom alten Paulinum existiert aber nichts mehr; es stand bei der Petrikirche, wo jetzt die grüne Wiese zwischen Fürstenberghaus und Universitätsbibliothek ist. Viele Vorfahren Alfred Wünnenbergs waren als Offiziere in Münster tätig; sein Vater arbeitete in der militärischen Krankenhausverwaltung. Als er den Posten des Verwaltungsdirektors der Festungslazarette in Straßburg/Elsaß bekam, den er bis Kriegsende 1918 hatte, verließ auch Sohn Alfred Münster. Aus unbekannten Gründen folgte er nicht seinem Vater Richtung Süden, sondern absolvierte das Abitur am Gymnasium in Meppen. Sofort danach begann sein Weg zu Militär und Polizei, wobei das Abitur dabei die übliche Grundlage für den Anfangszugang zu den höheren Positionen war, von denen die erste nach dem ersten Weltkrieg in Münsters Polizeischule war. Unabhängig davon sind Wünnenbergs rasante Beförderungen und Dienststellungswechsel 1941–43 bemerkenswert.

Alfred Wünnenberg, geb. 20. Juli 1891 Saarburg/Lothringen, gest. 30. Dezember 1963 Krefeld — 1920 Personalabteilung Polizeischule Münster, 1920/21 Hunde-Zugführer und Hunde-Ausbilder Polizeischule Essen, bis 1924 Kommandeur Polizeihundeinheit Essen, 1926–28 Polizeischule Köln, 1930–33 Polizei-Inspektion Hindenburg/Oberschlesien, 1933–37 Kommandeur der Schutzpolizei in Beuthen, Gleiwitz, Saarbrücken, Bremen, Mannheim, 1938 Oberstleutnant Stab Schutzpolizei Stuttgart, 1939 Oberst und Polizeischützenregimentskommandeur sowie über Dienstrangangleichung SS-Standartenführer, Weigerung des Wechsels von Polizeiuniform zur SS-Uniform bis zum entsprechenden Befehl Himmlers, 1939 Polizeischützen-Regimentskommandeur, 1939–41 Kämpfe in Frankreich und Rußland, November 1941 Ritterkreuz für Geländegewinne vor Leningrad, Dezember 1941 Gruppenführer und Kommandeur (der einzigen) SS-Polizeidivision, die formal zur Waffen-SS gehörte, April 1942 Eichenlaub, Juli 1942 Gruppenführer und Generalleutnant der Polizei, Juli 1943 SS-Obergruppenführer und General der Waffen-SS, August 1943 Kommandierender General IV. SS-Panzerkorps, September 1943 – April 1945 Chef SS-Hauptamt Ordnungspolizei Berlin, 20. Juli. 1944 Goebbels-Befehl zur Bereithaltung für das Amt des Berliner Polizeipräsidenten, Mai 1945 Nachfolger Himmlers als Chef der deutschen Polizei, 1946/47 amerikanische Internierung Dachau, dann Pensionär.

23. HEINRICH GLASMEIER – Merveldter Hof, Ludgeristraße 36

Schon im Juli 1941 wurde der Merveldter Hof an der Ludgeristraße zerstört.

Heinrich Glasmeiers Suizid vermutlich am 4. Mai 1945 war dramatisch: In seinem Auto entzündete er eine Handgranate, nachdem er Türen und Fenster verschlossen hatte. Die Explosionswirkung im geschlossenen Raum war gewaltig. Seine Nervenstränge rissen sofort, bevor sie Schmerzen signalisieren konnten. Lange Zeit galt er als „verschollen“, da die Fleischreste nicht identifiziert werden konnten. Außerdem gab es in diesen Tagen viele Suizid-Überreste und die meisten Menschen waren mit dem eigenen Überleben genug beschäftigt. Nach der Flucht von seinem letzten Wohnsitz, dem vormaligen Augustinerchorherrensift St. Florian bei Linz, Richtung vermeintliche Alpenfestung, wurde Heinrich Glasmeier jedenfalls nicht mehr lebend gesichtet.

Mit einer Handgranate zersprengte sich Heinrich Glasmeier 1945. Das Portrait Glasmeiers als SS-Sturmführer entstand schon in der frühen NS-Zeit, erkennbar an der SS-Standartennummer auf dem rechten Kragenspiegel. Später entfielen diese Nummern am Kragenspiegel.

In Münster studierte er ab 1911 Geschichte, Germanistik und Philosophie, wurde bei der Cimbria, einer katholischen Verbindung (KV), aktiv und betreute schon als Student das gräflich Merveldt'sche Familienarchiv, woraus Anfang der 20er Jahre praktischerweise seine Dissertation erwuchs: „Das Geschlecht von Merveldt zu Merfeld"; es folgten weitere westfälische Archivposten. Dabei initiierte er Zusammenlegungen von verstreuten westfälischen Adelsarchiven zur besseren Erfassung der Bestände, aber auch als Sicherung gegen Verluste. Seit 1932 Parteigenosse und SS-Mitglied, wurde er sofort Geschäftsführer des Gaus Westfalen-Nord sowie Gaukulturwart. Beliebt an höchster Stelle machte er sich als Hitlers Fahrer im anstrengenden Wahlkampf im kleinen Land Lippe Anfang 1933, in dem Hitler an zehn Tagen 16 Wahlreden hielt. April 1933 wurde Glasmeier auf Goebbels' Anordnung zum Intendanten des WDR in Köln berufen und danach nach Berlin befördert, obwohl er vom neuen Medium Rundfunk zunächst nichts verstand.

1941 überwies Hitler Glasmeier, seit den lipperländischen Wahlkampftagen wie auch Stroop persona gratissima (siehe S. 11), mehrere Millionen Reichsmark zur Errichtung einer kulturellen Produktionsstätte des großdeutschen und europäischen Rundfunks. Der Standort lag nahe der Stadt Linz, in der Hitler seine Jugend verbrachte und die er für die Zeit nach dem Krieg als Altersruhesitz und Ort der Künste vorgesehen hatte. Glasmeier ließ den barocken Klosterbau St. Florian während des Kriegs zu einer aufwendigen Kulturstätte sanieren. Sein Freitod angesichts nahender US-Truppen kann als Überreaktion betrachtet werden, weil ihm außer der bei Funktionsträgern nicht seltenen Internierungszeit bei Kriegsende wohl nicht allzuviel Übles bevorgestanden hätte.

Heinrich Glasmeier, geb. 5. März 1892 Dorsten, Freitod vermutlich 4. Mai 1945 bei St. Florian nahe Linz — 1911 bis Kriegsteilnahme Studium in Münster, 1913 Archivar Merveldt, 1920 dito beim Herzog von Croÿ Dülmen, 1922 dito Landsberg-Velen, 1923 Direktor der vereinigten westfälischen Adelsarchive; 1932 Geschäftsführer NSDAP-Gau Westfalen-Nord; 1933 Intendant WDR Köln, 1937 Reichsintendant des Deutschen Rundfunks und Generaldirektor der Reichsrundfunkgesellschaft Berlin, 1941 Leitung der Errichtung der kulturellen Produktionsstätte des großdeutschen/europäischen Rundfunks St. Florian bei Linz; 1943 Bevollmächtigter des Propagandaministers in Paris. 1945 letzter Dienstgrad SS-Oberführer (ohne exakte Entsprechung der Wehrmacht; zwischen Oberst und Generalmajor).

24. HEINRICH HIMMLER IM FÜRSTENHOF – Ludgeristraße 54

Im Sommer 1941 machte Himmler eine Auto- und Flugtour durch Deutschland. Während der Flugabschnitte steuerte sein Fahrer, der SS-Unterscharführer Strackeljahn, das BMW-Cabrio zum nächsten Ziel. Ende August startete er in seinem Wohnort Gmund (Kurstraße 2–8) am Tegernssee, der wegen der hohen Dichte dort residierender Parteiprominenz auch „Lago di Bonzo" genannt wurde. Die Route war: München – Wiesbaden – Köln – Düsseldorf – Münster – Osnabrück – Bremen – Hamburg – Lübeck – Schwerin – Berlin – Krakau – Ukraine; teils per Flugzeug. Das Programm bestand in einer Kombination aus Touristik mit Schwerpunkt Bombenschäden und Besprechungen mit der jeweiligen lokalen SS-Führung; im Osten mit Ghetto- und Lagerbesichtigung. Es war der dritte und letzte Besuch Himmlers in Münster. Im Juni 1934 hatte er einen offiziellen Besuch mit Einfahrt über die beflaggte Warendorfer Straße und SS-Parade auf dem Schlossplatz.
1939 kam er zur Besichtigung des Architekturmodells des geplanten Gauforums, das jetzt im Stadtmuseum ist. Der Besuch am 1./2. September 1941 blieb außer zufälligen Passanten von der Bevölkerung unbemerkt. Eine Begrüßung durch die Stadtverwaltung war nicht erwünscht. Aus Düsseldorf kam vorher noch ein Fernschreiben nach Münster mit einem Auftrag an den Befehlshaber der Ordnungspolizei Heinrich Lankenau (siehe

Himmlers Auto- und Flugzeug-Tour 1941 führte von Bayern über Münster nach Hamburg in die besetzten Gebiete im Osten, wo auch der BMW fotografiert wurde.

In der linken Bildhälfte ist das Hotel Fürstenhof zu sehen, in dem Himmler abstieg.

SS-Oberabschnitt

Befördert am 1/9. 1942 1603 Uhr durch ... 50

Aufgenommen am ... 19 ... Uhr durch ...

Erhalten am ... 19 ... Uhr durch ...

Von ...

An ...

F. d. R.:

```
+ s s d - hssupf ddf. nr.991   1/9.42 1520= q e m =

an  den
 b.d.o.  m u e n s t e r  1
==========================
an dem wagen des rf-SS ~~(mxxx rf-SS~~ (bmw- cabriolet)muss heute abend
nach der ankunft in muenster (etwa gegen 22.00 uhr) ein oelwechsel
vorgenommen  werden.ich bitte die  pv. muenster anzuweisen,
alles  hierfuer erforderliche ab21.00 uhr bereitzuhalten.
der fahrer des rf-SS, SS-unterscharfuehrer strackeljahn,wird
sich diesserhalb bei der k-staffel der pv-muenster,fahrwache
melden.geeignete hilfskraefte sowie oel der dortigen k-staffel
sind fuer die  arbeit zur verfuegung zu stellen.

        der hoehere SS-u.polizeifuehrer west
              i.a.
                   g r o e m i g

          hauptmann der schutzpol.u.adjutant+
      1603      nr 991      (15zl)       lvst ddf /hembeck+
```

Die Befehlskette funktionierte auch beim Ölwechsel: Vom Höheren SS- und Polizeiführer (HSSPF) West in Düsseldorf an den Befehlshaber der Ordnungspolizei (BdO) Münster. Als Vorläufer heutiger Kommunikationsformen diente der Fernschreiber; die Tastatur beim Absender gab den Impuls für den Start des Druckers beim Empfänger.

S. 84), weil des Reichsführers BMW neues Öl brauchte. Lankenau sollte nach der Ankunft um 22 Uhr abends die Kraftfahrstaffel der Polizeiverwaltung anweisen, den Ölwechsel vorzunehmen. Spätabends war im Hotel Fürstenhof Besprechung mit Abendessen zu fünf Personen: Himmler, sein Adjutant SS-Obergruppenführer Karl Wolff, SS-Brigadeführer Karl Gutenberger (Höherer SS- und Polizeiführer (HSSPF) Düsseldorf, später Werwolf); von münsterischer Seite Heinrich Lankenau und Polizeipräsident SS-Standartenführer Heinz Manger. Gesprächsthemen waren Schmuggelaktivitäten im niederländischen Grenzbereich, die Lage der Kontrolle über die katholische Kirche und Münsters notorische Gefährdung durch Bombenangriffe wegen der ungünstigen Nordwestlage im Einflugbereich Ruhrgebiet. Nach Übernachtung, Frühstück und einer Fahrt durch Münster ging es dann nach Osnabrück, wo als einziger Programmpunkt eine Höhle besichtigt wurde: Als Luftschutzort für mehrere Tausend Niedersachsen.

Der BMW hatte später in Schwerin eine Panne mit mehrstündiger Verzögerung. Aber da waren die Wartungsarbeiten in Münster schon länger vorbei.

25. JOSEPH GOEBBELS – Königsstraße 36 a

Das Haus Nr. 36 a (links) gehörte den Jesuiten, das Gebäude rechts danon steht noch.

In den Semesterferien August 1919 kam Joseph Goebbels nach Münster. Der Student der Germanistik, Literaturwissenschaft und Kunstgeschichte stand vor dem sechsten Semester. Anstrengender als das Studium war für ihn eine Krisenbeziehung zu der Kunstgeschichts-Studentin Anka Stalherm (1895-1955) aus Recklinghausen. Goebbels hatte sie ein Jahr zuvor bei einem Studienfreund in Freiburg kennengelernt; seine Kombination aus Intellekt, Rehaugen und Körperbehinderung mochte ihren Mutterinstinkt geweckt haben. Ihre Eltern waren wohlhabende Mühlenbesitzer und stellten sich für ihre Tochter einen anderen Partner vor als den mittellosen, körperbehinderten Studenten ohne berufliche Perspektive. Die Sommer-Semesterferien 1919 verbrachte sie bei Verwandten in Anholt; er wollte ursprünglich zu seinen Eltern nach Rheydt am Niederrhein. Jedoch brauchte man für diese Gegend seit November 1918 einen Paß, weil die Siegermächte den linksrheinischen Teil des Niederrheins besetzt hielten und durch eine Zoll- und Paßgrenze von Deutschland abgetrennt hatten. Goebbels' Paß war nicht mehr gültig und daher zog er nach Münster, was nicht nur Nachteile hatte: Es lag verkehrsgünstiger zum westfälischen Anholt. Nachdem ihn ein schäbiges Zimmer an der Wolbecker Straße abgestoßen hatte, gelang es ihm an der Königsstraße 36 a unterzukommen. Dieses Haus wie auch das Nachbarhaus Nr. 36 gehörte den Jesuiten und Goebbels mochte sowohl mit dem Hinweis auf seine katholische Familie wie auch seine Studienfinanzierung aus dem katholischen Albertus Magnus-Fonds einen guten Eindruck gemacht haben. Auch die Nachbarn des südlich daran angrenzenden Grundstücks an der Krummen Straße erinnerten sich noch Jahrzehnte später an den späteren Propagandaminister. Goebbels' Kommunikation mit Anka lief über ein Café: Täglich rief sie den dort wartenden Goebbels an, der sich die obligatorische Tasse Kaffee kaum leisten

Von diesen Häusern steht keines mehr. Nr. 36 a ist hier links von der Mariensäule zu sehen.

konnte. Außerdem verfaßte er in Münster einen Roman, der später zum großen Forschungsbrocken der Goebbels-Frühzeitler wurde und immer wieder auf Anzeichen seines späteren Lebens getestet wurde. Das Werk hatte den Titel „Michael Voormanns Jugendjahre", war in der dritten Person Singular geschrieben, stark autobiographisch und wühlte in den Problembergen seines Daseins; mit geballter Wucht hatte der Handlungsverlauf Exorzismus und Sakrifizium zugleich. Möglicherweise inspiriert durch seinen Kontakt zu den Jesuiten läßt er seinen „Romanhelden" darin ein Christus-Drama verfassen. Auch Anka Stalherm kam nur wenig abgewandelt darin vor, als das geniale Christus-Werk von der Roman-Autorenfigur aus Verzweiflung über ihre Untreue verbrannt wird und die Menschheit dadurch ein Stück Weltliteratur verliert. Stolz ließ Goebbels die fertig gstellten Teile drucken und schickte sie ihr als Fortsetzungsroman zu. In der Romanhandlung ordnet sie sich nach langem Kampf seiner Genialität in einer symbiotischen Verschmelzungsfantasie unter: „Sie wurde ein Stück von ihm." In der Realität wechselte sie die Universität und ging nach München, Goebbels auch. Zuvor im September 1919 war es ihm nach der Fertigstellung des Romans doch noch gelungen, zu seiner Familie nach Rheydt zu gelangen, indem er einen Grenzposten schmierte. Die Beziehung zu Anka brach endgültig auseinander, als sie 1921 den Juristen Georg Mumme (1892-1970) heiratete , der später als Leiter des Rechtsamts der NSDAP-Reichsleitung München höchster Parteijurist wurde. Das Haus Königsstraße 36a hatte Mitte der 20er Jahre eine Mieterin, die später heftig von der Gestapo verfolgt wurde: Die Zeitschrift „Der Gral", redigiert von Nanda Herbermann (siehe S. 41).

Anka Stalherm zur Zeit der Beziehung mit Joseph Goebbels.

ZWEITER RUNDGANG

KREUZVIERTEL

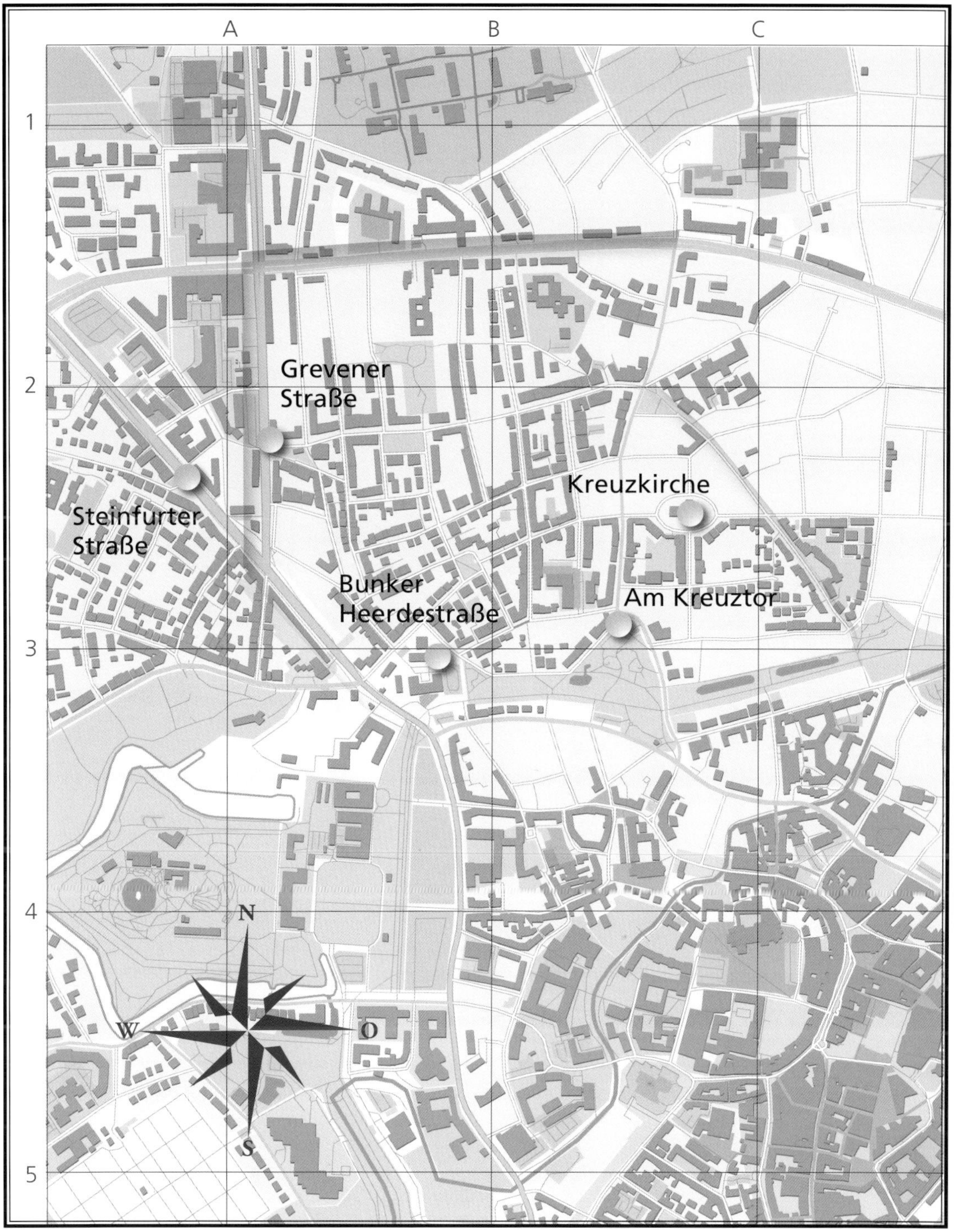
A
B
C
1
2
3
4
5
Grevener Straße
Steinfurter Straße
Kreuzkirche
Bunker Heerdestraße
Am Kreuztor
N
W
O
S

1. LUDWIG BECK – Melchersstraße 80

Für Soldatenfamilien wurde die Melchersstraße 80 erbaut.

Nur kurz blitzt Münster im Leben von Ludwig Beck auf, dessen Wirken im Verschwörerkreis des 20. Juli 1944 durch Schrift und Film oft gewürdigt wurde.

Sein Name ist auf Briefmarken und Straßenschildern zu lesen; auch die NS-Ordensburg Sonthofen wurde 1956 als Bundeswehrkaserne nach ihm benannt.

Als Oberstleutnant wohnte er in der Melchersstraße 80. In dieser Gegend Ecke Grevener Straße standen viele Mehrfamilienhäuser, die für verheiratete mittlere Dienstgrade gebaut worden waren. Noch heute erinnert der Name der Bushaltestelle davor daran: Kanonierplatz. Auch dem ähnlichen denkmalgeschützten Nachbarhaus Nr. 86 sieht man noch an, daß es für Soldatenfamilien gebaut wurde: Über dem Eingang prangt ein großes Relief mit einem Stahlhelm. Beck kam Anfang Oktober 1922 als frisch beförderter Oberstleutnant aus Berlin nach Münster und wurde Abteilungskommandeur beim Artillerie-Regiment 6. Schon 1923 übernahm er, ebenfalls in Münster, die Leitung der Führergehilfenausbildung beim Wehrkreiskommando 6, der ehemaligen Kriegsakademie; 1925 erfolgte die Versetzung nach Dresden.

Ludwig Beck um 1938

Ludwig Beck, geb. 29.Juni 1880 Biebrich bei Wiesbaden, Freitod 21. Juli 1944 Berlin-Bendlerblock — 1913 Hauptmann beim Großen Generalstab Berlin, 1914–18 Generalstäbe Westfront, 1918 Major, 1919–22 Truppenkommandos,

1922–25 in Münster, 1925–29 Generalstabschef Wehrkreiskommando IV Dresden, 1929 Oberst, 1929–31 Artillerieregiments-Kommandeur Fulda, 1931 Generalmajor, 1931–32 Kavallerie-Divisionskommandeur Frankfurt a. d. Oder, 1932 Generalleutnant, 1933 Chef Truppenamt Reichswehrministerium, 1935 General der Artillerie und Generalstabschef des Heeres, August 1938 Rücktritt aus Protest gegen Kriegsvorbereitungen, 1943–44 konspirative Umsturzvorbereitungen gegen die NS-Führung und Planungen für Deutschlands zukünftige Rolle in Europa; vorgesehene Position Becks als Staatsoberhaupt, 1955–2009 sieben Verfilmungen des Attentatsversuches.

2. AM KREUZTOR 1

Bei sechs Millionen Arbeitslosen plus Hungersnot Ende 1932 zählen keine Argumente, sondern nur der knurrende Magen. Der Skandal um das auffällige Haus an der Promenade hatte alles, um den Volkszorn zum Kochen zu bringen. Die Sache entwickelte sich schnell zu einem Desaster für die Stadt und zu einem rasanten Wahlkampfschlager für die NSDAP. Nach dem Konkurs des Erbauers fiel das Haus der Gläubiger-Stadtsparkasse zu, die es schnellstmöglich loswerden wollte. Jedoch war das Haus praktisch unverkäuflich, da es keine Interessenten mehr gab: Ärzte verdienten indexiert zu 1913 nur noch ein Fünftel und Anwälte nur ein Zehntel; auch die Beamtenbezüge waren um 20% gekürzt worden. Entgegen der Meinung von Oberbürgermeister Karl Zuhorn beschloß das Stadtparlament im September 1932 den Ankauf für 67.000 RM. Außerdem erging der Beschluß, es zukünftig als Dienstwohnung des Oberbürgermeisters zu verwenden, wofür

National Zeitung

Organ des Gaues Westfalen-Nord der NSDAP

Herausgeber: Dr. Alfred Meyer

Sondernummer

3. Fortsetzung

Am Kreuztor Nr. 1

Unsere Antwort an Oberbürgermeister Dr. Zuhorn — Was ist der Unterschied zwischen Schönheits- und Instandsetzungsreparatur?

Schon allein die Adresse taugte 1932/33 als Erreger: Die NS-Presse hatte sich an dem Skandal wie ein Terrier festgebissen und ließ nicht mehr los.

Der Skandal um das Haus wurde zum lokalen Symbol der letzten Zuckungen des Verendens der „Systemzeit" vor 1933.

es erst mal umfassend saniert werden sollte. Die Gründe dafür sind nicht ganz deutlich; es hieß nebulös, daß dieser 67.000-RM-Nachschuß der einzige Weg für die Stadt sei, noch etwas von ihren Krediten aus dem Konkurs zu erlangen. Vielleicht erinnerte man sich noch an die privaten finanziellen Malaisen beim Hausbau seines Vorgängers Sperlich an der Dechaneistraße um 1930.

Auffällig ist, daß völlig verkannt wurde, daß diese Aufwendungen in diesen miesen Zeiten niemandem vermittelbar waren und dem politischen Gegner eine perfekte Basis zum Ausschlachten boten. Der packte auch sofort zu und verbiß sich in das Thema wie ein Terrier. Schnell wurde es zu einer Kombination aus finanzieller Unfähigkeit und „sozialer Kälte" aufgebaut. Die Wirkung war durchschlagend und brachte der lokalen NSDAP erheblichen Auftrieb. In der „National-Zeitung" des Gaus Westfalen-Nord wurde das Thema blattgroß in immer neuen Varianten und flott formuliert serviert und wenn die regulären Ausgaben nicht genügend Platz boten, wurden gratis Extrablätter verteilt. Offenbar hatte die NSDAP Informanten auf der Baustelle, die immer wieder neue Informationen hatten über das, was heute als „Luxussanierung" bezeichnet wird. Sehr genau waren die Berichte, was auf Steuerzahlers Kosten an noch funktionsfähigen Bauteilen herausgerissen und erneuert wurde, von Badewanne und Gaskessel bis zu Holzvertäfelungen und Sitzgruppenmöbeln. Ob es in dieser Komplettheit stimmte, interessierte kaum noch jemanden. Die Stadt war konstant in der Defensive und über Monate wurde sozusagen ausschließlich auf ihrem Gebiet gekämpft. Die mißlungene Schadensbegrenzung ging bis zur hilflosen Behauptung, die Stadt könne das Haus ja einfach wieder verkaufen; es war nur eine weitere Beißgelegenheit für den gegnerischen Propaganda-Terrier. Mitte Januar 1933 hatte die Stadtverordnetenversammlung Kauf und Ausgaben akribisch zu rechtfertigen und Mitte Februar 1933 mußte Oberbürgermeister Zuhorn auf einer Pressekonferenz nochmals beteuern, in der Dienstwohnung sei nur ein Bad installiert worden, und die Nebenkosten habe er privat bezahlt. Bewohnt hatte er das Haus nie. Mitte Mai 1933 verlor er sein Amt. Für seinen Nachfolger, den NSDAP-Oberbürgermeister Hillebrand (siehe S. 114) kam ein Einzug aus naheliegenden Gründen nicht in Frage, er blieb an der Geiststraße Das Haus wurde dann Dienststelle einer Gaubehörde, und zwar des Arbeitsgaus Westfalen-Nord unter Paul Zimmermann (siehe S. 88).

3. JOHANNES BAUERMANN – Kampstraße 2

Kreative Rettung des Archivs im Krieg: Archivar Johannes Bauermann.

Nachts in Frauenkleidern unterwegs und das als deutscher Beamter – das galt nach dem Krieg weder als Selbstverwirklichung noch als Freizügigkeit, sondern war Anklagegrund in einem Ehrenverfahren. Akute Gefahr dabei war die Entlassung aus dem Beamtenstatus. Münsters Staatsarchivdirektor Bauermann (1900–1987) mußte schwer kämpfen, bis man ihm endlich die Wahrheit glaubte: Während der Luftangriffe wurden zufällige männliche Passanten oft spontan zu Aufräumarbeiten kommandiert, nicht jedoch Frauen. Um während der Bombardierungen zwecks Rettungsmaßnahmen schnell zu seinem Archiv zu gelangen, sah Bauermann daher keine andere Möglichkeit als die Maskerade als Frau. Somit habe er sich bei Bombenalarm in seiner Privatwohnung schnell umgezogen, um schnell und ohne Aufenthalt in flatternden Frauenkleidern zum Archiv am Bohlweg zu radeln. Dort entledigte er sich schnell des Fummels und schleppte wertvolle Archivstücke aus dem schon brennenden Gebäudeteil in die intakten Bereiche. Mühsam konnte er dieses unangenehme Ehrengerichtsverfahren

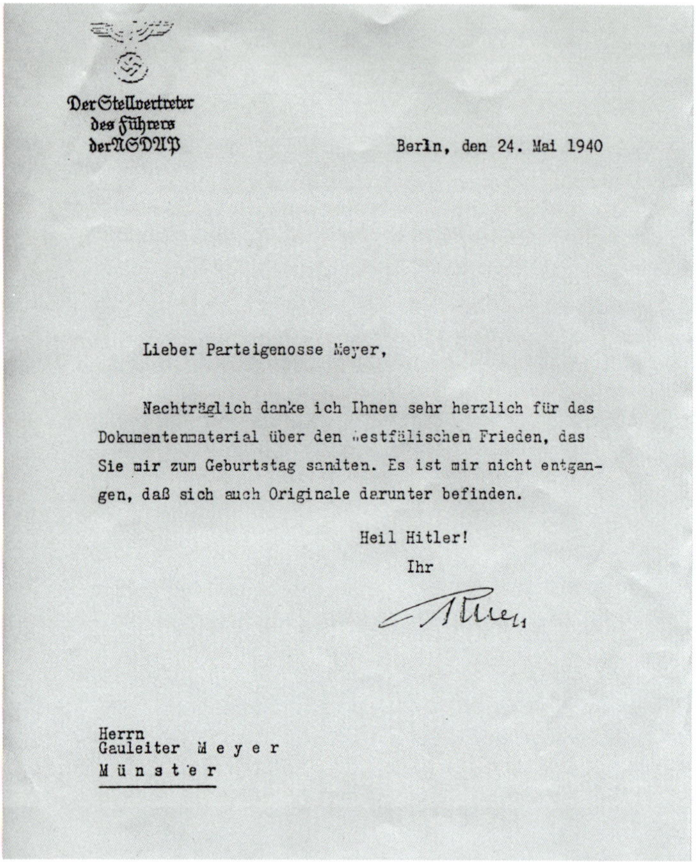

Der Stellvertreter
des Führers
der NSDAP

Berlin, den 24. Mai 1940

Lieber Parteigenosse Meyer,

Nachträglich danke ich Ihnen sehr herzlich für das Dokumentenmaterial über den Westfälischen Frieden, das Sie mir zum Geburtstag sandten. Es ist mir nicht entgangen, daß sich auch Originale darunter befinden.

Heil Hitler!
Ihr

Herrn
Gauleiter M e y e r
M ü n s t e r

Albtraum aller Archivare: Die Originale wurden 1940 leichtfertig von Münster nach Berlin verschenkt. 1945 verbrannten sie im Berliner Endkampf. Unterzeichner des Dankschreibens ist des Führers Stellvertreter in der NSDAP Rudolf Heß.

hinter sich bringen, das von Leuten begonnen worden war, die lediglich seinen Posten wollten. Ansonsten wußten sie genau um Bauermanns Verdienste, worunter auch seine Initiative 1944 zur Auslagerung der Archivalien aufs Land gehörte. Auch dabei gab es schon Ärger, der ebenfalls nicht ungefährlich war. Münsters Parteifunktionäre hielten diese Auslagerung für einen „Zweifel am Endsieg" und das war eine gefährliche Vokabel. Auch hier gelang es Bauermann sich durchzusetzen, ansonsten wäre das jahrhundertealte Archivmaterial vom Bohlweg von alliierten Bombern vernichtet worden. Im März 1945 wurde Bauermann Gruppenführer beim Volkssturm, kam aber nicht mehr zum Einsatz.

Der erste Retter des Staatsarchivs beim Bombenangriff im Juli 1941 war allerdings ein Nachbar: Mutig war Franziskanermönch Evarist Hey (1887–1962) vom Franziskanerkloster gegenüber. Als das Dach schon brannte, rannte er sofort auf das Archivdach, konnte den Brand löschen und so die Vernichtung des Archivbaus von 1885 verhindern. Vom Polizeipräsidenten bekam er eine schriftliche Belobigung, die allerdings an „Herrn Hey" und nicht an den Ordensmann gerichtet war, um eine Ehrung des Klosters auf jeden Fall auszuschließen. Bauermanns Entnazifizierung wurde wider Erwarten anstrengend. Während zahllose Mordrichter wie geschmiert nach 1945 weitermachen konnten, wurde bei Bauermann zum Problem, daß er ohne jegliche Aktivitäten in mehreren Organisationen war; teilweise auch nur sehr kurz. Der Entnazifizierungskammer war das zu viel und sie verweigerte die Entlastung. Diese gelang erst im Berufungsverfahren 1948 mit Unterstützung des Anwalts Bernhard Terrahe II., womit auch die Gefahr für den Beamtenstatus vorüber war. Somit hatten das Archiv und sein Direktor Krieg und Nachkrieg überstanden. Aber einige Jahrzehnte später war der Bau mal wieder gefährdet: Auch 1970 gelang die Rettung des historischen Baus nur knapp, als die Stadtverwaltung unter Oberstadtdirektor Heinrich Austermann den Abriß zwecks Straßenverbreiterung der Fürstenbergstraße schon beschlossen hatte.

Kampstraße 2: Bei Dunkelheit in die Frauenkleider und los ging's.

4. OTTO BRÄUTIGAM – Kampstraße 10

1940 wurde Otto Bräutigam aus der NSDAP ausgeschlossen; ein Jahr später betrieb er intensiv die Deportationen in die Vernichtungslager. Dieser Fallrückzieher ist sehr ungewöhnlich, denn einem Parteiausschluß folgte automatisch die Entlassung aus dem öffentlichen Dienst. Als Erklärung für diese seltene Ausnahme ist vorstellbar, daß die Parteigewaltigen durch seinen Schwur außerordentlichen Einsatzes bei zukünftigen Aufträgen gnädig gestimmt werden konnten. Der Sohn des Amtsrichters und späteren Landgerichtsdirektors Heinrich Bräutigam kam im November 1918, unmittelbar nach Kriegsende, nach Münster, um sein Studium der Rechtswissenschaften zu beenden. Schmackhaft war Münster auch wegen der elterlichen Aufstockung der ansonsten rationierten Lebensmittel. Gleich mit dem Studienbeginn zum Wintersemester 1918/19 wurde er in die „Markomannia" aufgenommen, eine katholische Studentenverbindung, deren Feste und gesellschaftliches Ansehen damals legendär waren und die Ouvertüre zur Karriere durch berufliche Protektion und Heirat sein konnten. Bräutigam fungierte hier im Sommersemester 1919 als „Fuchsmajor" und war somit zuständig für die Einweisung und Beurteilung der Neumitglieder. Nach dem erfolgreichen Examen 1920 hatte Bräutigam für kurze Zeit seine erste Anstellung beim

Schicker Student in Münster: Otto Bräutigam.

1918 trat Otto Bräutigam in die katholische Studentenverbindung Markomannia im Kartellverband ein.

Amtsgericht Coesfeld und schaffte dann den Sprung in den auswärtigen Dienst. 1928 wurde er nach Moskau versetzt und bekam schon in diesen Jahren die ersten Kontakte zu seinen Vorgesetzten in der NS-Zeit, z. B. Alfred Rosenberg. Einen Einblick in die europäischen Konstellationen im August 1939 bietet seine Schilderung eines internationalen Weinkongresses in Bad Kreuznach. Bei Hochstimmung lobten Franzosen und Italiener überschwänglich Hitler und brachten einen Trinkspruch auf ihn nach dem anderen. Radikal änderte sich das nach dem deutsch-sowjetischen Pakt: Sofort herrschte Eiseskälte, der Kongreß wurde abgebrochen und die Franzosen reisten sofort ab. Während des Krieges war Bräutigam an den Planungen für ein neues Ostministerium beteiligt, das entsprechende eroberte Gebiete verwalten sollte. 1942 bestand es aus 16.000 Personen; im Oktober 1944 noch aus 100. Diskret wurde gewitzelt: „Reichsministerium für die nicht mehr besetzten Ostgebiete". Diese Stellung zur Zeit schneller Eroberungen brachte ihn in das Umfeld der Personen, die an der Wannsee-Konferenz vom 20. Januar 1942 teilnahmen, auf der bekanntermaßen die verwaltungsmäßige Vernichtung der europäischen Juden Gegenstand war. Die Impulse, die von dieser Konferenz ausgingen, wurden neun Tage später in der Wannsee-Nachfolgekonferenz bürokratisch normiert. Hier war nun Otto Bräutigam selbst der Vorsitzende. Auf dieser Konferenz wurde auch der Kreis der Personen, die von der systematischen Judenvernichtung erfasst wurden, noch einmal erweitert. Konferenzteilnehmer waren rangniedere Vertreter der schon zuvor beteiligten Ministerien und Dienstellen. Überliefert ist die Formulierung der acht anwesenden

Otto Bräutigam als Diplomat in der NS-Zeit.

Vertreter des Ostministeriums, wonach die Judenfrage „auf rigideste Art" gelöst werden müßte. Das Protokoll dieser Sitzung wurde 1961 im Jerusalemer Eichmann-Prozeß verlesen und dadurch öffentlich. Gegen Kriegsende geriet er als Verbindungsoffizier der Heeresgruppe A in amerikanische Gefangenschaft. Zunächst blieb er frei von Strafverfolgung, weil sein Dienstschreiben vom Januar 1942 gefunden worden war, in dem er eine bessere Behandlung russischer Kriegsgefangener forderte. Mit Beginn des Kalten Krieges war er in amerikanischen Diensten als Experte für Russlandfragen. Das deutsche Verfahren gegen ihn wegen seiner Vergangenheit endete mit einem Freispruch, so daß er 1953 auch ohne Schwierigkeiten wieder ins Auswärtige Amt berufen werden konnte. In den Jahren nach 1956 wurde seine NS-Vergangenheit jedoch erneut Thema. Mitte September 1941 hatte Ostminister Rosenberg Bräutigam beauftragt, Hitlers Zustimmung zur Deportation der europäischen Juden nach Osten zu erreichen. Aus dem Führerhauptquartier erfuhr Bräutigam telefonisch von Keitel, Hitler wolle dazu erst die Meinung des Außenministers erfahren. Dieser wollte es nicht schriftlich machen, sondern es persönlich mit Hitler besprechen.

1956 hatte der SPIEGEL das Thema Bräutigam aufgegriffen und auch aus Ost-Berlin wurde gefeuert. Wie ein Schmierroman klang der Titel der Propagandaschrift von 1956: „Geständnisse eines Bräutigams". In dieser bedrohlichen Situation erwies sich vermutlich die alte Verbindungszugehörigkeit aus Münster als echter Glücksfall: Der damalige Außenminister Brentano, ein studentischer Kartellbruder aus dieser Zeit, kam ihm offenbar zu Hilfe. Brentano war Mitglied der katholischen Studentenverbindung Rheno-Borussia Bonn, die zum selben Kartellverband zählte wie jene Bräutigams. Taktisch geschickt eingesetzt war das Mittel, um Bräutigam schnell „außer Sichtweite" zu bringen: Eine Zwangsbeurlaubung von 1956 bis 1958 durch seinen obersten Dienstherrn bewahrte ihn vor dem endgültigen Karriere-Aus. Noch einmal in den aktiven Dienst berufen, wurde er 1958 Generalkonsul im fern liegenden Hongkong, da konnte nicht viel passieren. 1959 wurde ihm sogar noch das Bundesverdienstkreuz verliehen, und so konnte er sich am Ende elegant in die Pensionierung hinüberretten.

Otto Bräutigam als Coesfelder Pensionär 1979.

Otto Bräutigam, geb. 14.5.1895 Wesel, gest. 30.4.1992 Coesfeld — 1913 Abitur humanistisches Gymnasium Coesfeld, Studium der Rechtswissenschaften in Grenoble, Oxford, Straßburg und Münster, 1920 Auswärtiges Amt (AA), 1923–1928 Dienststellungen an den Konsulaten Tiflis, Baku, Charkow, Odessa, verfaßte deutliche dienstliche Meldungen über Stalins Völkermord an den Ukrainern an seine Vorgesetzten in Berlin, 1928–30 Botschaft Moskau, 1936 Botschaft Paris, 1939/40 AA-Beamter für neutrales Auslandsvermögen

Haupttreuhandstelle Ost Krakau, 1940/41 Generalkonsul Batum, 1940 Ausschluß aus der NSDAP, ab Mai 1941 Planungen für Schaffung eines Reichsministeriums für die zu erobernden Ostgebiete („Ostministerium"), Ende 1941 Autor des Buches „Die Landwirtschaft in der Sowjetunion" mit Darstellung der vorgefundenen katastrophalen Verhältnisse, November 1941 Verbindungsoffizier zur Heeresgruppe A, 29.1.1942 Vorsitzender der Wannsee-Nachfolgekonferenz, 1942 Ministerialdirigent Ostministerium, 1943/44 als Leiter Abteilung allgemeine Politik viertmächtigster Mann ebda., 1945 AA-Referatsleiter Ostasien und Südsee, 1945/46 amerikanische Internierung/Zeuge beim Nürnberger Prozeß gegen Rosenberg, 1947–51 Ostexperte bei der US-Besatzung München (American Industrial Research Unit), 1950 Ablehnung der Hauptverhandlung Landgericht Nürnberg, 1953 Wiederberufung in das Auswärtige Amt Ostabteilung, 1954 Vortragender Legationsrat, 1955 Ministerialdirigent, Delegationsleiter beim deutschen NATO-Beitritt in Paris, 1956–58 Zwangsbeurlaubung, 1958 Generalkonsul Hongkong und Macao, 1959 Bundesverdienstkreuz, 1960 Ruhestand, 1968 Buch: „So hat es sich zugetragen", eine 732-seitige Mischung aus interessanten Erinnerungen und Beschönigungsliteratur.

5. HEINRICH AUSTERMANN – Rudolf-von-Langen-Straße 15

1989 wurde eine neugebaute Straße nach Heinrich Austermann benannt.

Sofort nach dem Novemberpogrom 1938 kam vom Reichswirtschaftsministerium die „Verordnung zur Ausschaltung von Juden aus dem deutschen Wirtschaftsleben". In einem Ergänzungserlaß einige Tage später wurde das Verbot der Wiedereröffnung jüdischer Geschäfte boshaft damit begründet, daß ansonsten erneute Ausschreitungen provoziert werden könnten. Oberbürgermeister Hillebrand (siehe S. 114) konkretisierte es dann für die lokale Ebene: Das Rechtsamt, Dienststelle 6, mit dem Dezernenten Rechtsrat Wilhelm Sasse (siehe S. 198) und dem Sachbearbeiter Assessor Heinrich Austermann bekam den Aufgabenkomplex zugewiesen, der für die lokale Umsetzung nötig war. Darunter fielen Grundstücksverkäufe und Betriebsabwicklungen. Als flankierende Begleitmaßnahme zur allseitigen Arbeitsersparnis hatte man in Berlin die lokalen Rechtsämter dadurch entlastet, daß etwaige dort eintreffende Schadenersatzansprüche wegen des Pogroms sofort an die Gestapo weiterzuleiten seien. Diese Drohung reichte völlig aus: Als deutliche Konsequenz daraus war sichtbar, daß jegliche Beschwerde der direkte Weg Richtung KZ gewesen wäre. Somit konnte der effiziente Austermann schon im Dezember mitteilen, es habe nur einen einzigen Schadenersatzanspruch gegeben. Der geschädigte Vermieter war Nichtjude, weil die Schläger vom 9. November sein an einen Juden vermietetes Ladenlokal verwüstet hatten. Die Aktenlage ergibt, daß die „Arisierung" jüdischen

Grundbesitzes durch Heinrich Austermann durchgeführt wurde, Ende März 1939 ließ er sich von der Polizei den erfolgreichen Abschluß der Enteignungen bescheinigen. „Jüdische Geschäfte oder Warenlager befinden sich nicht mehr in Münster." Als Oberstadtdirektor betrieb er erfolgreich den Wiederaufbau und die wirtschaftliche Förderung, wobei das „Wirtschaftswunder" nicht hinderlich war. Visionär war sein Interesse an der Ansiedlung des Europäischen Forschungszentrums für Elementarteilchenphysik CERN in Münster, das derzeit mit circa 10.000 Wissenschaftlern in Genf forscht. Kritisiert wurde, daß in Austermanns Amtszeit der Abriß vieler historischer Gebäude fiel, darunter allein fünf am Domplatz, wovon eines gerade wieder aufgebaut war. Die 1975 erfolgte Eingliederung von neun Umlandgemeinden in die Stadt trug seine Handschrift und sicherte seiner Partei stabile Mehrheiten. Bei seiner Pensionierung gab es Orden und Ehrungen zuhauf. Ein Lobsuchtsanfall über sein Lebenswerk folgte dem nächsten, wobei die 30er Jahre stets unerwähnt blieben. Die Ernennung zum Ehrenbürger 1979 mochte in der jüdischen Gemeinde üble Erinnerungen wiederbelebt haben. Seine katholische Studentenverbindung „Markomannia" im Kartellverband ernannte ihn zum Ehrenphilister und auch eine Straßenbenennung folgte: 1989 baute die Stadt die Austermann-Straße.

Vom Verwalter der Arisierung 1938/39 zum Ehrenbürger 1979: Heinrich Austermann.

Heinrich Austermann, geb. 22. Mai. 1909 Papenburg, gest. 20. August 1984 Münster — 1935 Stadtverwaltung Münster und Geschäftsführer der „Flughafen Münster GmbH", 1939–1940 Soldat, 1942 Rechtsrat, 1943–1945 Soldat, 1945/45 britische Kriegsgefangenschaft, 1946–1948 Rechtsrat, 1948 Stadtrat für wirtschaftliche Entwicklung, 1951 Kämmerer, 1952–1973 Oberstadtdirektor, 1989 Straßenbenennung.

Gisela Becker 1922–2007.

6. GISELA BECKER – Wermelingstraße 41

Es war ein übler Schreck im Juni 1945 für die 22-jährige Gisela Becker, als plötzlich im Kreuzviertel ein englischer Lastwagen neben ihr scharf bremste, zwei Soldaten heraussprangen und sie auf die Ladefläche warfen, auf der schon einige Personen waren. „Automatic arrest" nannten die Sieger diese Art von Verhaftungen. Dabei ging es nicht um persönliche Schuld an den Untaten des NS-Regimes. Kriterium waren dabei lediglich bestimmte berufliche Positionen. Bei diesen Methoden unterliefen den Alliierten schwere Fehler wie z. B. die die Verwechslung des „Sicherheitsdienstes" (SD) der SS mit den Sicherungsbeauftragten der Feuerwehr. Auch

Westfälische BDM-Führerinnentagung.

Namensverwechselungen mit tödlichem Ausgang gab es. Vor dieser Behandlung konnte sich keiner sicher sein.

Gisela Becker war ihre Position im BDM (Bund Deutscher Mädel) zum Verhängnis geworden. Persönlich vorzuwerfen war ihr nichts. Schick-schlank-sportlich gewann Gisela Becker, die sich auf dem Sportplatz am wohlsten fühlte, schon als Kind die ersten Sportwettbewerbe. Dafür gab es dann Urkunden im Stil der Zeit, verziert mit Hakenkreuz und gestählten makellosen Körpern, die den heutigen Model-Kult vorwegnahmen. Auch an den weiteren Aktivitäten des BDM nahm sie gerne teil, zumal dort keiner nach der Herkunft oder dem Beruf der Eltern fragte. Ihr Vater versah seine Stelle als Kellner im damals vornehmen Restaurant „Kreuzschanze" mit Selbstbewußtsein; Geschwister hatte sie nicht. So wurde der BDM ihr soziales Umfeld. Gisela Becker war in der BDM-Gebietsführung, die kriegsbedingt von Münster nach Warendorf verlegt worden war. 1939 wurde sie Mitglied der Lehrwarteschaft Westfalen-Lippe im NS-Reichsbund für Leibesübungen (NSLB). Hinzu kamen Schulungen für BDM-Führerinnen, eine Fahrt zum Parteitag nach Nürnberg 1938 und zahllose Sportveranstaltungen. Die englische Haft im Recklinghäuser „Civilian internment camp" endete am 7. Dezember 1945 mit ihrer Freilassung. Das war ein großes Glück, da sie bei ihrer Verhaftung nur ein Sommerkleid trug und es im Winter 1945/46 unter den 8.000 Insassen des Lagers viele Tote gab. Auch in den kommenden Jahrzehnten war sie in Münster sportlich aktiv, von der Übungsleiterin bis zu Ballettaufnahmen für das Fernsehen.

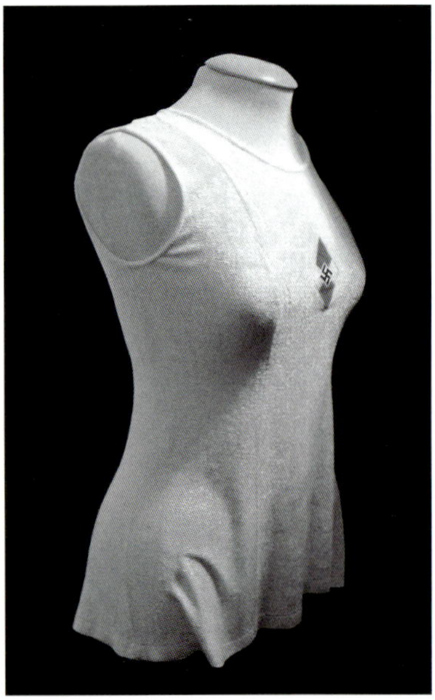

Die BDM-Sportkollektion existiert noch.

Gisela Becker, geb. 7.8.1922 Münster, gest. 22.9.2007 Münster

7. KURT GERSTEIN – Heerdestraße 11

Am Haus Heerdestraße 11 wurde eine Gedenkplatte für Kurt Gerstein angebracht.

SS-Intensivtäter, KZ-Häftling, Widerständler; und das alles in einer Person viele sind mit diesem gebürtigen Münsteraner überfordert. Zahlreiche Historiker haben über Kurt Gerstein geforscht und geschrieben. Er ist nur schwer einzugrenzen, da er wohl derjenige mit dem widersprüchlichsten Verhalten in der Finsterwelt der KZ-Organisation war.

Einerseits meldete er sich freiwillig zur Teilnahme an Vergasungen, andererseits setzte er sein Leben ein, um den Westalliierten diese Verbrechen bekannt zu machen.

Tragisch ist, dass den Engländern und Amerikanern die Gaskammern längst bekannt waren, daß sie sie aber nicht sonderlich interessierten, weswegen die Bahngleise zu den Lagern nicht bombardiert wurden. Sämtliche Bücher und Schriften über Gerstein beginnen stets mit seinem Geburtsort Münster, wo er bis

1911 als fünfter Sohn des Landgerichtspräsidenten Ludwig Gerstein (1868–1954) lebte; das Haus hatte ursprünglich die Hausnummer 22. Vermieterin war die Baufirma Borchard, die viel in der Gegend gebaut hatte und einige Häuser zunächst im Eigenbestand hielt. Die nächsten Wohnorte richteten sich nach den Versetzungen seines Vaters. Bereits als Jugendlicher verkörperte er eine „Anti-Haltung". Im Zeugnis stand unter „Betragen" ein Wort: „Tadelnswert". Die geplagte Mutter, die schon 1931 verstarb: „Wenn er durch das Zimmer läuft, ist immer etwas kaputt!".

Obersturmführer Kurt Gerstein ließ den Alliierten Details über die Vergasungen in den KZ zukommen, was diese wenig interessierte.

Alle Gerstein-Söhne traten auf Druck des Vaters im Mai 1933 der Partei bei. Kurt lebte dazu ein radikales evangelisches Christentum aus. Im Hagener Theater brachte er eine Aufführung mit antichristlicher Tendenz durch lautstarke Protestrufe zum Abbruch. Sein angestecktes Parteiabzeichen war kein Schutz vor der HJ, die ihm zwei Zähne ausschlug. „Glauben heißt, bereit zu sein, sich die Knochen kaputt schlagen zu lassen", so sein Kommentar, den man als Lebensmotto deuten kann. 1936 startete er eine missionarische Großaktion. Gerstein verwendete das Familienvermögen zum Druck einer Schrift in der Auflage von 230.000 Exemplaren. Thema: Jugendschutz gegen Schmutz und Schund. Aus Adreßbüchern hatte Gerstein die Anschriften hoher Funktionsträger zwecks Versand entnommen. Außerdem verschickte er anonym Schriften der „Bekennenden Kirche". Die Gestapo steckte ihn dafür zunächst vier Wochen zur Schutzhaft ins Zuchthaus Lerchesflur Saarbrücken, die Partei schloß ihn aus. 1941 ließ er sich wieder „die Knochen kaputt schlagen", diesmal freiwillig bei der militärischen Ausbildung bei der Waffen-SS.

Gersteins weitere Lebensstationen waren die Vernichtungslager mit Beschaffung des Zyklon B, das alliierte Desinteresse, Verhaftung und ungeklärter Tod im Pariser Militärgefängnis Cherche-Midi. Die Akten darüber verschwanden schnell.

Kurt Gerstein, geb. 11.8.1905 in Münster, unklare Todesursache, gest. 25.7.1945 Paris — 1931 Dipl.-Ing. TH Berlin, 1935 Bergassessor, 1936 erste Gestapo-Verhaftung und Ausschluß aus der NSDAP wegen religiöser Betätigung für die (evangelische) Bekenntniskirche. 1937 Eheschließung (3 Kinder), 1938 zweite Verhaftung, kurz Ingenieur in der Privatwirtschaft, 1939 Umwandlung des Parteiausschlusses in eine Entlassung per Gnadenakt auf väterliches Betreiben, 1941 militärische Ausbildung bei der Waffen-SS, 1941 Hygiene-Institut der Waffen-SS, 1942 Chef der Abteilung Gesundheitstechnik und Entwicklung von Entlausungs- und Trinkwasserzügen sowie fahrbarer Kleider-Desinfektionswagen für die Waffen-SS, 1942–44 Teilnahme an Vergasungen und vergebliche Kontaktversuche zu den Westalliierten über die schwedische Gesandtschaft und den Vatikan. 1943 SS-Obersturmführer, 1945 Verhaftung durch die Besatzung und ungeklärte Todesumstände im Juli. 2002 Verfilmung seines Lebens mit dem Titel „Der Stellvertreter" mit Ulrich Tukur in der Rolle des Gerstein.

8. GEORGE VON DEM KNESEBECK – Heerdestraße 21

Als Pensionär lebte der ledige Generalleutnant a. D. George von dem Knesebeck in diesem Haus. Als er 1955 starb, war sein Familienzweig ohne Namensträger und daher „im Mannesstamme erloschen".

Hier verbrachte der ehemalige Kommandeur des münsterischen Ersatzheeres seinen Ruhestand (siehe S. 85).

9. HELMUT KUNZ – Grimmstraße 4

Ein unheimliches Schriftstück erhielt der Kurator der Universität im Februar 1957. Absender war der münsterische Oberstaatsanwalt Dr. Hans Sommer, der ein Ermittlungsverfahren wegen sechsfachen Totschlags eingeleitet hatte, und zwar gegen einen Angehörigen der Universität. Ermittelt wurde gegen den Zahnarzt Dr. Helmut Kunz, „z. Zt. Volontär-Assistent bei der Universitäts-Zahnklinik in Münster". Beschuldigt wurde Kunz der Tötung der sechs Kinder des Reichskanzlers Goebbels am 1. Mai 1945. Auf drei Seiten schilderte der Oberstaatsanwalt die Tötungsvorgänge im Führerbunker. Er endete damit, daß Kunz im Verhör zwar zugegeben hatte, die Kinder mit Morphium betäubt zu haben, aber die Tötungshandlung hätten Frau Goebbels oder Hitlers Begleitarzt Ludwig Stumpfegger vorgenommen. Oberstaatsanwalt Theodor Middeldorf reiste nach München und ins Berchtesgadener Land, weil dort viele aus Hitlers Bunkergemeinschaft lebten, die jetzt

Das Landgericht Münster mußte sich ab 1957 mit der Tötung der Goebbels-Kinder 1945 befassen und somit auch mit der Frage nach der Tatbeteiligung des SS-Zahnarztes Helmut Kunz.

als Zeugen der Unheimlichkeiten des Finales in Berlin gebraucht wurden. Immer wieder hörte er die trüben Geschehnisse der Totenwelt sechs Meter unter der Erde. Manche vegetierten in Armut, manche hatten den Aufschwung zu Wirtschaftswunder-Bonvivants geschafft. Der ehemalige HJ-Reichsjugendführer Axmann schrieb dem Gericht März 1957 von der Leipziger Messe, er könne da jetzt nicht weg. Beim Amtsgericht Berchtesgaden wurde der Todeserklärungsschein Hitlers angefordert. Damit wollte man vermeiden, daß plötzlich ein Konfliktverteidiger den Beweisantrag stellt: „Hitler lebt!", um diesen als weiteren Zeugen zu laden.

Intensiv wurde auch die „Ich war dabei"-Literatur gewälzt, die es schon ab 1946 gab. Die Juristen untersuchten Titel wie „Last Days of Hitler", „Ich habe Adolf Hitler verbrannt" oder „Gefährtin des Teufels – Magda Goebbels" auf Hinweise auf die Goebbels-Kinder und auch Unterschiede zwischen den Auflagen wurden festgehalten. Gegenüber Münsters manchmal müder Presse konnte das Thema über die gesamte Zeit geheimgehalten werden, auch durch konspirative Anordnungen innerhalb des Gerichts wie geheime Aktenzeichen. Dazu gehörte auch, daß man die Bunkerchargen nicht nach Münster zum Verhör holte, sondern an ihrem Wohnsitz befragte. In Hamburg traf Untersuchungsrichter Klemens Schmalacker den Bunkerzeugen Wilhelm Mohnke, der 1945 als SS-Brigadeführer/Generalmajor dem Zahnarzt Kunz begegnet war, und dann 1952 noch einmal: Während seiner Moskauer Haft teilte er kurz mit Kunz eine Doppelzelle. Mohnke hatte noch eine spezielle makabre Erinnerung an diesen Tag: Frau Goebbels habe nach den Tötungen im Vorraum des Besprechungsraums des Führerbunkers zu ihm gesagt: „Schon jetzt sind sie Engelchen!" Der Weg von SS-Zahnarzt und Sturmbannführer Kunz in den Führerbunker begann am 23. April 1945 mit einem Befehl: Frau Goebbels hatte einen eitrigen Abszeß unter der Brücke im Unterkiefer und Kunz sollte sie operieren. Es verlief wider Erwarten schmerzlos. Frau Goebbels war hochzufrieden und somit gehörte Kunz zur Untergangsgemeinschaft im finalen Bunker: „Doktor, wenn Sie das hier überleben, wenden Sie sich an meinen Sohn Harald" (aus erster Ehe mit dem Industriellen Günther Quandt). Harald war da aber schon weit weg in kanadischer Kriegsgefangenschaft.

Im März 1957 wurde der Frankfurter Verteidiger Walter Bergemann aktiv. Er hatte geschickte Argumente sowie als weiteren Bunkerzeugen den SS-Oberscharführer Harri Mengershausen gefunden, der im Januar 1956 aus russischer Kriegsgefangenschaft heimkehrte. Damit gelang es dem Anwalt mit vier geschick-

Familie Goebbels um 1942; oben der Sohn aus Magda Goebbels' erster Ehe. Dem Landgericht Münster gelang es, das Verfahren um die Tötung der sechs Kinder vor der Presse geheimzuhalten.

ten Kernargumenten, seinen Mandanten über die Jahre der Strafverfolgung bis 1959 beim Landgericht Münster sowie beim Oberlandesgericht Hamm hinwegzuretten.

Argument eins: Das Morphium war nicht ursächlich für den Tod der Kinder, da deren Tötung ohnehin feststand und Kunz' Beitrag somit nicht kausal war.

Argument zwei: Da die Tötung feststand, habe Kunz den Kindern durch die Morphiumverabreichung das Sterben erleichtert. Dabei verneinte der Anwalt das Mordmerkmal „Heimtücke" als nötige Voraussetzung zum Mordvorwurf, da Kunz keine feindliche Tendenz gegen die Kinder gehabt habe.

Argument drei entstammte der Erinnerung des Zeugen Mengershausen: Am 15.4.1945 habe Hitler zu Magda Goebbels gesagt: „Berlin wird zur Mausefalle für Ihre Familie; fliehen Sie jetzt mit den Kindern Richtung Süden!", was der Anwalt als Indiz für Hitlers Ablehnung der Kindertötung wertete. Auch aus anderen Quellen ergab sich das Drängen Hitlers, die Kinder zu verschonen, aber die todesfanatische Magda Goebbels war schon auf dieses Finale fixiert. Als Hitler am 30. April tot war, hatte der neuernannte Reichskanzler Goebbels die Befehlsgewalt über einen Quadratmeter Restreich. Er nahm Kontakt mit der russischen Seite auf, um Waffenstillstandsverhandlungen und Schonung der Reichskanzlei zu erreichen. Nachdem dies fehlgeschlagen war, begann das Ehepaar Goebbels mit der Auslöschung der Familie. Mengershausen erklärte, Kunz habe dreimal den Befehl zur Morphiumverabreichung verweigert mit dem Hinweis, dass er seine beiden Töchter im Januar 1945 bei einem ameri-

Zur Untermiete wohnte Helmut Kunz Grimmstraße 4, während seine Familie in Karlsruhe geblieben war.

kanischen Luftangriff verloren habe. Goebbels drohte mit der Todesstrafe wegen Befehlsverweigerung. Somit sei Kunz im ausweglosen Befehlsnotstand gewesen. Der Verteidiger beschrieb die Gesamttötung der Familie als letzten Ausweg, um nicht den Russen in die Hände zu fallen. Das wäre in dieser Extremsituation kein unedles Motiv, was auch seinem Mandanten zugute kommen müßte.

Kunz sprach auch von seinem Versuch, aus dem Bunker herauszukommen. Unter einem dienstlichen Vorwand gelangte er zum Feldlazarett im Hotel Adlon und kalkulierte, daß der Verbindungsweg zurück inzwischen abgeschnitten werden würde. Als das nach einer gewissen Zeit nicht der Fall war, mußte er zurückkehren, um nicht als fahnenflüchtig zu gelten.

Argument vier: Kunz wurde bereits in Moskau zu 25 Jahren Haft verurteilt, und zwar auch wegen der Tötung der Goebbels-Kinder. Somit wäre eine zweite Bestrafung gegen den Grundsatz des Verbots der Doppelbestrafung.

Die Sowjets hatten die Fragmente der Bunkertoten samt deren Zahnresten sowie die Möbel aus dem Führerbunker 1945 nach Moskau gebracht; das blutverschmierte Sofa von Hitlers Freitod gelangte nach der Wende in einer Privatsammlung nach New Orleans. Kurz vor dem Mauerfall machten DDR-Bauarbeiter einen makabren Fund beim Brandenburger Tor. Als die Neubebauung des Bunkergebiets geplant wurde, entdeckten sie im ehemaligen Goebbels-Bunker die verrosteten Kinderbetten im knietiefen Grundwasser.

Auf dem Schreiben des Oberstaatsanwaltes konnte der Universitätskurator erleichtert vermerken: „Ich habe OStAnw. Dr. Sommer mitgeteilt, daß sich Dr. K. nicht mehr bei uns befindet." Denn Kunz hatte Münster zwei Wochen vorher verlassen.

Helmut Kunz, geb. 26.9.1910 Ettlingen/Baden, gest. 23.9.1976 Freudenstadt/Schwarzwald, 1939 Wehrdienst, 1940 Einberufung zum SS-Totenkopf-Verband, 1941 Sturmbannführer, Kriegsverwundung in Rußland, 1941–1945 Sanitätsamt der Waffen-SS Berlin, zuletzt Adjutant des Chefarztes in der Sanitätsverwaltung in der Reichskanzlei, April 1945 in den Führerbunker befohlen. 1945–1955 russische Kriegsgefangenschaft mit Lungensteckspplitter, in Moskau Verurteilung zu 25 Jahren Haft, auch wegen des Todes der Goebbels-Kinder, 1955 Entlassung nach Karlsruhe, Februar 1956 – Februar 1957 in Münster unbezahlter Volontär-Assistent an der Zahnklinik sowie kurz Vertragszahnarzt bei der Annahmestelle der Luftwaffe, 1957–1959 Strafverfahren bei den Gerichten Münster und Hamm wegen der Tötung der sechs Goebbels-Kinder. Juni 1957 Zahnarztpraxis, später mit seiner Frau in Freudenstadt.

10. BUNKER – Studtstraße/Ecke Heerdestraße

Der Bunker wurde auch als Gefängnis genutzt.

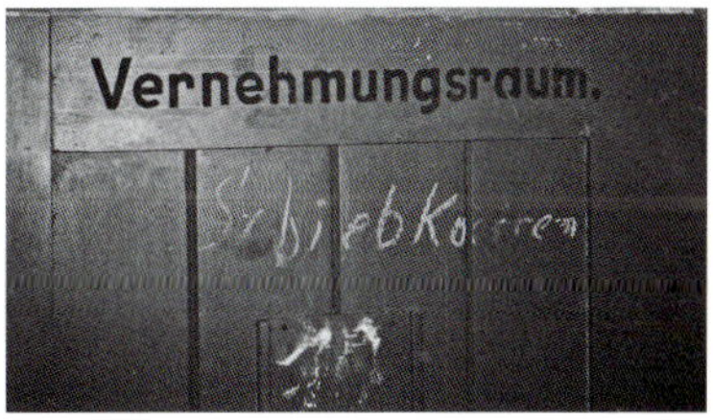

An der Studtstraße/Ecke Heerdestraße steht ein denkmalgeschützter Luftschutzbunker, bei dem wie beim Bunker an der Lotharingerstraße auf eine ansprechende Fassade geachtet wurde. Unter Verwendung von Rotklinkerstein und Baumberger Sandstein wurde 1941 der Eindruck einer mittelalterlichen Trutzburg im Grünen vermittelt. „Münsters schönster Bunker", dachten damals wohl einige, zumal der runde Turm mit einigen nahegelegenen Gebäuden korrespondiert: Dem Buddenturm, dem Haus am Kreuztor 1 sowie dem Wasserbären an der Promenade. Spätere Bunker, die im weiteren Kriegsverlauf entstanden, waren dann nur noch graue Betonklötze ohne Bezug zur umgebenden Bebauung. Insgesamt fielen über Deutschland über eine halbe Million Tonnen Gesamtgewicht Bomben und verursachten die gleiche Anzahl Tote; somit entfällt auf jeden Bombentoten eine Tonne. Zu Kriegsende verwendete die Gestapo den Bunker als Gefängnis. Historische Details und Beschriftungen sind bis heute erhalten.

11. PETER STANGIER – Hedwigstraße 7

Großes Glück hatte der stellvertretende Gauleiter Peter Stangier, als im November 1948 das Spruchgericht Recklinghausen seine Tätigkeit während der NS-Zeit beurteilte. Denn es existierte zwar ein stark belastendes Schriftstück; dieses befand sich aber nicht in den Gerichtsakten und war seinen Richtern daher unbekannt.

Peter Stangier mit Chef im Wahlkampf im Land Lippe Anfang 1933.

„Des stellvertretenden Gauleiters Bauch wurde immer runder, das lag am braunen Wirtschaftswunder", lautete ein in der Zeit mündlich kolportierter Spott.

Es war das Protokoll der von ihm im November 1941 geleiteten „Aaseekonferenz" in der Gauleitung an der Bismarckallee, in der die Verwaltungsspitzen von Stadt und Gau Westfalen-Nord die Deportation der Juden erörtert hatten (siehe S. 165). So konnte er sich in der üblichen Form darstellen: Macht- und ahnungslos. Auch ansonsten lief es beim Spruchgericht für ihn günstig. Die Befragung vieler Zeugen, auch aus katholischen Kreisen, ergab folgendes Bild: Zwar war Stangier überzeugter Nationalsozialist, sei aber ansprechbar und hilfsbereit gewesen, wenn es um Einzelschicksale ging. Gewichtig war die Aussage des Domkapitulars Theodor Holling, der erklärte, Stangier sei nicht als Scharfmacher aufgetreten. Das Gericht verurteilte ihn zu zwei Jahren Haft, die durch die Zeit der Internierung seit Kriegsende abgegolten waren. Stangier war somit frei. Bis zu seinem Tod 1962 lautete seine Berufsangabe: „Rentner".

12. HEINZ TRETTNER – Hedwigstraße 15

Hier wohnte Heinz Trettner (siehe S. 208) während seiner Zeit als Kommandierender General des I. Korps.

13. WALTER MODEL – Raesfeldstraße 17

Mit acht Kriegsorden kam 1919 der spätere Generalfeldmarschall und Oberbefehlshaber West als Angehöriger des „100.000-Mann-

Heeres" nach Münster. 1920 wurde er Chef einer Maschinengewehr-Kompanie und blieb fünf Jahre auf diesem Posten. Dieses Jahr war für den jungen Hauptmann auch in anderer Hinsicht wichtig: Es war das Jahr seiner Verlobung. Kennengelernt hatte er Herta Huyssen (1892–1985), die Tochter eines verstorbenen wohlhabenden Landwirts, sozusagen dienstlich: Während der Freikorps-Kämpfe gegen Kommunisten in Elberfeld im März hatte er im Haus der Eltern ihres im Krieg gefallenen Verlobten gewohnt. Eine Teilnahme an den Freikorpskämpfen gegen die Kommunisten erhöhte die Heirats- und Berufschancen erheblich, zumal man einen Einmarsch der Sowjetarmee und somit eine Ausweitung der Verbrechen Lenins auf das geschwächte Deutschland befürchtete. Model hielt sich exakt an die Konventionen der damaligen Zeit, die aus einer Kombination aus perfekten Manieren und flottem Vorgehen bestand: Ende September fragte er sehr höflich per Brief die Mutter, die Witwe eines wohlhabenden Landwirts, ob er mit der Tochter brieflich Kontakt haben dürfte. Nachdem das erlaubt wurde, bat Hauptmann Model, Münster, Raesfeldstraße 17, „um die Hand der Tochter". Schon Ende Oktober war Verlobung, was auch die Erlaubnis für den Übergang vom „Sie" zum „Du" war: Treffen bis zur Hochzeit gab es nur unter Aufsicht der Mütter. Geheiratet wurde im Mai 1921 in Frankfurt am Main. Sparsam war die Hochzeitsreise. Sechs Tage Heidelberg; mehr ließ das Hauptmannsgehalt nicht zu. Der Umzug in die jungeheliche Wohnung an der Gerichtsstraße 4 war im Juli 1921. Intensiv versah er seinen Dienst und nahm weder auf sich noch auf Untergebene Rücksicht. Er ging so stark darin auf, daß er die Menschen dahinter wenig respektierte. Zu

Als Hauptmann wohnte Model an der Raesfeldstraße 17.

Model (Mitte) an der Front.

Hund und Privatpferd hatte er stärkeren Bezug. Herta Model war diplomatisch, konnte so manches wieder „geradebiegen" und war auch „Karrierebeschleunigerin": Weil es damals kaum Trennung zwischen Dienst und privat gab, galt es als geschickt, hin und wieder die Vorgesetzten zum Essen in die Wohnung einzuladen, um eine schmackhafte Alternative zum Kasernenessen zu servieren. Dabei beschränkte sich der Kontakt der Models auf das dienstliche Umfeld. Dazu gehörten auch Oberstleutnant Ludwig Beck (siehe S. 56), der nach dem 20. Juli 1944 hingerichtet wurde, sowie Pfarrer Martin Niemöller (siehe S. 98), ein ehemaliger U-Boot-Offizier. In Kontakte zu Münsteranern wurde nicht investiert, weil mit einer Versetzung immer zu rechnen war. 1923 wurde das erste seiner drei Kinder in Münster geboren und von Pfarrer Niemöller getauft. Ansonsten war 1923 auch für Model ein sehr unruhiges Jahr. Die Franzosen wüteten im Ruhrgebiet und man rechnete auch im nahen Münster damit. Mit seiner Frau reiste er 1925 als Tourist nach den Niederlanden und nach England. Im Oktober 1925 ging es von der Aa an die Neiße nach Görlitz, wo Model zunächst eine gleiche Position erwartete.

Walter Model, geb. 24. Januar 1891 Genthin, Freitod 21.4.1945 zwischen Lintorf und Wedau bei Duisburg — 1917 Generalstabsoffizier, 1919 bis 1925 Kompaniechef Münster, 1929 Major; 1931 Wehrübung in Rußland, 1934 Oberst und Regimentskommandeur Allenstein; 1938 Generalmajor, 1939 Generalstabschef der 16. Armee, 1941 Divisionskommandeur, Juli 1941 Ritterkreuz für schnellen Vormarsch gen Osten, 1942 Generaloberst und Befehlshaber 9. Armee, 1943 Panzerschlacht am Kursker Bogen, Jan. 1944 Oberbefehlshaber Heeresgruppe Nord, März 1944 Generalfeldmarschall, Sommer 1944 Stabilisierung der Ostfront, August 1944 Oberbefehlshaber West (Vorgänger: Kluge) und Brillanten zum Ritterkreuz, 1944 Ardennenoffensive, 1945 Ruhrkessel, galt als Durchhaltefanatiker, verweigerte aber Hitlers finalen Zerstörungsbefehl, 1977 Spielfilm „Die Brücke von Arnheim" (A Bridge Too Far) mit Walter Kohut als Walter Model.

14. KARL STRECKER – Raesfeldstraße 28

Zwölf Jahre lebte Strecker in Münster. Allseits bekannt wurde er im Dezember 1944 in russischer Kriegsgefangenschaft als Mitunterzeichner des „Aufrufs an Volk und Wehrmacht zur rettenden Tat gegen Hitler und Himmler". Inhalt war eine Aufforderung an die deutsche Seite zu Waffenstillstand und schneller Kriegsbeendigung, notfalls mit Volksaufstand gegen das NS-System. Erstunterzeichner des Dokuments, das später zu Hunderttausenden von russischen Fliegern über der deutschen Ostfront abgeworfen wurde, war der

11. Jahrgang — Berlin, den 1. März 1943 — Nr. 5

Unser „Papa Strecker"

Von Major der SchP. Hans Lemke, Hauptamt Ordnungspolizei

„Es lebe der Führer, es lebe Großdeutschland", damit klang ler letzte Funkspruch des Generals der Infanterie Strecker aus, ler im Kessel von Stalingrad tausendfältiger feindlicher Uebernacht trotzte, bis sich die letzte und hehrste Berufung des Soldaten uch an ihm erfüllte. Uns, die wir General Strecker als ehemaligen ervorragenden Polizeioffizier, als rischen soldatischen Erzieher und mehr och als vorbildlichen Menschen mit ferz und Gemüt kennen und überaus chätzen gelernt haben, ist die tiefe edeutung des Wortes von der stolzen rauer wohl kaum zu einem anderen eitpunkt so sinnfällig zum Bewußtsein ekommen als in jener Stunde, da die adiomeldung von dem Opfergang treckers und der Seinen die quälende ngewißheit, aber auch jede ohnehin ur geringe Hoffnung beseitigte.

Die Gedanken schweifen gerade in ieser Zeit oftmals — wie könnte es nders sein — um fast zwei Jahrzehnte ırück: Polizeimajor Strecker ist Taktikehrer und Leiter eines Offizieranwärterehrganges an der Höheren Polizeichule Eiche bei Potsdam, wir seine Jungs", die zwar überwiegend die Lage saudumm" beurteilen, falsche Entchlüsse fassen und miserable Befehle eben, aber sonst mit und für unseren apa Strecker durch dick und dünn ıarschieren. Wenn es an einem beimmten Tag jeder Woche ins Geınde ging mit frischem Lied auf den ippen (das erste war natürlich sein ieblingslied, die alte Landsknechtseise: „Vom Barette schwankt die eder"), dem bösen markierten Feind ıtgegen, dann war unser Papa Strecker so ganz in seinem soldaschen Element, das er über alles liebte und in dem allein dieser ortreffliche Menschenführer Erfüllung fand. Für alle Zeit unveressen bleibt seine Mahnung an uns damalige junge Polizeifizieranwärter: „Haltet euch in eurem künftigen Berufsleben stets e schönsten Worte aus ‚Der Wanderer zwischen beiden Welten' or Augen", und nun folgte mit schlichtem Ernst gesprochen das errliche Lebensleitwort des auf Oesel gefallenen Kriegsdichters 'alter Flex: „Leutnantsdienst tun heißt seinen Leuten vorleben, ıs Vorsterben ist dann wohl einmal ein Teil davon!"

General der Infanterie Strecker
PK.-Aufnahme: Kriegsberichter Schneider (PBZ.)

Und als ein Geraune umging in Eiche, man wolle uns unseren Papa Strecker wieder nehmen, weil irgendeine damalige Systemgröße in der mitreißend-frischen soldatischen Erziehungsmethode Streckers ein republikfeindliches Haar in der Suppe fand, da quoll es gleichsam aus den Arbeitszimmern der Alma mater der Polizei ohne Uebereinkunft, ohne gegenseitige Benachrichtigung, und vor der schlichten Kasernenstube Streckers standen ausnahmslos alle „seine Jungs" auf dem Hof, fanden keine andere Ausdrucksform ihres verhaltenen Schmerzes, als ihm noch einmal zum Abschied s e i n Landsknechtslied zu singen. Trotzig hallte die Weise aus in das glutvoll hereinbrechende märkische Abendrot: „Sollte ich einst liegenbleiben in der blutdurchtränkten Schlacht — —!" Dann erschien unser Papa Strecker und pfiff uns mit bewußt harten Worten gehörig an: „Schert euch gefälligst an eure Arbeit und macht hier keine Revolution!" Wir waren darob nicht einmal enttäuscht, denn etwas anderes hätten wir von unserem Papa Strecker auch gar nicht erwarten können, aber wir wußten nur zu genau, wie es gemeint war und daß auch er seine Empfindungen nur hinter barschen Worten vor uns zu verbergen trachtete. — Sein späterer Weg führte ihn über die Landespolizei — in Stettin wurde er als Kommandeur der Landespolizei-Inspektion Nord am 20. April 1934 Generalmajor — zur Wehrmacht. Mit nachgerade kindhafter Freude nahmen wir von seinen Beförderungen in die Generaldienstgrade, von seinem erfolgreichen Kriegseinsatz und von seiner Auszeichnung mit dem Ritterkreuz Kenntnis, und dann kam das schicksalhafte, unabwendbare Geschehen, das mit dem Begriff Stalingrad für alle Zeiten unlösbar und mahnend verbunden ist. Wir, seine ehemaligen „Jungs", sind unendlich stolz darauf, Geist von seinem Geiste vor 19 Jahren so unmittelbar empfangen zu haben, von ihm, dem es vergönnt war, durch seinen Opfergang einen Bogen unsterblichen Ruhmes über die Jahrtausende zu spannen von den Trümmerfeldern Stalingrads bis zu dem Engpaß bei Thermopylae — „wie das Gesetz es befahl!"

Die Todesmeldung 1943. 1944 merkte man, daß er noch lebte, als der Aufruf aus russischer Kriegsgefangenschaft für ein Kriegsende von ihm mitunterzeichnet war. Seine Distanz zum NS war vorher deutlich, als er seine Aufrufe an die Soldaten formuliert. Dort stand am Ende „Vorwärts mit Gott" anstelle des Führergrußes.

ehemalige Oberbefehlshaber der Stalingrad-Armee Friedrich Paulus, an zweiter Stelle kam die Unterschrift Streckers, ehemals Chef des XI. Armeekorps (= drei Divisionen) der Stalingrad-Schlacht. Im vom Hauptkessel abgetrennten Nordkessel hatte er noch zwei Tage nach der Kapitulation weiterkämpfen lassen. Das Fachblatt „Die deutsche Polizei" meldete im März 1943 irrtümlich seinen Tod. Nach Münster kam der ehemals kaiserliche Generalstabsoffizier 1920, als die leitenden Stellen der Polizei nach Kriegsende mit Offizieren des Heeres und der Freikorps besetzt wurden. Zur Reorganisation der Polizei hatte das preußische Innenministerium die Errichtung von Polizeischulen in jeder Provinz befohlen und Strecker sollte die „Polizeischule Rheinland-Westfalen" in Münster mit-aufbauen. In diesen chaotischen Jahren eine fast unlösbare Aufgabe: Aufgrund der allgemeinen Verarmung durch den Versailler Zwangsvertrag gab es weder Gelder noch Bauten, da die bestehenden Kasernen von den Kriegsgegnern beschlagnahmt waren. Aber für Strecker war das eher Herausforderung als Problem. Sich tapfer zu schlagen, gehörte zum heroisch-martialischen Ethos, in dem er geschliffen worden war. Gestartet wurde mit windschiefen Baracken einer ehemaligen Pferderennbahn ohne Küche, da auch diese beschlagnahmt war. Bei einem Großbrand wurde alles vernichtet. Neue Bettwäsche

Der spätere Generaloberst Strecker hatte die Beförderungen vom Hauptmann bis zum Obersten in Münster erhalten.

gab es nicht, so daß jeder private Textilien mitbringen mußte. Die nächsten Schul-Baracken flogen in einer Sturmnacht weg, so daß Polizeischüler und Lehrer einige Tage draußen übernachteten. 1922 konnte endlich ein geeigneter Bau an der Grevener Straße (siehe S. 219) bezogen werden. Nach kurzen Stationen in Potsdam und Berlin kehrte er als Oberstleutnant und stellvertretender Kommandeur der Polizeischule nach Münster zurück. Oberst und Kommandeur wurde er im April 1933; weniger als ein Jahr bis zum nächsten Karrieresprung nach Stettin.

Karl Strecker, geb. 20.9.1884 Radmannsdorf/Westpreußen, gest. 10.4.1973 Riezlern/Kleinwalsertal — 1918 zuletzt Bataillonsführer und Generalstabsoffzier bei der Eisenbahn-Transportabteilung West. 1920 Major der Schutzpolizei „Schupo" in Münster, Potsdam, Berlin; 1933 Oberst und Polizeikommandeur in Münster; 1934 Generalmajor und Landespolizei-Kommandeur in Stettin; 1935 Eingliederung der Landespolizei in das Militär; 1940 Generalleutnant; Infanterie-Divisionskommandeur in Frankreich, Jugoslawien, Rußland; 1941 Ritterkreuz; 1942 General der Infanterie und Kommandeur des XI. Armeekorps (6. Armee), 1943 Kriegsgefangenschaft Stalingrad; 1944 Aufruf zur Kriegsbeendigung; 1955 Rückkehr und Wohnsitz in Idar-Oberstein, 1959 Wohnsitz Riezlern/Kleinwalsertal.

15. HERMANN PÜNDER, KONRAD ADENAUER – Melchersstraße 24

An den ersten Gesprächen im Sommer 1945 über die Nachkriegsplanung in diesem Haus nahm auch Konrad Adenauer teil.

Nachdem Hermann Pünder den Volksgerichtshof und drei KZ überlebt hatte (siehe S. 181), kam er Ende Juli 1945 auf einem amerikanischen Jeep nach Münster, wo seine Familie in der Melchersstraße 24 untergekommen war. Es war allerdings kein regulärer Mietvertrag, sondern geschah aufgrund einer etwas anarchistischen Besatzerverordnung. Demgemäß durften Ausgebombte eine leere Wohnung spontan besetzen. Als später die erschreckten vorherigen Bewohner erschienen, kam es aber zu einer friedlichen Einigung: Man rückte zusammen. Eines Tages stand Konrad Adenauer vor der Wohnungstür, der auf der Durchreise von Hamburg nach Köln war. Beim inoffiziellen Gedankenaustausch mit Ersatzkaffee aus der Blechkanne berichtete er Pünder aus Köln. Als Kölner Oberbürgermeister hatte er schwere Konflikte mit den Engländern, die sämtliche Kölner Bäume abholzen wollten. Außerdem ging es um Personalplanungen und um die gigantischen Trümmerberge in Köln. Später wurden diese Gedankenaustausche zur Regel und fanden im Hiltruper Kloster statt, dem Notquartier des neuen Oberpräsidenten Amelunxen.

16. HANS ULRICH WERNER – Nordstraße 13

1968 giftete die DDR Richtung Westen: Das „Braunbuch – Kriegs- und Naziverbrecher in der BRD und Westberlin" enthielt alphabetisch Kurzbiographien von Hunderten zumeist aktiven Beamten; aufgeteilt in deren Leben vor und nach 1945. Das Buch blieb in drei Auflagen nicht ohne Wirkung, weil eben doch jeder gerne nachsah, wen er so alles kannte. Und etwas bleibt dabei immer hängen, zumal auch wichtige Aktenbestände 1945 östlich der Elbe geblieben waren. Es war der erste Propagandaerfolg der DDR, deren häßliches Gesicht bis dahin aus Mauer und SSD (Staatssicherheitsdienst, später süßlich „Stasi" genannt) bestand. Auch Richtung Münster wurde in dem Buch geschossen. Im Visier war der Polizeioberrat Hans Ulrich Werner (1914–1989), stellvertretender Leiter der Polizeiführungsakademie in Hiltrup, aus der später die Deutsche Hochschule der Polizei hervorging. Die Vorwürfe waren teilweise im inhaltsleeren DDR-Jargon gehalten: „... bereits 1936 in der faschistischen Polizei", teilweise war man aber um Konkretheit bemüht, was sich bei der Angabe seiner Partei-Mitgliedsnummer äußerte. Innerhalb des Buches gab es aber auch Widersprüche, die angesichts der Schwere der Vorwürfe unakzeptabel sind und die Glaubwürdigkeit reduzierten. An einer Stelle heißt es, Werner sei von 1943 bis „Anfang" 1944 im Vernichtungseinsatz im Kaukasus gewesen, einige Seiten weiter war es bis „Ende" 1944. Auch für seinen Dienstbeginn als Stabsführer beim Höheren SS- und Polizeiführer Oberitalien-Mitte servierte das Braunbuch zwei Zeitpunkte; einmal den „9. August 1944" und dann „Ende des Jahres". Im Herbst 1945 setzte die englische Militärregierung Werner als Polizeiausbilder in Hiltrup ein, seine damalige Dienststelle befand sich noch im Hiltruper Kloster an der Westfalenstraße. 1962 wurde es wieder ungemütlich; es kam wieder ein Fronteinsatz.

Von Münster 1962 an die nächste Front: Hans Ulrich Werner als Kommandeur der Berliner Schutzpolizei; im Hintergrund die Berliner Mauer.

Vom beschaulichen Hiltrup ging es an den Vorposten des heißkalten Kriegs; die Berliner Mauer. Als Kommandeur der Schutzpolizei von West-Berlin hatte er dort ständig mit scheußlichen Szenen und den Erschießungen an der Mauer zu tun. Dabei kam er auf die Idee, zur Dokumentation der Taten der DDR-Polizei entlang des Mauerverlaufs 80 Fotokameras zu installieren, außerdem gab es mobile Filmteams. 1967 gelangte Werner in die überregionale Presse. Bei einer Demonstration gegen den Schah-Besuch in West-Berlin kam ein Lehramtsstudent durch einen Polizeischuß zu Tode. Die Umstände sind vielfach diskutiert und bis heute strittig. Viele „68er-Demonstranten", die sich

Als Polizei-Oberrat wohnte Hans Ulrich Werner an der Nordstraße 13.

zu Richtern der „Taten ihrer Väter“ ernannten, hatten schnell Kommandeur Werner als Schuldigen ausgemacht und eröffneten eine moralische Billigkampagne: Die Gleichsetzung der der Berliner Polizei un jeder der NS-Zeit. Ansonsten betrieben sie lieber Randale als Recherche, sichtbar auch an einer überprüfungslosen Übernahme des Braunbuch-Textes über Hans-Ulrich Werner, der sich bis heute in der RAF-Beschönigungsliteratur findet.

17. KARL JÄGER – Büchnerstraße 9

Fast ein Jahr wartete der unbeschäftigte SS-Standartenführer Karl Jäger nach Ende der Mordroutine in Litauen 1943 an der Büchnerstraße auf seine Anschlußverwendung.

Ein arbeitsloser SS-Standartenführer war eine Seltenheit während der Kriegsjahre. Verärgert saß Karl Jäger vom Herbst 1943 bis Mai 1944 tatenlos in Münster und wartete somit fast ein Jahr auf Nachricht vom SS-Personalamt Berlin mit neuem Posten samt Beförderung. Nach Massenmordeinsatz in Litauen und anschließender Partisanenbekämpfung war Jäger nach Münster zurückgekehrt; seine Mietwohnung hatte er im auch damaligen Wohnungsmangel behalten. Vermieter war ein braver Sparkasseninspektor, der von den geheimen Aktivitäten seines Mieters nichts wissen konnte. Akribisch hatte Jäger in Litauen mitgezählt und war auf 137.346 Tote gekommen. Jäger tobte seinen eliminatorischen Antisemitismus aus, schoß selber und zwang jeden zum Mitschießen. Einheimische Litauer waren daran auch in Eigenregie erheblich beteiligt; sehr oft auch schon bevor die SS begann. Außerdem sah man die Deutschen als Befreier vom Kommunismus. Bei Stockungen organisierte Jäger zusätzlich deutsche Rollkommandos. Die Bezeichnung lag an deren Autos, mit denen sie von Tatort zu Tatort rasten. Die Autos waren im Reich beschlagnahmte Familienkutschen, deren vorherige Besitzer nicht ahnten, wozu ihre Fahrzeuge mißbraucht wurden. Stolz hatte Jäger zum Schluß eine Karte von den regionalen Erschießungen angefertigt, auf der die Größe der gezeichneten Särge die Totenziffern markierten. Offensichtlich gefiel das seinen Vorgesetzten in Berlin, denn im Mai 1944 kam der ersehnte neue Posten. Es war ein Erholungsposten in einer touristisch attraktiven Gegend, Polizeipräsident in Reichenberg/Sudetenland, wo es kaum Kriminalität gab.

In Münster war Jäger auch schon vorher, 1938/39, tätig als Leiter des SD-Abschnitts Münster. Es handelte sich dabei um eine reine Schreibtischarbeit, bei der die Informationen gesammelt wurden, die durch Gestapo und inoffizielle Mitarbeiter angeliefert wurden. Diese wurden zu Stimmungsberichten aus der Bevölkerung zusammengefaßt und an das Reichssicherheitshauptamt Berlin geschickt. Dort wollte man keine Beschönigungspropgaganda, sondern Wahrheiten hören, um die Lage im Reich effizienter im Griff haben zu können. Jäger verarbeitete daher bevorzugt kritische Ansichten der Münsteraner einschließlich abfälliger Bemerkungen über Parteifunktionäre. Das Gleiche machte Jäger anschließend in Amsterdam und kam von dort immer mal wieder zwecks Schwarzhandels nach Münster. In Amsterdam hatte er billig eingekauft, was sich in Münster teuer verkaufen ließ. Mit dem Gewinn ging es dann auf die nächste Einkaufstour.

Am 17. Juni 1941 wurde er zu einer Geheimbesprechung nach Berlin gerufen. Heydrich hatte spezielle SS-Führer ausgewählt und gab einen Rahmenbefehl zur Ausrottung im Osten. Das bedeutete, daß die genaue Tatorganisation jedem selbst überlassen wurde. Anwesend war auch Walter Blume (siehe S. 15). Im März 1951 befaßte sich das Landgericht Münster mit Jäger. Zwar nicht mit seinen Taten, aber mit seiner Ehe. Entgegen der Verabredung mit seiner Frau zum Wiedersehen nach der Flucht war er 1945 verschwunden. Keiner ahnte, daß er unter seinem Klarnamen wieder in die alte badische Heimat zurückgekehrt war und dort normal berufstätig lebte. In Abwesenheit wurde seine zweite Ehe mit der 24 Jahre jüngeren Berufsberaterin geschieden.

Karl Jäger, geb. 20. September 1888 Schaffhausen/Schweiz, Freitod 22. Juni 1959 Gefängnis Hohenasperg — Ausbildung zum Orgelbauer und Orchestrionstechniker, 1923 erste NS-Aktivitäten in Waldkirch/Breisgau, 1931–1934 Verarmung durch Wirtschaftskrise und ehrenamtlicher SS-Dienst, 1934 Hauptsturmführer und Bataillonskommandeur in Ludwigsburg und Ravensburg, 1938 Sturmbannführer und SD-Abschnittsleiter SD-Hauptamt Berlin, 1939 Leiter SD-Abschnitt Münster, 1940 Obersturmbannführer und Leiter SD-Abschnitt Amsterdam, Juni 1941 – Herbst 1943 Aufstellung und Leitung Einsatzkommando 3 der Einsatzgruppe A mit 120 SS-Männern, Dezember 1941–1943 Kommandeur der Sicherheitspolizei und des SD Litauen, August 1943 Einsatzleiter Partisanenbekämpfung, 1943–1944 funktionslos Münster, 1944–1945 Polizeipräsident Reichenberg/Sudetenland, 1945 Flucht nach Waldkirch und Tätigkeiten als Landarbeiter und Kaufmann unter seinem Klarnamen, 1951 Ehescheidung in Abwesenheit Landgericht Münster, 1959 Verhaftung und Suizid.

DRITTER RUNDGANG

VON MAURITZ NACH HANDORF

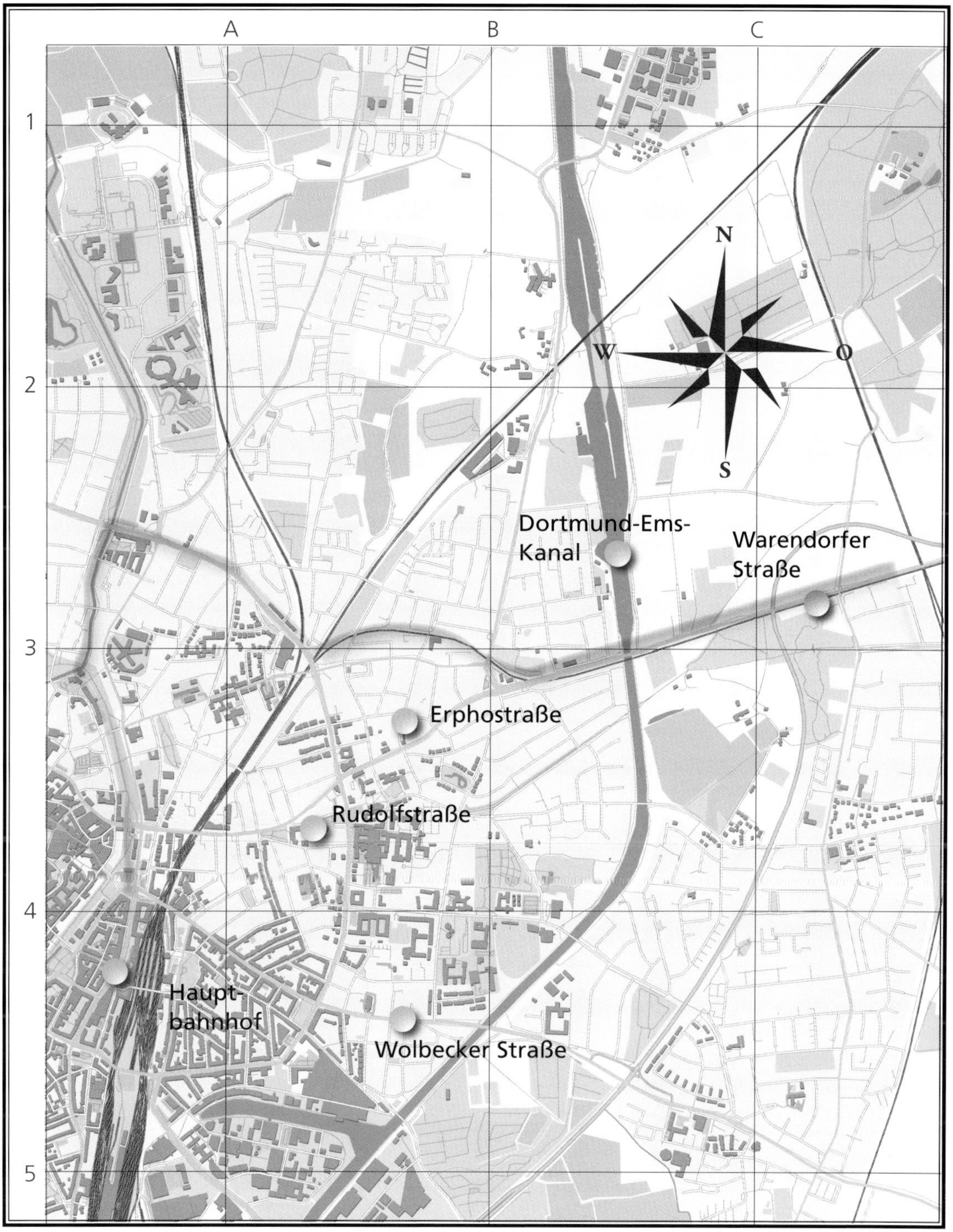
A
B
C
1
2
3
4
5
N
W
O
S
Dortmund-Ems-Kanal
Warendorfer Straße
Erphostraße
Rudolfstraße
Hauptbahnhof
Wolbecker Straße

1. HEINRICH LANKENAU – Niedersachsenring 84

Wegen mangelnder Körpergröße entsprach Heinrich Lankenau nicht den SS-Aufnahmebedingungen. Daher wurde zum üblichen Allzweckmittel gegriffen: Beziehungen.

Wenn der Generalmajor der Polizei Heinrich Lankenau morgens von seinem Fahrer zum Dienst abgeholt wurde, brauchte er eigentlich kein Lenkrad – es ging nämlich immer geradeaus von der Privatwohnung am Niedersachsenring 84 zu seinem Büro am Kaiser-Wilhelm-Ring 28. Die Wohnungen dieser Art im Baustil mit Rotklinkerstein und Baumberger Sandstein, alle entstanden in den 30er Jahren westlich des Rings zwischen Alt-Mauritz und Grevener Straße, waren sehr begehrt. Mit den modernen Bädern, Garagen und viel Grün drumherum waren sie attraktiver als das ältere und engere Kreuzviertel, das nach einigen Jahrzehnten schon etwas vergammelt war. So formulierte der „Tätigkeits- und Stimmungsbericht der NSDAP-Ortsgruppe Münster-Mauritz" vom Januar 1937: „... Die Wohnungen ihrer Vorgänger aus der wilhelminischen Zeit, die doch sicher nicht bescheiden waren, sind diesen Parteigenossen nicht mehr gut genug. Es müssen Neubauten mit allem Komfort errichtet werden ..."

Von seinem Büro am Kaiser-Wilhelm-Ring dirigierte Lankenau als Befehlshaber der Ordnungspolizei (BdO) einen riesigen Polizeiapparat. Lankenaus Befehlsbereich umfaßte zunächst den Wehrkreis VI, ein Gebiet, das vom Rheinland nach Ostfalen reichte und zufällig dem späteren Bundesland NRW ungefähr entsprach. Im Wehrkreis VI war im Oktober 1942 die Anzahl von Kriegsgefangenen und Zwangsarbeitern auf 580.000 angewachsen. Sowohl für deren Bewachung als auch deren Mißhandlung waren Angehörige der Ordnungspolizei zuständig. Besonders schlimm war das Schicksal der gefangenen Russen und Ukrainer, die als „Untermenschen" eingestuft wurden, obwohl sie dem Stalin-Staat größtenteils ablehnend gegenüberstanden.

Darüber hinaus war Lankenau auch im Osten aktiv: Als regionaler oberster Dienstherr managte er auch die Bereitstellung von Polizisten für Krieg und die besetzten Gebiete, wozu auch deren Beteiligung an Deportationen gehörte. Nacheinander gab es bis 1945 fünf BdO in Münster mit Dienstphasen von über drei Jahren (Lankenau) bis zu nur sechs interimistischen Wochen (Oberst Adolf Kruse). Als Polizisten waren sie gestartet und dann über eine Dienstrangangleichung zur SS gekommen. Zwei von ihnen erfüllten die SS-Aufnahmebedingungen nicht und es ging nicht ohne Beziehungen: Heinrich Lankenau war mit 1,72 m Körpergröße für die SS zu klein und Kurt Göhrum mit 52 Jahren zu alt.

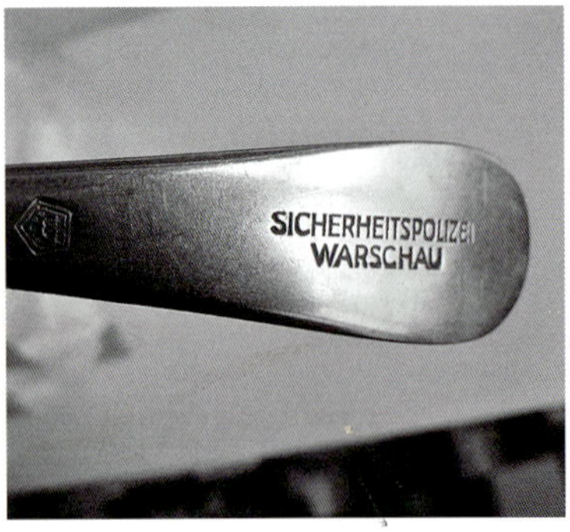

Erinnerungsstück aus der Besatzerzeit: Ein Suppenlöffel der Sicherheitspolizei Warschau.

Heinrich Lankenau, geb. 11. Oktober 1891 Munderloh/Oldenburg, gest. 16. April 1983 Bad Salzuflen — 1933–35 Major und Kommandeur Schutzpolizei

Oldenburg und Polizeireferent im oldenburgischen Innenministerium, 1935–37 Oberst und Kommandeur der Schutzpolizei Bremen, 1937 dergl. München, 1938 Tod des einzigen Kindes (16), 1939–1942 Befehlshaber der Ordnungspolizei (BdO) Wehrkreis VI. mit Dienstsitz Münster; zuletzt als SS-Brigadeführer, 1942–43 BdO Nordwest Den Haag; 1943 SS-Gruppenführer und Generalleutnant der Polizei, Ende 1943 Abschied wegen bizarrer Konflikte über die Sitzordnung bei einer Kunstausstellung, Februar 1944 Ruhestand, 1944–45 Landrat Beckum, 1945–48 Gefängnis Recklinghausen, dann Lagerhaft bei Rotterdam, Munsterlager, Adelheide bei Oldenburg, Fallingbostel, und unproblematische Entnazifizierung, 1949–59 Vertreter Zementindustrie Beckum, 1957 Buch: Polizei im Einsatz während des Krieges in Nordrhein-Westfalen, 1959 Ruhestand mit jahrelangem Streit um Pensionshöhe.

Kurz war der Weg vom Niedersachsenring zu Lankenaus Büro.

2. GEORGE VON DEM KNESEBECK – Alsenstraße 5

Über Jahrhunderte war der Soldatenberuf in seiner Familie der Normalfall; die preußische Kombination aus viel Ehre und wenig Geld. Bedingungslose Treue gegenüber dem Landesherrn war üblich; ein kritisches Hinterfragen militärischer Vorgesetzter wäre mit Geisteskrankheit gleichgesetzt worden. Im Laufe der Generationen gab es immer viele Kinder, von denen viele im Soldatengrab endeten. Einmal wurde das sogar zum Vornamen: Ein 1916 geborener Verwandter erhielt als vierten Vornamen „Kriegsbereit".

Der ledige George Knesebeck kam ursprünglich von der Polizei und wurde gemäß der Dienstrangangleichung von 1935 als Generalmajor in das Heer überführt und nach Münster versetzt. Er bezog die erste Etage des Neubaus Alsenstraße 5/Ecke Piusallee, eine Gegend mit hoher Generalsquote. Bis 1937 war er Standortkommandant von Münster; während der Kriegsjahre war er Inspekteur des Ersatzheeres für Münster. Das Ersatzheer umfaßte die Ersatztruppenteile, zu denen viele Ausbildungseinheiten, die Heersfachschule, das Instandsetzungsbataillon sowie das Lazarett, Wachtruppen und die Urlauber gehörten; auch Testreihen technischer Neuerungen. Somit hatte Knesebeck ein Stück des Befehlsbereichs des Generals Glokke (siehe S. 168), dem der Wehrkreis VI unterstand, der sich von Westfalen in das Rheinland und nach Hannover erstreckte. Der Begriff „Ersatzheer" wurde später in Zusammenhang mit dem 20. Juli 1944 allgemein bekannt bezüglich der Funktion des Berliner Ersatzheeres beim geplanten Umsturz. Knesebeck war von November 1944 bis Ende Februar 1945 in der Führer-Reserve des Heeres. Darin waren unbeschäf-

Als Kommandeur des münsterischen Ersatzheeres 1944.

tigte Offziere, die auf Wiederverwendung warteten. Meistens blieben sie bei Weiterzahlung der Bezüge am letzten Standort. Bei Knesebeck dürfte das Lebensalter eine Rolle gespielt haben; in der Führerreserve waren aber auch viele, die politisch unbeliebt waren oder als unfähig galten. Nach alliierter Internierung kehrte er nach Münster zurück.

George von dem Knesebeck, geb. 25.7.1881 Hameln, gest. 2. Juni 1955 Bad Kissingen — 1919 Polizeimajor, 1931 Polizeioberst, 1933 General der preußischen Landespolizei, 1935 Übernahme als Generalmajor in das Heer, 1935–1937 Standortkommandant Münster, 1937 Generalleutnant, 1937–1944 Befehlshaber der Ersatztruppen Münster, 1944/45 Führerreserve OKH, 1945 kurz interniert, 50er Jahre Ruhestand Münster.

3. AUGUST SCHMIDT – Piusallee 76

Zum Ärger der Nachbarn wurde 1937 die Piusallee nur bis zur Generalsvilla gepflastert.

Verwunderung bei vielen Münsteranern gab es, als 1937 die Dienstvilla an der Piusallee für General August Schmidt fertig war. „Zu groß geraten", hieß es unter den Nachbarn, und auch „Verschwendung von Steuergeldern". Auch die Asphaltierung der Piusallee genau bis zur Generalsvilla verursachte Mißstimmung, weil die Bewohner der weiteren Häuser weiterhin durch den Matsch laufen mußten. Das Haus fand aber auch Gefallen, weil die Kombination aus Rotklinkersteinen und Baumberger Sandstein gut in die Gegend paßte. Heute steht es unter Denkmalschutz. Damals war es üblich, daß höhere Beamte und Militärs zur Miete bei ihrem Dienstherrn wohnten. Weil es in diesen Kreisen seinerzeit keine klare Trennung zwischen Dienst und Privatleben gab, wurden in Häusern dieser Kategorie auch dienstliche Termine abgehalten, weswegen diese bisweilen großzügig gebaut wurden. Von 1937 bis 1945 war August Schmidt in Münster; für einen Militär eine verhältnismäßig lange Zeit, weil diese üblicherweise ständig versetzt wurden.

Das Jahr 1938 war für die Luftwaffe eine Zeit größerer Umstrukturierungen, die bis dahin in sechs Luftkreise eingeteilt war. Jetzt wurde das Reichsgebiet unter Einbeziehung des Sudetenlandes und Österreichs in 10 Luftgaue eingeteilt. In Münster war das Luftgaukommando VI (kurz „Luftgau" genannt) unter General August Schmidt verantwortlich für die Luftverteidigung Nordwestdeutschlands durch Jagdflieger und Flakartillerie, wobei der Begriff „Flak" für „Flieger-Abwehr-Kanone" steht. Außerdem war der „Luftgau" territoriale Kommandobehörde für die gesamte Bodenorganisation mit den Nachrichtenverbindungen, den Versorgungseinrichtungen sowie den Ausbildungsregimentern der Flieger. In der Hierarchie zwischen den Münsteranern und dem Berliner Ministerium gab lediglich noch eines der drei Luftwaffengruppenkommandos, die ebenfalls 1938 neu geschaffen worden waren.

Im Krieg war er auf schwierigem Posten, weil sein Befehlsbereich der unruhigste war, da er in der ständigen Nord-West-Einflugschneise alliierter Bomber lag. Selbst wenn der Großangriff anderswo stattgefunden hatte, wurden auf dem Rückflug nach England die restlichen Bomben oft über Westfalen und Niedersachsen abgeworfen. Tiefflieger machten auf dem Rückflug über das Münsterland auch Maschinengewehrjagd auf einzelne Schulkinder. „Sekundärziele" war der beschönigende britische Begriff dafür; „Mord" und „Eisenhaltige Luft" nannte es hier der Volksmund. Die Jahre in Münster wurden Schmidt im Oktober 1947 zum Verhängnis: Die Anklage eines

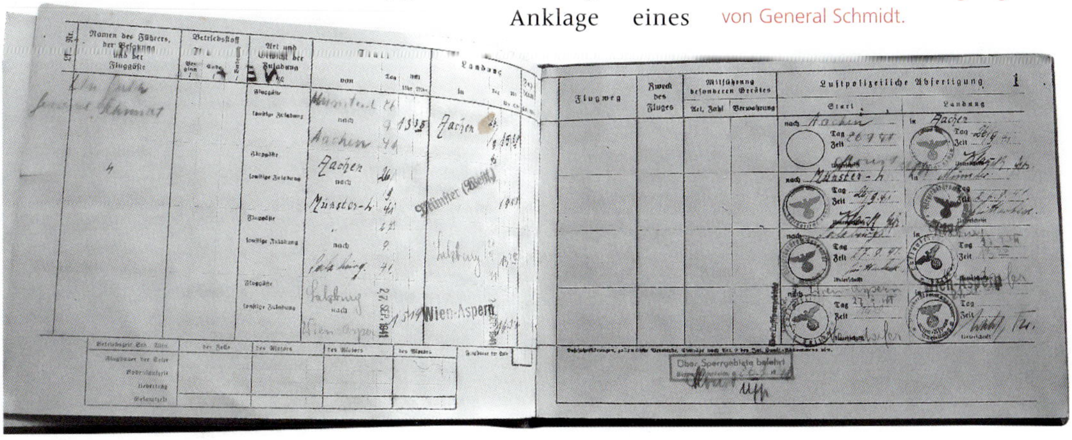

Das Bordbuch des Dienstflugzeugs Ju 52 von General Schmidt.

Hamburger britischen Militärgerichts lautete auf „Weitergabe" eines Befehls vom Oberkommando der Wehrmacht Ende 1944 an seine Untergebenen, wonach lebend aufgegriffene britische Bomber-Flieger nicht vor dem Volkszorn geschützt werden sollten. Gegeben hatte es diesen Befehl tatsächlich, dessen Begründung beinhaltete, daß diese Flieger nicht gemäß Kriegsvölkerrecht reguläre Soldaten bekämpften, sondern wehrlose Senioren, Frauen und Kinder. Daher bekämen sie dann auch nicht den relativen Schutz wie reguläre Kriegsgefangene. Mager war das, was die Anklage gegen Schmidt vorbringen konnte. Nur ein Untergebener, Major Hans Joachim Schibau, behauptete, sich ausgerechnet an den genauen Tag zu erinnern, an dem dieser Befehl in Münster eintraf. Als Schreibtischsoldat, der gegen die Massen des einlaufenden Schriftverkehrs im Dickicht der vielen militärischen Dienststellen kämpfte, erklärte er den Engländern eifrig, wann an jenem Tag des Generals Unterschriftenmappe wo gelegen habe und wer wann was unterstrichen haben soll. Man sagte, Schibau habe beruflich bei den Engländern einsteigen wollen und die Gerichtsverhandlung wäre somit eine Art Bewerbungsgespräch gewesen. Ob es ihm genutzt hat, ist unbekannt, nicht aber die Konsequenz für den General: „lebenslang" lautete das Urteil Ende Oktober 1947. Später erfolgte eine Reduzierung auf zehn Jahre, Ende 1950 die Freilassung.

August Schmidt, geb. 1.2.1883 Hildesheim, Motorradunfall 23.11.1955 Rotenburg/Wümme — 1914–1918 Westfront; dort Teilnahme an schweren Kämpfen bei Ypern, Verdun und Cambrai, zuletzt als Hauptmann, 1918 Generalstab des X. Reserve-Korps; 1922 Major, 1934 Planungen, als militärischer Berater Tschiang Kai-Scheks nach China auszuwandern; 1935 Oberst im Reichswehrministerium, dann Lehrer an der Luftkriegsakademie Berlin-Gatow 1937 Höherer Kommandeur der Flakartillerie I (Höherer Artilleriekommandeur „Harko"), Nov. 1937 Generalmajor und Kommandeur im Luftgau VI in Münster, 1939 Generalleutnant; 1941 General der Flakartillerie, Februar 1945 Ritterkreuz für Verdienste beim Talsperren-Luftschutz, April 1945 Kommandierender General des Flak-Korps z. b. V. (zur besonderen Verwendung), Mai 1945 brit. Kriegsgefangenschaft; 1947 Gerichtsurteil lebenslänglich; Nov. 1950 entlassen.

4. PAUL ZIMMERMANN – Bohlweg 44

Wer der Partei vor 1933 finanziell weiterhalf, konnte später mit einer steilen Karriere rechnen Die NS-Führung vergaß nicht, wer sie in den kritischen Zeiten unterstützt hatte.

Positiv wurde daher verbucht, daß der Münsteraner Paul Zimmermann ein Büro in seinem Haus preisgünstig zur Verfügung gestellt und damit den Start des Reichsarbeitsdienstes in Westfalen

Am Bohlweg 44 war das erste Büro des Reichsarbeitsdienstes (RAD) für Westfalen. Nach Zerstörung Wiederaufbau im Stil der 50er Jahre.

ermöglicht hatte. Der Absolvent des Schillergymnasiums war Diplomingenieur, eine für Frühmitglieder der Partei seltene Berufsrichtung. Während der Massenarbeitslosigkeit um 1930 gab es aus verschiedenen Parteien Arbeitsbeschaffungsmaßnahmen. Diese bestanden aus Angeboten, einem „Arbeitsdienst" entsprechend der politischen Couleur beizutreten. Alle diese Angebote hatten als gemeinsames Prinzip: Arbeitsleistung gegen Verpflegung, Kleidung und Unterkunft; häufig waren sie schlecht organisiert. Die Projekte waren Kultivierung von Flußlandschaften, Trockenlegung von Sümpfen und Beseitigung von Wildwuchs zur Vorbereitung der Ansiedlung von Gewerbeflächen, also vieles, wozu die öffentliche Hand in diesen Jahren nicht mehr in der Lage war. Dipl.-Ing. Zimmermann hatte aufgrund seines Ingenieursstudiums und der paramilitärischen Struktur seiner Partei zwei entscheidende Vorteile gegenüber dem demokratischen Umfeld der Altparteien. Daher bekam er seine Projekte schneller in den Griff und konnte das als Überlegenheit des NS-Systems verbuchen. Sein erstes Projekt war die Kultivierung der Loddenheide. In viermonatigen

Gauleiter Alfred Meyer und Arbeitsdienstführer Paul Zimmermann.

Verhandlungen mit der Stadt erblickte Zimmermann den Versuch, das Projekt zu stoppen, damit ein Gelingen als Werbung für die NSDAP von vornherein ausgeschlossen wäre. Aber dann konnte es losgehen. Nach 1933 wurde ein Jahr beim Arbeitsdienst Pflicht für Jugendliche beider Geschlechter; die Jungen konnten diese Zeit durch Beginn des Wehrdienstes reduzieren. Aus den Anfängen des Zwei-Mann-Büros am Bohlweg war der „Arbeitsgau Westfalen-Nord" entstanden, der sich in der West-Ost-Ausdehnung von Bocholt nach Höxter erstreckte. Nach 1945 wußten die Alliierten nicht, wie sie mit den höheren Chargen des Reichsarbeitsdienstes (RAD) umgehen sollten. Einerseits waren es Generalsränge, andererseits konnten sie darauf verweisen, ausschließlich Deutsche zur Arbeit herangezogen zu habe, ohne jeglichen Bezug zu KZ-Lagern oder ausländischen Zwangsarbeitern. Es blieb dann bei Schikanen, wie Rentenblockierung.

Ab 1937 war Zimmermann nicht mehr beim Arbeitsdienst: Er hatte Verwaltungsposten in Berlin und Kampfeinsätze, zuletzt im Range eines Waffen-SS-Generalmajors in Rußland und Italien. Nach 1945 hatte er als Dipl.-Ing. die richtigen Voraussetzungen für einen gelungenen Start ins Wirtschaftswunder. Aber die Stellensuche war dennoch nicht erfolgreich, weil er das übliche Gebot des Schweigens nicht einhielt. Er war kein „Wendehals" und verschwieg nicht seine Einsätze bei der SS und auch nicht, daß er das NS-System für die Deutschen im Prinzip als richtig ansah. Anfang der 50er Jahre war er in Ägypten als Regierungsberater für den Aufbau der Landwirtschaft nach deutschem Vorbild. Im Januar 1953 verhafteten die Briten sieben ehemalige NS-Funktionäre, einer davon war Zimmermann. Die Amerikaner wurden darüber nicht informiert und verwunderten sich. Die

Briten vermuteten Umsturzpläne. Zimmermann war Mitglied des Stammtisches „Naumann-Kreis“, zu dem auch ehemalige Gauleiter, Volksgerichtshofs-Richter und Einsatzgruppenmörder gehörten. Dieser Kreis um Goebbels letzten Staatssekretär Werner Naumann war dabei, die FDP zu unterwandern. Naumann verfolgte die Linie, seine Leute in alle Parteien zu placieren und dann zu sehen, welche sich dann im Laufe der Jahre am besten als neue „NS-Kampfgruppe“ eignen würden. Alle sieben wurden ins Zuchthaus Werl eingeliefert. Zimmermanns 1951 erworbene Mitgliedschaft im Düsseldorfer Industrie-Club wurde während des Verfahrens suspendiert. Die Bundesregierung drängte die Briten, das Verfahren der deutschen Justiz zu überantworten, was auch geschah. Der Bundesgerichtshof sah keine strafbaren Handlungen; sein 2. Ferienstrafsenat stellte im Sommer 1953 das Verfahren ein und ließ die sieben frei. Da Zimmermanns Name in allen Zeitungen stand, war die Stellensuche für den Vater vierer Kinder jetzt schwierig. Somit startete er erneut mit einem Zwei-Mann-Büro; jetzt in Düsseldorf.

Daraus erwuchs eine Organisation, die STUVA e. V. (Studiengesellschaft für unterirdische Verkehrsanlagen). Zahlreiche rheinische Industrielle brachten sich durch Mitarbeit und erhebliche Geldbeträge dort ein. Hauptgeschäftsführer wurde Paul Zimmermann, der als „schneidiger Kerl“ galt, umgänglich war und mit Humor neue STUVA-Förderer zu akquirieren wußte. Hauptprojekt war die unterirdische Verlegung der Verkehrswege im Ruhrgebiet. Drei Gründe gab die STUVA dafür an: Zunächst den drohenden Verkehrsinfarkt und dann den Zivilschutz im Atomkriegsfall. Einige Vorausdenkende sahen auch schon den Niedergang des Bergbaus und sahen darin Arbeitsbeschaffungsmaßnahmen für arbeitslose Bergleute. Zimmermann hatte gute Pressekontakte: Von „Stern“ bis „Quick“ waren überall die spektakulären Zeichnungen mit unterirdischen Autobahnen und Bahnhöfen zu sehen. 1963 knallte es, als der mächtige „Deutsche Städtetag“ bei der STUVA austrat. Grund war der Hauptgeschäftsführer, genauer gesagt, seine NS-freundlichen Äußerungen. Der Konflikt wurde rheinisch-konsensual gelöst: Zimmermann trat aus, der Städtetag wieder ein; gesichtswahrend erst ein halbes Jahr später. Am Bohlweg hielt der Vater von vier Kindern immer fest. Nach Kriegszerstörung veranlaßte er aus Düsseldorf den Wiederaufbau. Begraben wurde er auf dem Zentralfriedhof Münster, später wurde das Grab beseitigt.

Paul Zimmermann im Wirtschaftswunder; hier (r.) bei einer Sitzung der STUVA e. V. (Studiengesellschaft für unterirdische Verkehrsanlagen).

Paul Zimmermann, geb. 2.7.1899 Münster, gest. 21.5.1980 Dortmund-Hombruch — März 1932 NS-Bezirkskommissar Arbeitsdienstbezirk Westfalen, 1933 SS-Standartenführer, 1933 Arbeitsgauführer Westfalen-Nord, 1936

Oberstarbeitsführer, 1937 Leiter der Reichsstelle für Metalle im Wirtschaftsministerium, 1940 SS-Brigadeführer, 1941 Kriegsverwaltungschef im Wirtschaftsstab Ost, 1943 Generalmajor der Polizei sowie SS und Polizeiführer (SSPF) in Nikolajew am Schwarzen Meer, Oktober 1943 gleiche Funktion in Italien u. a. bei Streikbekämpfung. 1951 Industrie-Club Düsseldorf, 1952 in Ägypten als Vertreter der deutschen Stahlindustrie sowie dort Planungen von Bauernsiedlungen nach deutschem Vorbild, 1953 Verhaftung durch britische Militärpolizei. Vorwurf: nationalsozialistische Unterwanderung der FDP. 1953/54 Suspendierung der Industrie-Club-Mitgliedschaft. 1960–1963 Hauptgeschäftsführer und Vorstandsmitglied der STUVA e. V. 1975 erschien die romanhafte Verarbeitung dieser Vorgänge durch Stan Lauryssens: „Opmars naar het Vierde Rijk" (Der Aufmarsch ins vierte Reich).

5. ERICH VON MANSTEIN – Piusallee 48

Erich von Manstein war erleichtert, als er 1955 in diesem Haus eine Wohnung bekam.

In diesem Mehrfamilienhaus wohnte von 1955 bis 1957 der ehemalige Generalfeldmarschall Erich von Manstein. In dem etwa 1910 errichteten und danach mehrfach umgebauten Haus lebten damals acht Familien. Manstein wohnte in der Erdgeschosswohnung. 1953 war er aus dem Gefängnis Werl entlassen worden. Schlechte Jahre lagen auch hinter seiner Familie. Ein Sohn war im Krieg gefallen und die Familie war vertrieben worden. Seine Frau hielt die beiden Kinder mit Nähen von Dingen wie Lampenschirmen nur knapp über Wasser. Manstein lebte kurz in Allmendingen bei Ulm, ehe er seinem Sohn folgte, der in Münster eine leitende Stellung bei der dortigen Firma Siemens antrat. Manstein hatte in einer Zeit großer Wohnraumnot insofern Glück, als er Ende 1956 die drei Zimmer von einem Kameraden, seinem ersten Generalstabsoffizier von der Krim im Winter 1941/42, Joseph-Franz Irkens, übernehmen konnte. Nur befristet war der Mietvertrag, da die Hauseigentümerin für fünf Jahre auswärts lebte und die Wohnung erst 1961 beziehen wollte.

Manstein zog jedoch schon im Sommer 1958 wieder aus, da er seinem Sohn nach Bayern folgte und sich in Icking am Starnberger See ein Haus gebaut hatte. Er lebte ausgesprochen gerne in Münster, wo auch schon sein Großvater stationiert gewesen war. Jedoch suchte er keinen Anschluss an das sich wieder formierende gesellschaftliche Leben der Stadt, wohl aber zu den zahlreichen militärfreundlichen Menschen und ehemaligen Soldaten. Häufig sah man ihn auf seinen Spaziergängen in der Stadt und bis vor einigen Jahren konnten sich noch ältere Münsteraner an seine oftmaligen Besuche im bekannten Café Schucan erinnern. Er bezog die Pension eines Generalleutnants, also drei Dienstgrade unter einem Generalfeldmarschall. Dies geschah gemäß einer Regelung, nach der für die Pensionsberechnung für die Zeit nach 1933 pauschal

Mit Ehefrau und Sohn auf der Terrasse der Piusallee 48.

Der britische UNO-Gesandte Frank Soskice, Nachfahre eines Münsteraners, forderte im Hinblick auf den Manstein-Prozeß die alleinige britische Kompetenz für Strafverfahren mit Kriegsbezug.

für alle drei Jahre eine Beförderung zugrunde gelegt wurde. Der Grund für diese Begrenzung war, dass es bei Kriegsende 35-jährige Generalmajore gab, deren Schnellbeförderung nicht auch noch zu einer entsprechenden Pensionszahlung führen sollte. Manstein war in Münster fleißig: Seine schriftstellerische Arbeit bestand in der Bearbeitung der Folgeauflagen seiner „verlorenen Siege", die im Laufe der Jahre 16 Auflagen erreichten. Er schrieb noch ein weiteres Werk, das ihm eigentlich mehr am Herzen lag. Es hieß „Aus einem Soldatenleben" und beschrieb den Übergang vom ersten zum zweiten Weltkrieg. Ständige Augenprobleme ließen die Arbeit stocken und somit steuerte immer seine Frau den VW Käfer. Weitgehend unbekannt ist, daß Manstein in Münster beträchtlichen Einfluß auf die strategischen Planungen der Bundeswehr hatte. Zwar bekam er kein Amt in der neuen westdeutschen Armee, obwohl er sich als Feldmarschall nach traditioneller Ansicht „nie außer Dienst" sah. Früh erkannte er, daß die Westalliierten dazu tendierten, die Bundeswehr nach den Kategorien des Sieges 1945 zu planen, was er als Fehler ansah. Diese Fehlplanung sah Manstein in einem schwerfälligen Aufbau nach Divisionsstärken (je 20.000 bis 30.000 Soldaten). Angesichts der Enge Mitteleuropas bei stets gleicher Frontlänge vom Atlantik bis zur russischen Westgrenze befand er Divisionen für zu unbeweglich und hielt einen Aufbau in flexiblere Brigaden (6.000 bis 7.000 Mann) für strategisch geschickter. Bei den Frühentwicklern der Bundeswehr Blank und Heusinger fand Manstein damit kein Gehör, wohl aber später beim neuen Verteidigungsminister Franz Josef Strauß. Dieser war weniger amerikahörig und ließ Manstein aus Münster abholen, um sich seinen Vortrag im Bonner Ministerium anzuhören und diesen auch umzusetzen. Zum 70. Geburtstag ließen ehemalige Kameraden bei einem münsterischen Traditionsjuwelier eine in Tablettformat vergrößerte Nachbildung des Krimschildes anfertigen; des Ordens für die verlustreiche Eroberung der Krim 1942.

Erich von Manstein, geb. 24. November 1886 Berlin, gest. 9.6.1973 Irschenhausen/Oberbayern — 1915 Hauptmann, 1933 Oberst, 1938 Generalleutnant, 1942 Generalfeldmarschall; Sohn Gero an der Ostfront gefallen, 1944 auf der Titelseite der „TIME"; 1945 Vertreibung seiner Familie, 1949 Verurteilung zu zwölf Jahren Haft, 1947 Erklärung des britischen UNO-Gesandten Sir Frank Soskice (1902–1979; Enkel eines nach London emigrierten Münsteraners) der britischen Ablehnung internationaler Strafgerichtshöfe; 1949 zwölf Jahre Haft durch britisches Militärgericht; Freilassung 1953.

6. THEODOR PEPPERSACK – Piusallee 33

Hier hatte Theodor Peppersack über 20 Jahre eine Mietwohnung.

Von den Jahren seines Aufstiegs in den 30er Jahren, während des Krieges und danach hatte Theodor Peppersack (siehe S. 148) hier eine Mietwohnung. Von hier gelang ihm die Entnazifizierung im fernen Oldenburg, wo man von seiner dunklen Vergangenheit in Münster nichts wußte.

7. ERWIN PAAL – Warendorfer Straße 25

Die Dienststelle des Oberstabsarztes.

Zu Dr. med. Erwin Paals 95. Geburtstag gratulierte ihm das Bundesverteidigungsministerium mit dem Zusatz, daß seine Erfindung von 1940 auch heute noch die Basis aktueller Weiterentwicklungen ist. Im Krieg gegen Frankreich hatte der Chirurg ein grundsätzliches Problem medizinischer Versorgung in militärischen Situationen erkannt. Paal sah, daß schnelle militärische Vorstöße für die Verwundeten besonders gefährlich waren, weil sich die Distanz zwischen vorrückender Front und der Behandlung in den rückwärtigen Gebieten immer mehr vergrößerte. Paal wollte daher weg vom bisherigen Prinzip der Verwundetenbehandlung in feststehenden Gebäuden oder Operationszelten, vor der die Verwundeten erst mal einen längeren Weg bis zum Beginn der medizinischen Versorgung überste-

Der von Oberstabsarzt Dr. Erwin Paal entwickelte mobile Operationswagen in einer Weiterentwicklung mit dem 3.000-Liter-Wassertank.

hen mußten. Auf dem Weg dorthin waren Verschlimmerungen der Verletzung oder Tod üblich. Ein französisches Beutefahrzeug gab dann den Anstoß: Es waren zwei von einem Traktor gezogene LKW-Anhänger als mobiler OP-Raum. „Zu groß, zu schwer, zu langsam", konstatierte Paal, der sich ein kleines und schnelleres Fahrzeug vorstellte.Er erbat einen 2,5-Tonner-Opel-Blitz-Kastenwagen, den er in zweitägiger Eigeninitiative zum ersten leichten Feldoperationswagen der Wehrmacht ausbaute. Das Erstinventar bestand ausschließlich aus Beutestücken einschließlich zweier französischer Autoscheinwerfer als schattenfreie OP-Lampen. Daher konnte ihm kein Vorschriftenfanatiker eine Falschverwendung von Wehrmaterial vorwerfen. Der Wagen konnte immer direkt hinter dem Kampfgebiet bereit sein. Hinzu kam die psychologische Wirkung bei den Frontkämpfern durch die schnelle frontnahe Frühversorgung ohne den gefürchteten Zeitverlust. Außerdem entfiel der mühsame ständige Auf- und Abbau der bisherigen Zelt-OP-Stationen, der den Sanitätern immer erhebliche Kräfte raubte. Paals Neuentwicklung wurde schnell durch die höchsten Militärmediziner, den Heers-Sanitäts-Inspekteur und den Korpsarzt, vor Orte geprüft. Die reagierten schnell und veranlaßten die Serienproduktion des weiterentwikkelten Fahrzeugs. Oberstabsarzt Erwin Paal erhielt dafür einen seltenen Orden: Das Deutsche Kreuz in Silber, das für kampfunterstützende Verdienste vorgesehen war; daher gab es die Variante in Gold für Ärzte nicht. Die „Silber-Variante" wurde weniger als 2.000-mal verliehen und war erheblich seltener als das Kreuz in Gold, das gut 17.000 Träger hatte. Bis 1945 hatte Oberstabsarzt Paal 15.000 Feldoperationen durchgeführt, übrigens auch bei gegnerischen Soldaten, die in deutsche Hände gefallen waren.

Dr. med. Erwin Paal in den 50er Jahren.

Landesmedizinaldirektor Erwin Paal war bis weit über die Pensionsgrenze als Leiter der ärztlichen Abteilung der landwirtschaftlichen Berufsgenossenschaft im Dienst, die damals noch an der Warendorfer Straße saß. Als Bundeswehr-Musterungsarzt wurde er mehrmals aus dem Ruhestand zurückbeordert. Der Grund lag im Personalmangel, so daß Landesmedizinaldirektor Dr. Paal seine letzte Musterung mit über 90 Jahren hatte. Bei seiner Beisetzung 2004 zeigte ein ehemaliger Soldat seine Dankbarkeit: Er war 1943 bei Stalingrad von seinem Lebensretter Dr. Paal wieder „zusammengeflickt" worden.

Dr. Erwin Paal, geb. 4. Dezember 1902 Münster, gest. 11. Februar 2004 Münster.

Beim Wiederaufbau wurden die Häuser 10 und 12 zusammengefaßt.

8. GERD SCHERBENRING – Schwelingstraße 12

Hier wohnte der Heerespsychologe Gerd Scherbening (siehe S. 216). Als Oberst zog er ein, als Generalmajor 1944 wieder aus.

9. ERNST KÜHL – Schwelingstraße 21

Ritterkreuzträger Ernst Kühl wohnte an der Schwelingstraße.

Mit zerschossenem Motor gelang Major Ernst Kühl im Oktober 1941 die Rückkehr zum deutschen Feldflugplatz am Dnjepr. Sein Tieffliegerangriff auf einen russischen Transportzug war von der auf dem Zug montierten Flak saftig quittiert worden: Getroffen waren die Nabe des linken Motors und die Kühlleitung des rechten, wodurch dieser komplett ausfiel. Zerfetzt war außerdem die linke Schwanzflosse. Die russische Zugbesatzung konnte daher von einem Absturz einige Kilometer weiter ausgehen, aber irgendwie schaffte es die Besatzung, die perforierte He 111 noch die ersehnten 200 km in der Luft zu halten. Ein Jahr vorher war Kühl abgeschossen worden. Im September 1940 erwischten ihn britische Jagdflieger und dem 53-Jährigen gelang eine Notlandung im eisigen Wasser. Stundenlang trieb die Besatzung im Schlauchboot bis zur Rettung, wobei es dem fast erfrorenen Kühl kaum gelang, sich ins Schlauchboot zu hieven. Das führte dann dazu, daß allen Schlauchbooten eine Strickleiter als Pflichtausrüstung hinzugefügt wurde. Erst im für die Fliegerei hohen Alter von 44 Jahren absolvierte Kühl in Münster-Loddenheide den Privatpilotenschein. Offensichtlich

Weihnachten an der Westfront 1940: Begehrter Sitzplatz für Ernst Kühl neben Rudolf Heß.

hatte man ihn schnell als fliegerisches Naturtalent erkannt, denn die Luftwaffe engagierte den Juristen als Reservisten.

An sich lagen Welten zwischen der Tätigkeit eines Buchstabenjuristen und den nötigen Fähigkeiten für die Fliegerei – Mut, Geschicklichkeit, Nerv für Technik und Wind sowie Kameradschaft unter der Bordbesatzung waren die Grundbedingungen für die Adrenalinspiele im Himmel. Bis 1943 gelang Kühl der Aufstieg zum Geschwaderkommodore, bei einem Nicht-Berufssoldaten ein einmaliger Werdegang mit 315 Fronteinsätzen, „Feindflüge" genannt. Während eines Heimaturlaubs in Münster im Oktober 1942 erhielt Kühl die Nachricht von der Verleihung des Ritterkreuzes. Sofort wurde im Landeshaus eine Feier organisiert mit großer Versammlung, Ansprachen und Musikzug. In seiner Ansprache betonte Kühl die überlegene Qualität deutscher Soldaten und Waffentechnik, die auch durch durch die „reichen Hilfsquellen" der Feinde nicht wettgemacht werden könnte. Als westfälischer Kulturdezernent hatte er mit scharfem Blick aus der Pilotenkanzel Spuren deutscher Besiedlung aus der Zarenzeit gesichtet: Häuser aus Ziegelsteinen mit Spitzdächern, umringt vom Wald. Großspurig schwadronierte Kühl von den endlosen Weiten des Ostens und auch: Mancher seiner Fliegerkameraden käme hoch über der Landschaft schon auf Ideen, wo genau er sich nach Kriegsende niederlassen wollte. Antragsformulare und Finanzierungsmodelle dafür gab es auch schon. Auch ein Stück westfälisch-zackiger Blitzdichtung gab es, dessen Schlußverse lauteten: Und bis durch Kampf und Siegen/erreicht das letzte Ziel/Sieg-Heil zu weiterem Fliegen/Heil Kommodore Kühl! Aus der britischen Kriegsgefangenschaft kehrte er 1947 nicht allein zurück: In geschickten Verhandlungen mit den Engländern war es ihm gelungen, daß mit ihm auch 10.000 weitere Kriegsgefangene freikamen.

Ernst Kühl, geb. 18. März 1888 Breslau, gest. 2.2.1972 Münster — 1928 Landesrat bei der Provinzialverwaltung Westfalen (heute LWL Landschaftsverband Westfalen-Lippe) und Gründer des Provinzialinstituts für westfälische Landes- und Volkskunde, 1929 Flugschüler, 1932 Privatpilotenschein Münster-Loddenheide, 1937 Kämmerer und stellvertretender Landeshauptmann, 1938 Hauptmann der Luftwaffe der Reserve, 1939 Einsätze über Polen, Frankreich, England, 1940 Major, ab 1941 Ostfront, 1942 Oberst, Geschwaderkommodore, Ritterkreuz, November 1942 – Januar 1943 Versorgungsflüge Kessel Stalingrad, August 1943 Fliegerführer Nord am Eismeer zur Geleitzugbekämpfung im Raum Murmansk, Dezember 1943 Eichenlaubträger, Februar 1944 Flieger-Divisionskommandeur Nordabschnitt Ostfront, Juli 1944 Fliegerführer Drontheim, 1945–1947 britische Kriegsgefangenschaft, Oktober 1947 Rückkehr nach Münster, 1948 Ruhestand als Landesrat nach Ablehnung der Weiterbeschäftigung als Beamter, 1951–1953 Gutachter der Landesregierung zur Neugliederung, 1952 Berater des Sachverständigenausschusses zur Neugliederung des Bundesgebietes, 1955 Mitglied im Bundeswehr-Personalgutachterausschuß, 1956 Vorsitzender des Aero-Clubs Münster.

10. MARTIN NIEMÖLLER – Kaiser-Wilhelm-Ring 15

U-Boot-Kommandant, Hitlers „persönlicher Häftling" und weitbekannter kämpferischer Pazifist – das reicht für mehrere Leben. In Münster begann Martin Niemöller 1919 mit dem Studium der evangelischen Theologie, da ihm dieser Beruf als geradlinige Fortsetzung seines vormaligen Offiziersberufs erschien, und wohnte am Kaiser-Wilhelm-Ring 15. Da der Kapitänleutnant a. D. und stud. theol. schon eine vierköpfige Familie hatte, arbeitete er im Sommer 1922 werktäglich für 8 Stunden als Schienenleger bei der Reichsbahn. Wegen der rasenden Inflation mußte man sich mit dem Tagelohn sofort in die Geschäfte stürzen, um überhaupt noch etwas zu bekommen, denn am nächsten Tag war das Geld schon wieder weniger wert. Die bei der Bahn entstandenen

Freundschaften mit den Arbeitern der Faust hielten auch noch dann, als Niemöller in Amt und Würden war. Seit 1924 wählte er die NSDAP und begrüßte 1933 Hitlers Kanzlerschaft als Ende von Hungersnot und Trostlosigkeiten und Neustart in einen autoritär-christlichen Nationalstaat. Nach der NS-Zeit stand er immer zu seinen damaligen Ansichten, im Gegensatz zu vielen anderen, die sich später lieber in der moralischen Oberliga positionierten.

1926 zog er mit der erheblich vergrößerten Familie „um die Ecke“ zur Erphostraße 60. Er war jetzt Geschäftsführer des westfälischen Provinzialverbandes für innere Mission, der auch sein Vermieter war. 1927 gründete er die erste „evangelische Bank“; die Darlehensgenossenschaft der westfälischen inneren Mission, die jetzt als Bank für Kirche und Diakonie eG firmiert („KD-Bank“). Bei den Kommunalwahlen 1930 war er mit der eigenen evangelischen Liste erfolgreich. 1931 wurde Niemöller Pfarrer in Berlin-Dahlem; seine Predigten zogen auch viele Nicht-Protestanten an. Im Januar 1934 krachte es in der Reichskanzlei zwischen Martin Niemöller und Adolf Hitler. Bei einem Empfang höherer evangelischer Kirchenbeamter in der Reichskanzlei kam es zur Konfrontation, weil Hitler die NS-kritische Bekennende Kirche als Gegner des deutschen Staates ansah. Niemöller, der dem Nationalsozialismus anfänglich positiv gegenüberstand, betonte das Recht auf kirchliche Verkündigung frei von Zensur und verwies dabei auch auf eine mögliche Problematik der Außenwirkung des jungen NS-Systems. Hitler, der bei Abfuhren in der Öffentlichkeit nachtragend war, vergaß Niemöllers Auftritt auf dem Empfang nicht.

Vehement attackierte Martin Niemöller die NS-Kirchenpolitik.

Niemöller attackierte auch weiterhin die NS-Kirchenpolitik und das Unrecht jener Jahre. Anfang Juli 1937 wurde Niemöller verhaftet, was auch für internationales Aufsehen sorgte. Im Februar 1938 wurde er wegen seiner „staatsfeindlichen Aktivitäten“ in Berlin zu sieben Monaten Haft verurteilt, die durch die Untersuchungshaft als verbüßt galten. Die sofortige Freilassung wurde Niemöller zum Verhängnis: Die am Ausgang lauernde Gestapo packte zu und als Hitlers „persönlicher Gefangener“ kam er in das KZ Sachsenhausen. Dieser Sonderstatus war zweischneidig: Einerseits bestand ein Schutz vor spontaner Ermordung durch SS-Berserker, andererseits lag eine Freilassung in weiter Ferne. Das lag daran, daß die Gefangenen dieser Kategorie aufgrund ihrer jeweiligen Besonderheit auch als mögliche Austauschobjekte geeignet waren, etwa gegen im Ausland inhaftierte Deutsche. Bei Kriegsbeginn 1939 wandte sich Niemöller an Hitler, um wieder als U-Boot-Kommandant eingesetzt zu werden, was abgelehnt wurde. 1941 wurde er in das KZ Dachau verlegt. Zusammen mit katholischen Geistlichen lebte er im „Ehrenbunker“, wo die Verpflegung erheb-

In den 20er Jahren wohnte Familie Niemöller am Kaiser Wilhelm-Ring 15.

lich besser war und auch gegenseitige Kontakte toleriert wurden. Bei Kriegsende drohte wieder Lebensgefahr, als es in einem der Todestransporte Richtung Süden ging und Niemöller erst im allerletzten Moment befreit wurde (mit Hermann Pünder, siehe S. 181). Nach Kriegsende wurde er als streitbarer Bußprediger und kämpferischer Pazifist bekannt. Unter den ansonsten eher farblosen höheren evangelischen Kirchenbeamten nutzte er seine Spitzenämter zur ständigen Meinunggsstärke. Kein Thema aus Vergangenheit und Gegenwart war vor ihm sicher. Die Alliierten mochte er nicht, da ihm deren Art der Kriegsführung mit Bomben und Vertreibungen zu wenig Abstand zu Hitlers Methoden hatte. Scharf kritisierte er die Gründung der Bundesrepublik 1949 als „in Rom gezeugt und in Washington geboren", womit er wohl die katholische Verbindung zwischen Kanzler und Papst meinte. Während der kalte Krieg heißlief, fuhr er 1952 nach Moskau zu einem Besuch der russisch-orthodoxen Kirche. Gegen Wiederaufrüstung, Atombewaffnung und Konsumverdummung war er einer der eifrigsten Redner. Sein Kampf gegen die Wehrpflicht wurde allerdings, wie zu erwarten, von der DDR in deren Richtung umfunktioniert, was ihm im Westen schwere Vorwürfe einbrachte.

Martin Niemöller, geb. 14. Januar 1892 Lippstadt, gest. 6. März 1984 Wiesbaden — 1915–1918 U-Boot-Krieg bis Dakar/Senegal, zuletzt Kommandant, 1919–1923 Theologiestudium und Vikariat in Münster, 1920 Bataillonskommandeur der „akademischen Wehr" mit Kämpfen gegen Rotfront im Ruhrgebiet, 1923–1931 kirchliche Verwaltung und Bankengründung in Münster, 1931 Pfarrstelle Berlin-Dahlem, 1933 Gründung des Pfarrernotbundes gegen die Diskriminierung jüdischstämmiger Pfarrer, 1934 Bekennende Kirche, 1937 Verhaftung, 1938 KZ Sachsenhausen, 1941 KZ Dachau, 1945–1955 Rat der EKD, 1947–1964 Präsident der ev. Kirche Hessen-Nassau. 1961–1969 im Präsidium des Weltkirchenrates, dabei kämpferischer Pazifist für Ost-West-Verständigung, Wiedervereinigung und gegen Atomwaffen und Vietnamkrieg.

11. VILLA TEN HOMPEL – Kaiser-Wilhelm-Ring 28

Der Erbauer Rudolf ten Hompel (1878–1948) des 1928 erbauten Hauses zog bereits 1939 wegen finanzieller Probleme wieder aus, das auffällige Gebäude behielt umgangssprachlich weiterhin den Namen des ehemaligen „Zementkönigs". Neuer Nutzer wurde der Inspekteur und Befehlshaber der Ordnungspolizei im Wehrkreis VI. Dessen Befehlsbereich umfaßte nach dem Stand von 1944 ein Gebiet, das weit über Westfalen hinausging. Die drei Provinzen Westfalen, Rheinland und Hannover

Zu einer Polizei-Dienststelle mit Befehlsbereich weit über Münster hinaus wurde dieses vormalige Wohnhaus, das immer den Namen seines Erbauers trug.

entsprachen sechs Gauen; den NS-Parteigebietskörperschaften, die ab 1933 auf die Staatsebene übertragen wurden. Die historische Forschung bemerkte erst verhältnismäßig spät, daß viele dieser Polizeieinheiten nicht „Freund und Helfer" waren, sondern sich während der Kriegsjahre an den Morden im Osten beteiligt hatten. Von 1954 bis 1968 war dort das Dezernat für Wiedergutmachung der münsterischen Bezirksregierung, das über Entschädigungsanträge ehemals Verfolgter entschied. Vor den Schreibtischen der Sachbearbeiter standen Antragsteller, die nach schwerster Schädigung neben Entschädigungen auch Verständnis und Gerechtigkeit erwarteten, dem nicht immer entsprochen wurde.

12. FRANZ PFEFFER VON SALOMON – Erphostraße 28

Beim Ehepaar Pfeffer von Salomon übernachtete Hitler bei seinem Besuch in Münster 1926.

Als Oberster SA-Führer schuf Franz Pfeffer von Salomon während seiner Zeit in Münster die bis Kriegsende gültige Herrschaftsstruktur der SA als straffer militärischer Kampfverband, die danach auf die SS übertragen wurde. Die bis 1945 europaweite Wirkung dieser Konzeption konnte er wohl nicht voraussehen. Wesentliche Strukturmerkmale der zwölfjährigen NS-Herrschaft waren somit in Münster konzipiert worden und die SA als Hitlers riesige Privatarmee sorgte ab 1933 dafür, daß er vom ersten Tag an fest im Amt war. Durch ihre bloße Existenz war sie eine starke außerpar-

Franz Pfeffer von Salomon 1929 zwischen Chef und Chef-Stellvetreter.

lamentarische Drohung und Zehntausende hungrige Arbeitslose warteten als SA-Männer aggressiv auf die versprochene Stunde von Sieg und Erlösung. Die Brauntönung der Uniformen war keinesfalls eine Wunschfarbe, sondern die Kombination aus Not und Zufall. Ein Frühmitglied der Partei konnte billig in Berlin ein Lager mit nutzlos gewordenen braunen Tropenuniformen der ehemaligen deutschen Kolonien kaufen, die dann als SA-Uniformen ihre Zweitverwendung fanden. Viermal kam Franz Pfeffer von Salomon nach Münster, zunächst um 1890, wohin sein Vater Max als Beamter versetzt worden war, dann zum Wehrdienst, später als Oberster-SA-Führer, und zum Schluß blieb er für immer. Einer seiner drei Studienorte war Münster; später ab 1926 wohnte er großzügig an der Erphostraße als Mieter der Witwe eines Geheimen Regierungsrates und es gilt als sicher, daß der 1926 sehr finanzschwache Hitler bei seinem Besuch in Pfeffers Gästezimmer übernachtete. Der Grund dieses Besuches war Pfeffers Installierung als OSAF (Oberster SA-Führer), also sozusagen als „Reichsführer SA". Über Pfeffers sehr emanzipierte Frau wunderte und amüsierte Hitler sich; heute würde man sie als Vorläuferin der Frauenbewegung bezeichnen. Vor 1918 war sie die einzige Lokführerin: „Damit habe ich die Aufgabe eines Mannes übernommen, der dafür an der Front kämpfen konnte." Später bewarb sie sich zweimal als Pilotin, wurde aber nicht angenommen. Allerdings war diese Ausrichtung schon in ihrer früher Jugend erkennbar, als sie einem Hufschmied beim Beschlagen der Pferde half. Im schriftlichen Heiratsantrag von 1922 hatte ihr Mann formuliert: „... aus rassetheoretischen Überlegungen ...". Das Eheglück war aber stabil und sie war die einzige Frau in der münsterischen Früh-NSDAP.

Pfeffer-Grab auf dem Centralfriedhof.

Pfeffer installierte viele Berufsmilitärs und gestaltete dadurch die SA von einer lokalen Truppe zum Schutz von Parteiveranstaltungen zu einer überregionalen „Nebenarmee" um. Außerdem war man erfindungsreich bei Abkürzungen: SABE stand für „SA-Befehle" und „Gausaf" für „Gau-SA-Führer". Bereits 1930 wurde Pfeffer vom chronisch mißtrauischen Hitler wieder abgesetzt, da dieser Tendenzen einer Abspaltung der SA von der Partei zu erkennen glaubte; an Pfeffers SA-Struktur von 1926 änderte er aber nichts. Andere Quellen sehen den Grund von Pfeffers Karriereende in Berliner Tumulten. Im April 1931 revoltierten einige Berliner SA-Führer gegen die Parteileitung; der Aufstand wurde durch die Berliner SS niedergeschlagen. Schon 1927 verließ er Münster. Nach seinem Tod 1968 wurde er im Familiengrab seiner Frau auf dem münsterischen Centralfriedhof beerdigt.

Franz Pfeffer von Salomon, geb. 19.Februar 1888 Düsseldorf, gest. 12. April 1968 München — Bruder des oft verwechselten Friedrich „Fritz" Pfeffer von Salomon (1892–1961), Studium Jura Heidelberg, Marburg, Münster, 1918 Hauptmann, 1919 Führer „Westfälisches Freikorps Pfeffer", Kämpfe im Ruhrgebiet gegen Kommunisten, dann in Oberschlesien und Baltikum, 1923–25 Kämpfe gegen die französische Besatzung im Ruhrgebiet, 1924 Mitbegründer Gau Westfalen der illegalen NSDAP, 1924/25 geheimer Gauleiter, 1926–1930 Oberster SA-Führer (OSAF), 1932–1941 Reichstagsabgeordneter, 1941 Streichung des Namensteils „Salomon" und Umsetzung des „von" hinter den Vornamen, November 1941 Ausstoß aus der NSDAP, 1945/46 Internierung Heilbronn, 1946–1960 Ruhestand Wiesbaden, 1960–1968 München,. 1968 Beisetzung Centralfriedhof Münster.

Karikiert von Heinrich Hoffmeister in den 30 er Jahren: Der Pinsel als Marschallsstab.

13. FRITZ GROTEMEYER – Erphostraße 26

Nach 1933 ergoß sich plötzlich eine Menge von Ölportraits Hitlers aus den Provinzstädten nach Berlin. Viele Kunstmaler und Portraitisten wollten nicht die finanzielle Gelegenheit verpassen, als Büros, Kasernen und Dienststellen mit Führerportraits ausgestattet wurden.

Vorlagen der Bilder waren fast immer Fotos. Je wichtiger die Bürocharge, desto größer das Hitlerbild. Politische Bekenntnisse der Künstler waren damit jedoch keinesfalls verbunden, man hoffte auf Verbesserungen der meist mageren Künstlereinkommen. Auch der Kunstmalerbranche ging es um 1932 miserabel, denn in der Hungerzeit wurde zuerst dort gespart. Auch der münsterische Kunstmaler Fritz Grotemeyer, der ein überregionaler Könner im Stil des „akademischen Realismus" war, schuf diese

Kein politisches Bekenntnis verband sich mit diesen Ölbildern. Zu allen Zeiten wurden die Herrscher in Öl verewigt in der Hoffnung auf weitere Aufträge.

beiden Portraits, deren Verbleib heute unbekannt ist. Sie dürften wohl in öffentlichen Gebäuden gehangen haben, um dann bei Kriegsende schnell zu verschwinden. Für die Leinwände fand sich dann schnell eine zeitgemäße Neuverwendung, etwas zur provisorischen Abdichtung bombendefekter Dächer. Grotemeyer war gut beschäftigt, so daß er abwechselnd in seinen beiden Ateliers in Berlin und Münster arbeitete. Es entstanden Reise- und Landschaftsbilder sowie Portraits von Monarchen und Geistlichen, so auch von Papst Benedikt XV. und Hindenburg. 1914–1918 waren seine Zeichnungen vom Kriegsgeschehen begehrte Vorlagen für die Tagespresse, weil die Foto-Reproduktionstechnik noch unzureichend war. Einen Großteil seiner Bilder stiftete er 1939 seiner Heimatstadt Münster, wo sie den Bombenkrieg überstanden haben. Was er nach Berlin mitgenommen hatte, war zerbombt worden.

Fritz Grotemeyer, geb. 19. Juni 1864 Münster, gest. 28. Juli 1947 Münster — 1887–1894 Kunstakademie Berlin, 1893 Förderung durch die Adolph-von-Menzel-Stiftung, 1895 Meisterschüler bei Anton von Werner, 1894–1914 Portraits, Landschaften und großformatige Historienbilder, so auch das Großbild des westfälischen Friedens. Verleihung des kaiserlichen Kronenordens für die günstige Darstellung des brandenburgischen Gesandten, 1914 malender Kriegsberichterstatter, 1914–1915 in Frankreich, 1916 osmanisches Reich (Türkei), 1918 auf dem Admiralsschiff „Hindenburg", 1919–1945 Betrieb zweier Ateliers in Berlin und Münster, 1945–1946 Flüchtling in Witten, 1947 Rückkehr und Tod in Münster.

1926 verzog Familie Niemöller um die Ecke zur Erphostraße 60. Das Haus steht noch.

14. MARTIN NIEMÖLLER – Erphostraße 60

1926 zog Martin Niemöller (siehe S. 98) zur Erphostraße 60.

15. HERBERT ZIMMERMANN – Wiener Straße 31

Nur ein Jahr wohnte der SS-Sturmbannführer Herbert Zimmermann in diesem Haus. Als konspirativer Gestapomann tarnte er sich als „Regierungsrat".

Ein wildes, mörderisches Leben, dann ging Herbert Zimmermann an sich selbst zugrunde. Gestapo, SS, Werwolf, dann in der Sowjetzone Ausbildung und Zweitstudium unter Falschnamen, um seine Familie zu ernähren, schließlich vier Haftbefehle wegen Mordaktionen im Osten – das reicht für mehrere Leben sowie ein dramatisches Kinodrehbuch. Nur ein Jahr wohnte der spätere SS-Obersturmbannführer Herbert Zimmermann in Münster, dann schon wurde er an seinen nächsten Einsatzort versetzt.

Das Haus gehörte dem gemeinnützigen Wohnungsbauverein. Dieser unterhielt einen Wohnungsbestand in verschiedenen Größen, was für die ständig versetzten Beamten und Soldaten sehr praktisch war. Kriterium für Weiterversetzung samt Beförderung war in SS-Kreisen „hartes Durchgreifen", und dieser Ruf eilte Zimmermann dann schon zur nächsten Dienststelle voraus. Daher sind diese schnellen Stellenwechsel gemäß dem Motto „europaweit mobil und flexibel" keine Erfindung der heutigen Zeit. Eine Besonderheit im Kriegsverlauf waren im Bereich der Intensivtäter die stetigen Wechsel zwischen „Schreibtischtaten" und direktem Einsatz bei Mordaktionen.

Zimmermanns Gestapo-Posten in Münster war die „staatspolitische Leitsstelle" für das Sachgebiet „Emigranten". Im Klartext kann das mit „Vertreibung der Juden" übersetzt werden. Nach außen trug Zimmermann den Titel „Regierungsrat", was

Freispruch dritter Klasse: Herbert Zimmermann (hinten) mit Verteidiger.

wesentlich friedlicher klang als der den entsprechende Grad „SS-Sturmbannführer".

Diese Doppeltitel boten auch die Möglichkeit, je nach Imponierbedürfnis, Konspiration oder Drohgebärde einen der beiden Titel zu verwenden. Offensichtlich hatte er sich in Münster schnell entsprechend profiliert, denn schon 1940 wurde er Chef der Gestapo Bremen. Nach 1954 gelang den Gerichten trotz erheblicher Bemühungen keine Verurteilung; es reichte immer nur zum „Freispruch dritter Klasse" mangels absoluter Beweise. Die dem Angeklagten vorgeworfenen Taten geschahen immer in chaotischen Rückzugssituationen. Das kam Zimmermann stets zugute, den er konnte immer auf den „mobilen großen Unbekannten" verweisen, der im allerletzten Moment auftauchte und die Morde begangen hat. Als Beispiel kann der Bericht vom Rückzug aus Bialystok 1944 dienen. Das Gefängnis, das Zimmermann unterstand, sollte geräumt werden. 100 Gefangene wurden auf einen Lastwagen verladen; auf einem Feld wurden sie herausgetrieben und dabei erschossen. Auf einer Kiste saß ein SS-Oberscharführer, dem ein anderer gefüllte Magazine anreichte. Beide waren für das Gericht unerreichbar: Der eine war 1946 in Polen aufgehängt worden, der andere verstarb 1957 friedlich im Bett. Zimmermann konnte daher alles mit Nichtwissen bestreiten.

Herbert Zimmermann, geb. 22. August 1907 Eisleben, Freitod 31.12.1965 Brackwede — 1933 Staatsanwalt, dann Verwaltung Merseburg; 1937 Regierungs-Assessor Reichsinnenministerium; 1938 Leiter Sachgebiet Ausbürgerungen beim Reichsführer-SS; August 1939 Gestapo Münster als Leiter

Sachgebiet „Emigranten"; 1940 kommissarischer Leiter der Staatspolizeistelle Bremen; 1942 Leiter der Dienststelle des Kommandeurs der Sicherheitspolizei und des SD im Bezirk Bialystok, 1943 Oberregierungsrat/Obersturmbannführer, Juli 1944 in Königsberg Inspekteur des Zollgrenzschutzes bei der Heeresgruppe Mitte; November 1944 Kommandeur der Sicherheitspolizei und des SD „Westmark"; 1945 dgl. für Baden-Elsaß mit Dienstsitz Karlsruhe, April 1945 Dienststellen-Verlegung nach St. Peter/Schwarzwald, dann Werwolf-Führer und Planungen eines Guerillakriegs nach alliierter Besetzung in der Schluchsee-Gegend, zuletzt mit Sekretärin, Juni – November 1945 französische Kriegsgefangenschaft, Flucht zur Familie nach Torgau; vergebliche illegale Arbeitsuche in den Westzonen; 1946/47 Zimmermannslehre in Thüringen; 1947–1950 Ingenieur-Studium Bauschule Hagen; 1950 nach Amnestie für Falschnamenträger wieder Klarname, 1950–1953 Tiefbauingenieur; 1954–1957 Rechtsanwalt in Kiel; 1954 sieben Monate Untersuchungshaft und Freispruch mangels Beweisen wegen Erschießung des Polizeimajors Restorff im April 1945 wegen dessen Weigerung zur Einschleusung dreier Werwolf-Angehöriger in die Freiburger Polizei; 1957 Strafverteidiger-Kanzlei in Bielefeld; 1959 sechs Monate Untersuchungshaft, dann Freispruch mangels Beweisen vom Vorwurf des Mordes an 100 Personen 1944 in Bialystok; 1961–1963 dritte Untersuchungshaft; Entlassung aus Gesundheitsgründen, 1965 Freitod bei der vierten Verhaftung wegen Teilnahme an 15.000-facher Tötung in Bialystok.

16. GERTRUDENHOF –
Warendorfer Straße/Ecke Kaiser-Wilhelm-Ring

Vor der Deportation wurden Münsters Juden hier zusammengetrieben und ausgeraubt.

Während Mitte Dezember 1941 in Münsters Stuben Weihnachtslieder geübt und Wunschzettel geschrieben wurden, vollzog sich hier einer der Tiefpunkte der Stadtgeschichte. Der Gertrudenhof, Kino, Versammlungsraum und Biergarten, wurde für den 11.

und 12. Dezember 1941 von der Gestapo beschlagnahmt, um Münsters Juden vor ihrer Deportation Richtung Osten zusammenzutreiben. Ziel war das Ghetto Riga, das einem Vernichtungslager gleichkam. Weil die Deportierer Proteste münsterischer Bürger befürchteten, wurde angefragt, ob für einen diskreten Transport ausnahmsweise einige Straßenbahnen zu Verfügung gestellt werden könnten. Dazu kam es nicht, weswegen der Weg zu den Gleisen zu Fuß angetreten wurde.

Von circa 700 jüdischen Mitbürgern wanderten 264 aus, 299 wurden deportiert, von denen nur 24 überlebten. Heute erinnert eine Gedenktafel daran; der Gertrudenhof wurde in den 70 er Jahren abgerissen. Zwanzig Jahre später ergriff Oberbürgermeister Jörg Twenhöven die Initiative und lud die in aller Welt lebenden jüdischen Münsteraner zu einem Besuch der Stadt ein.

17. KARL BARTH – Warendorfer Straße 73

Abgerissen wurde 2005 das Haus des weltbekannten Theologen.

„Das Haus des bedeutendsten evangelischen Theologen des vergangenen Jahrhunderts verschwindet – und keiner merkt es", formulierten die „Westfälischen Nachrichten" im Juni 2005, als das schöne Gründerzeithaus plötzlich abgerissen worden war. „In anderen Städten wäre das Haus Station von Stadtrundfahrten samt Anbringung einer Bronzetafel mit Hinweis auf den berühmten Bewohner." Barth wurde auch außerhalb theologischer Kreise durch die „Barmer Erklärung" der „Bekennenden Kirche" vom Mai 1934 bekannt. Diese wendete sich energisch gegen die NS-gesteuerten und übermächtig gewordenen „Deutschen Christen" (DC). Die

„DC" sahen sich als Vorposten des evangelischen Glaubens im NS-System und dokumentierten das auch durch ihre Flagge; ein Kreuz mit Hakenkreuzemblem und „DC". Seit 1933 stellten sie den „Reichsbischof" („Reibi"), dessen Funktion darin bestand, protestantischer Vertrauensmann des Führers zu sein und diesem vorauseilend zuzuarbeiten, indem er regimekritische Pfarrer entließ. Theologisch gerechtfertigt sahen sich Barth wie auch Martin Niemöller (siehe S. 98) auf Basis des von der evangelisch-lutherischen Kirche definierten Bekenntnisnotstandes, der dann vorliegt, wenn sich die Kirchenoberen vom lutherischen Bekenntnis entfernen. Aus Göttingen kommend mußte Barth 1925 zunächst seine Familie dort zurücklassen, weil der Verkauf seines Göttinger Hauses stockte. Zusätzlich schwierig war, daß – damals wie heute – Münsters Immobilienpreise die in Göttingen erheblich überstiegen. Somit zog er erst mal provisorisch auf die Warendorfer Straße. 1926 gelang endlich der Verkauf in Göttingen und Familie Barth bezog ein Haus nahe dem Aasee. In den Abrißtagen 2005 fanden Anwohner auf dem Dachboden einige Sachen, die sie Barth zuschrieben, und das, obwohl Reliquien im protestantischen Bereich unüblich sind.

Karl Barth in den 60 er Jahren.

Karl Barth, geb. 10. Mai 1886 Basel, gest.10.12.1968 ebd. — 1909 Hilfsprediger Genf, 1911–1921 Pfarrer in Safenwil/Aargau, 1923 Professor Göttingen, 1925 Münster, 1930 Bonn, 1934 Bekenntnissynode Barmen, Mitformulierer der „Theologischen Erklärung zur gegenwärtigen Lage der Deutschen Evangelischen Kirche", Wahl in den Reichsbruderrat der Bekennenden Kirche u. a. mit Martin Niemöller, Oktober 1935 Protest gegen Judenverfolgung, Verlust der Bonner Professur wegen Beamteneidverweigerung auf Hitler, Übersiedlung nach Basel, 1946 Gastvorlesungen in Bonn und Münster.

18. FRITZ SCHMIDT-MÜNSTER – Rudolfstraße 3

Sein Tod war einer der spektakulärsten in der NS-Zeit und ist bis heute nicht geklärt. Freitod oder Unglücksfall; dazu hatte jeder seine eigene Theorie. Tatsache war, daß Fritz Schmidt-Münster nachts auf einer Bahn-Dienstreise aus dem fahrenden Zug fiel und tot bei Chartres neben den Gleisen gefunden wurde. Allseits war bekannt, daß er Krach mit diversen NS-Funktionären hatte, Alkoholiker war und insgesamt als „amtsmüde" galt. Aber ein „Aus-dem-Zug-Springen" zwecks Eigentötung erschien sonderbar, da es auch mit schwersten Verletzungen oder mit weicher Landung enden konnte. Eine andere Auffassung vermutete ihn so schwer betrunken, daß er die Zugtür mit der WC-Tür verwechselte. Verschwörungsvermuter sahen Hitlers Allzwecksekretär

Das Haus Rudolfstraße 3 befindet sich an der rechten Bildkante und wurde im Krieg zerstört.

Mysteriöser Tod eines amtsmüden Alkoholikers im Jahr 1943: Fritz Schmidt-Münster.

Bormann als Anstifter zum Mord, dessen Abneigung gegen Schmidt-Münster in Parteikreisen bekannt war. Schnell wurden die Blutspuren an der Außenseite des Zuges beseitigt. Eine polizeiliche Untersuchung erfolgte nicht, stattdessen wurde im Schloß zu Münster eine pompöse Trauerfeier mit anschließendem Begräbnis auf dem Waldfriedhof Lauheide angesetzt. Von 1934 bis 1939 war Fritz Schmidt-Münster in der Gauhauptstadt tätig. Typisch für die NS-Bürokratie war eine beträchtliche Ämteranhäufung in einer Person: Schmidt war 1934 bis 1936 Kreisleiter für Münster-Stadt und als Leiter der Landesstelle des Reichspropagandaministeriums sowie Gaupropagandaleiter hatte er direkten Kontakt nach Berlin. 1938 wurde er in den Stab des Führer-Stellvertreters Heß berufen. Aufgrund seines Rednertalentes war er auch noch als Gauredner aktiv, unterstand also direkt Goebbels. Sein Status als Ratsherr in Münster war dagegen nur Dekoration.

Fritz Schmidt-Münster, geb. 19.11.1903 Eisbergen/Landkreis Minden, 26. Juni 1943 Sturz aus fahrendem Zug bei Chartres/Dep. Eure-et-Loir — 1919 Verweis vom Gymnasium wegen elterlichen Geldmangels; 1919–1922 Fotografenlehre, 1922–1926 Wehrdienst, 1929 NSDAP, 1926–1934 Fotogeschäft; Kreisleiter Minden 1931–1934; 1934–1936 Kreisleiter Münster-Stadt, 1937 SA-Obersturmbannführer, Landeskulturwalter und Leiter des Reichspropagandaamtes Gau Westfalen-Nord; 1940 als einer von vier Generalkommissaren in den Niederlanden einer von Reichskommissar Seyß-Inquarts unmittelbaren Mitarbeitern, 1942 Protest des Bischofs von Utrecht gegen Judenverfolgung, Verhaftung und Deportation der niederländischen Juden. Einführung widerwärtiger Provisionszahlungen an niederländische Polizisten für Judenergreifungen. Sein Bruder Wilhelm (1898–1945), ebenfalls Vater von vier Kindern, hatte ähnliche Positionen. Auch sein Tod ist mysteriös: Im englischen Lager Recklinghausen wurde er entweder von Bewachern erschlagen oder beging wegen der Mißhandlungen Suizid.

19. WERNER BRAUNE, ALEXANDER LANDGRAF, LUDWIG HAHN – Gutenbergstraße 17

Als angewandte Perpleptik kann man bezeichen, was der ehemalige münsterische stellvertretende Gestapoleiter Werner Braun 1948 im neunten von zwölf Nürnberger Nachfolgeprozessen gegen die Einsatzgruppenführer im Osten von sich gab: „Die Juden mußten umgebracht werden, weil es sonst eine Hungersnot mit Seuchengefahr gegeben hätte." Braune hoffte wohl, die Richter würden nicht merken, daß diese Lage erst durch die deutsche Okkupation entstanden war. Das Todesurteil kam im April 1948, doch die Hinrichtung folgte erst einmal nicht. Die insgesamt 21 verurteilten Hochfrequenzverbrecher, darunter auch Walter Blume (siehe S. 15), waren im Landsberger Gefängnis, in dem auch schon Hitler in den 20er Jahren seine Komforthaft abgesessen hatte. Anfang 1951 ließ sich der amerikanische Hochkommissar John McCloy die Prozeßunterlagen vorlegen. Der kalte Krieg war in Korea heißgelaufen und man wollte die Deutschen als Verbündete. Auch die Franzosen hatten sich schon aus der Konkursmasse des „dritten Reichs" bedient: Im Indochina-Kolonialkrieg wurde mit vormaliger SS gekämpft. Daher war der Zeitgeist soweit, auch NS-Schwerverbrecher freizulassen. McCloy reduzierte die Urteile der meisten; bei vieren nicht – hier befahl er die schnelle Exekution, wozu auch Braune gehörte. In den dreißiger Jahren hatte Braune die übliche Juristenkarriere bei der Gestapo begonnen. Die Gestapo nahm gerne Juristen, da in diesem Studium stures Befolgen von Gesetzesnormen ohne Hinterfragen von Konsequenzen das freie Denken beendet. Bezahlung und Sozialleistungen waren besser

Der Machtbereich der Gestapo Münster reichte weit: Bis zur niederländischen Grenze mit Nordseeinseln, den Räumen Osnabrück, Lipperland, Minden und Bielefeld sowie dem nördlichen Ruhrgebiet.

1951 wegen seiner Verbrechen im Osten hingerichtet: Werner Braune.

Alexander Landgraf gelang es später im Strafverfahren, seinen Dienstbeginn in Münster 1942 auf 1943 zu verlegen.

als beim Start als Rechtsanwalt. Als Sachbearbeiter bewährte Braune sich, daher wurde er von 1938–1940 stellvertretender Leiter der Gestapo Münster. Zeitgenossen sagten, daß man in der Stadt die Gestapoleute überhaupt nicht kannte, zumal sie nicht am gesellschaftlichen Leben der Stadt teilnahmen, sondern eine Sekte unter sich blieben. Den Stellvertreterposten füllte Braune aus; 1940 bekam er den Chefposten der Gestapo Koblenz. Die Gestapoleitstelle Münster umfaßte einen größeren Machtbereich, als ihr Name vermuten ließ. Sie umfaßte das Gebiet Nordseeinseln, Niederlande, Lipperland, Ostfalen einschließlich Bielefeld/Minden und das nördliche Ruhrgebiet. Der Gebietsgröße entsprechend wurde noch kurz vor Schluß 1945 die „Chefbezeichnung" geändert: Statt „Leiter der Gestapo-Leitstelle" war der imposante Titel jetzt „Kommandeur der Sicherheitspolizei und des SD Westfalen-Nord". Faktisch war es aber ein Placebo, weil sich zeitgleich zum neuen Titel das Herrschaftsgebiet schnell verkleinerte. Mit 120 Beamten war Münster auch personell doppelt so stark wie die anderen Leitstellen, die mit 40–50 Leuten auskamen. Grund dafür war die Eindämmung des katholischen Widerstandes, da es in Westfalen besonders viele widerspenstige Geistliche gab. Hinzu kam als weitere Risikozone die Nähe zur niederländischen Grenze, wo man Warenschmuggel und Agententransfers verhindern wollte. Auch war die Gestapoleitstelle Durchlauferhitzer für die Mordkommandos in Osteuropa. Worte wie „vernichten", „ausmerzen" oder „auslöschen" hatten hier den Wohlklang von Tugenden.

Vier aus diesem Hause (Bast, Braune, Schöngarth; Herbert Zimmermann) zogen nur kurz nach ihrer Gestapozeit in Münster gen Osten und die Mediokrität wurde zur Bestie. Nach dem Krieg gab es ab 1960 auch gegen die lokale Gestapo-Chefebene aufwendige Ermittlungen wegen der Tötungen von Zwangsarbeitern. Diese mußten wegen Verjährung weitgehend ergebnislos eingestellt werden. Auch war nicht beweisfest zu klären, wer wann wo war. Auch wer wem wann was befehlen durfte, also die Dienstkompetenzen, blieb unklar. Bei den Befragungen zur Bestimmung der zeitlichen Zuordnungen versuchte jeder, seine eigene Zeit bei der Gestapo Münster als möglichst kurz dazustellen, während die der Vorgänger oder Nachfolger entsprechend länger gewesen sein sollte. Da auch die Aktenlage widersprüchlich war, konnte beim letzten Leitstellenchef Landgraf nur angenommen werden, er sei schon im Oktober 1942 statt erst Oktober 1943 von Straßburg nach Münster versetzt worden. Sogar die Witwe seines Vorgängers wurde vergeblich danach befragt.

Auch blieb unklar, wann der mächtige Ludwig Hahn nach Münster kam, der reichsweite „Durchsetzer" der letzten Tage.

Das gefährliche Babyface hatte seit 1939 eine Blutspur von Polen nach Griechenland gezogen. Anschließend war Hahn Spezialist für Kriegs-Problemzonen wie Weichsel 1944 oder Ardennen 1945. Zuletzt hatte er Mitte Februar in Dresden nach der Totalzerstörung die Verwaltung organisiert; sein nächster Auftrag war Münster: Bei bevorstehender Frontnäherung sollte er Münsters Gestapo auf Kurs halten. Landgraf erklärte, Hahn hätte plötzlich schon Herbst 1944 in seinem Büro gestanden; mit einigen Unterbrechungen sei er bis Kriegsende in Münster gewesen. Das war geschickt, denn damit suggerierte Landgraf auch für diesen Zeitraum seine eigene Machtlosigkeit. Landgraf beschrieb Hahn als Chef der Dienststelle an der Gutenbergstraße; Hahn wiederum beschrieb seine Tätigkeit als außerhalb des Gestapo-Tagesgeschäfts. Er habe in der Phase des Rückzugs „für Ordnung gesorgt" und Fahnenflucht gestoppt. Außerdem sei er mobiler Unterstützer des Gauleiters Meyer bei regionalen Abwehrfragen beim Rückzug gewesen. Unstreitig war nur, daß Hahn in Münster die Gestapo Münster mit der Kripo Recklinghausen vereinigte und dadurch „Kommandeur der Sicherheitspolizei und des SD Westfalen Nord" wurde. Auch stand fest, daß er das Finale bis Ostern 1945 dirigiert hatte. Dabei spielte das Datum des 29. März 1945 eine wichtige Rolle, der Tag der Erschießung der 17 Zwangsarbeiter im Zwinger (siehe S. 10). Landgraf erklärte, die ganze Gestapo Münster sei an diesem Tag schon in Auflösung gewesen: Alle wollten an diesem Tag mit Autos und Fahrrädern angesichts der nahenden Front verschwinden. Plötzlich sei Kommandeur Hahn erschienen und habe alle in Richtung „Münsters Ostfront" befohlen: Über die Warendorfer Straße zur Kampfstellung im Waldstück hinter dem Dortmund-Ems- Kanal. Am 8. April habe der dortige Kampfkommandant wegen Artilleriemangels den Einsatz an Münsters Ostrand beendet. Bei Kriegsende Ostern 1945 war allerdings doch noch jemand an der Gutenbergstraße bei der zeitüblichen Beschäftigung der Aktenverbrennung, während das Gebäude als erster Stahlskelett-Bau in Münster die Bomben gut überstanden hatte.

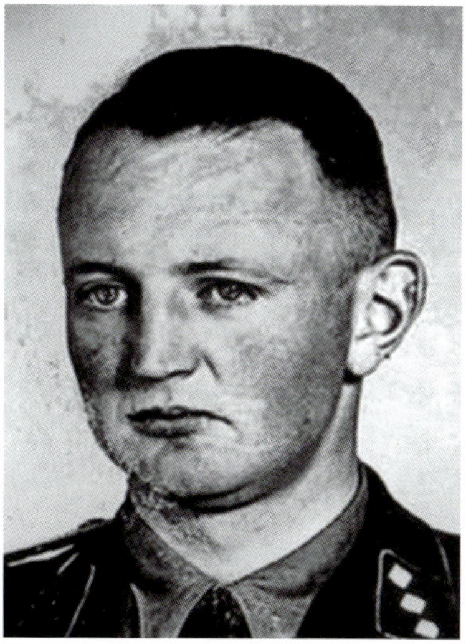

Als die Gestapo Münster nicht mehr an den Endsieg glaubte und sich verdrücken wollte, erschraken alle: Plötzlich stand Ludwig Hahn an der Gutenbergstraße.

Werner Braune, geb. 11. April 1909 Mehrstedt/Thüringen, hingerichtet 7. Juni 1951 Landsberg am Lech — 1934 Sachbearbeiter beim Sicherheitsdienst (SD) des Reichsführers SS (RFSS), 1938–1940 stellvertretender Leiter Gestapo-Leitstelle Münster. 1940–1941 Leiter Gestapo-Leitstellen Koblenz, Wesermünde, 1941 Halle, Oktober 1941 – September 1942 Leiter Einsatzkommando 11b der Einsatzgruppe D (Bruder Fritz Leiter Einsatzkommando 4b der Einsatzgruppe C), 1942–1943 gleicher Posten in Halle, 1943 Obersturmbannführer, 1943–1944 Leiter des Deutschen akademischen Austauschdienstes (DAAD), 1945 Kommandeur Sicherheitspolizei und SD Norwegen, 1945–1948 Kriegsgefangenschaft, 1948 Todesurteil, 1951 Hinrichtung.

Alexander Landgraf, geb. 20. Mai 1906 Lorsch/Hessen, gest. nach August 1963 — 1934 Gerichtsassessor Polizeidirektion Darmstadt, 1936 Leiter Gestapo-Leitstelle Wesermünde, 1937 dergl. Karlsruhe, 1941 Stab Befehlshaber der Sicherheitspolizei (BdS) Straßburg, Februar-September 1942 Gestapo beim BdS Ostland in Riga, September 1942 Obersturmbannführer, Oktober 1942 bis Ende März 1945 Leiter Gestapo-Leitstelle Münster, 1945–1953 Gelegenheitsarbeiter, 1953 Anstellung Bezirkssparkasse Seligenstadt, 60er Jahre Ermittlungsverfahren wegen Tötungen eingestellt.

Ludwig Hahn, geb. 23. Januar 1908 Eitzen Kreis Uelzen, gest. 10. November 1986 Hamburg — 1935 Referent Sicherheitshauptamt Reichsführer-SS, 1936 stellvertretender Leiter Gestapo Hannover/Referat Wirtschaft, 1937–1940 Leiter Gestapo Weimar, 1938 SS-Sturmbannführer, dazwischen 1939 Einsatzgruppe I Polen, 1940 Kommandeur Sicherheitspolizei und SD Krakau, 1940/41 Deutsche Gesandtschaft Preßburg als Berater des slowakischen Innenministers für Verwaltung und Polizei, April 1941 Balkanfeldzug und Kommandeur Einsatzgruppe Griechenland, August 1941 Kommandeur Sicherheitspolizei Warschau, 1942 Deportation von 300.000 Juden nach Treblinka, 1943 Vernichtung Ghetto Warschau mit Jürgen Stroop (siehe S. 11), 1944 Regierungsdirektor/SS-Standartenführer/Niederschlagung Warschauer Aufstand, November/Dezember 1944 Ardennenoffensive, Januar 1945 Sicherungsaufgaben Heeresgruppe Weichsel, Mitte Februar 1945 Stab des HSSPF Dresden, März 1945 Kommandeur Sicherheitspolizei/SD Westfalen-Nord Münster, 1945–1949 Landarbeiter mit Falschnamen Bad Eilsen, 1949–1951 wieder Klarname, Textilverkaufsleiter Wuppertal, 1951–1960 Versicherung, zuletzt Prokurist Hamburg, 1960 Verhaftung, 1961 Freilassung, 1965–1967 Untersuchungshaft, 1967–1972 freier Versicherungsmakler, 1972 Prozeß Landgericht Hamburg, 1973 Urteil zwölf Jahre, 1975 zweiter Prozeß Hamburg, lebenslang, 1983 Haftentlassung.

20. ALBERT HILLEBRAND, AUSWEICHRATHAUS FRANZISKUS-HOSPITAL – Hohenzollernring 72

Bereits vor der Zerstörung der Stadtverwaltung an der Klemensstraße/Ecke Prinzipalmarkt wurden immer mehr Teile der Stadtverwaltung über das Stadtgebiet verteilt oder nach außerhalb verlegt. Viele Dienststellen mieteten auch gewöhnliche Wohnungen, was unter ausgebombten Münsteranern für Ärger sorgte.

Nach der Totalzerstörung des historischen Rathauses und der Stadtverwaltung wurde ein Teil des Franziskus-Hospitals zum „Ausweichrathaus" umfunktioniert und somit letzter Dienstsitz von Oberbürgermeister Albert Hillebrand (geb. 29.10.1889 Barmen, gest. 10.3.1960 Münster). Beim Befehlsbunker hinter dem Hauptgebäude wurde er im April 1945 von den Alliierten verhaftet. Diese lobten später, Hillebrand sei der einzige deutsche Oberbürgermeister,

Nach der Totalzerstörung der Innenstadt wurde das Franziskus-Hospital zum Ausweichrathaus. Der Befehlsbunker lag hinter dem Gebäude und wurde um 2000 für eine Bauerweiterung beseitigt.

der nicht von seinem Posten geflüchtet war. Eine Beurteilung seiner Amtsführung kann nicht von einer Mitschuld an den Deportationen getrennt werden. Es war eine Eigentümlichkeit der Vernichtungsbürokratie, daß diese die Deportationen stets durch mobile Beamte ohne Bezug zur jeweiligen Stadt durchführen ließ und die Oberbürgermeister dabei einflußlose Statisten waren. Der Grund dafür lag in deren lokaler Verwurzelung, wegen deren man Proteste nicht für ausgeschlossen hielt. Jedoch sofort danach bekamen die Oberbürgermeister und die Stadtverwaltungen eine spezielle Aufgabe: Die Hehlerei mit dem zurückgelassenen Eigentum. Die Wohnräume wurden von der Verwaltung (siehe S. 21) zugunsten Parteigenossen und Ausgebombten verwertet; um die Einrichtungen zankten sich Wohnungsauflöser, Antikhändler und Spediteure. Ältere Münsteraner erinnern sich noch an die Umstände des Amtsbeginns 1933 des zwei Meter großen ehemaligen Steueroberinspektors und vormaligen Freikorpskämpfers (Organisation Escherich). In jenen Tagen war er derart betrunken, daß er komatös alkoholisiert vor dem Rathaus lag. Vorher hatte er sich vor der Theke bei Stuhlmacher Erleichterung verschafft und bekam dafür Hausverbot. Während der Kriegsjahre erwarb er sich dann Ansehen, als er das in einer Kriegsstadt Notwendige veranlaßte. Zu einem Strafverfahren kam es nach 1945 nicht. In den 50er Jahren sah man ihn am Kanal als engagierten Ruderer beim Akademischen Ruderclub (ARC). Die lobenden Formulierungen seiner Familie im Nachruf, „Bewußte Verantwortung seiner ethischen Grundeinstellung“ sowie „bei der großen Humanitas seines

Heinrich Hoffmeister zeichnete Albert Hillebrand in den 50er Jahren; oben beim Akademischen Ruderclub, unten in der Uniform des Wirtschaftswunders.

NEKROLOG

ALBERT HILLEBRAND

Oberbürgermeister a. D. der Provinzial-Hauptstadt Münster
Leutnant d. R. d. Garde Fuß Art.
Inhaber d. Eisernen Kreuzes I. Klasse.

Der Heimgegangene war ein Mann, der sein Leben und seine Lasten in voller Verantwortung führte und trug. Er war mit allen guten Gaben des Geistes und der Seele ausgestattet. Wer in den Bann seiner Persönlichkeit geriet, wer das Lautere und Edle seines Charakters erkannte, in dem wird im Laufe der Zeit das Bild eines verehrungswürdigen, verehrten Menschen sich verdichten und fortleben.

Während der 12 Jahre, in denen er die Geschicke der Stadt Münster als Oberbürgermeister leitete, waren seine von Gerechtigkeit gegen jedermann geprägten Grundsätze der Verwaltungstätigkeit Vorbild für viele, denen er Lehrmeister war. Seine beruflichen Fähigkeiten, die Einheit von Intellekt und Tatwillen, nicht zuletzt seine brüderliche Lebensverbundenheit halfen ihm, sich bleibende Verdienste um Münster zu schaffen.

Besonders in den schweren Jahren des Krieges führte er sein Amt in bewußter Verantwortung seiner ethischen Grundeinstellung. So fanden die alliierten Truppen ihn als einzigen Oberbürgermeister Deutschlands mit seinem intakten Verwaltungsstab im Dienst vor. Der amerikanische General sprach ihm deswegen in ritterlicher Art seine Hochachtung aus.

In allen Situationen des Lebens, in denen der absolute Mensch sichtbar wird, in Hunger und Not, in Krankheit und Todesgefahr, bei Verlassenheit und menschlicher Treulosigkeit, in Gefangenschaft, Existenzlosigkeit und Armut zeigte er eine Haltung, die beispielhaft war.

Bei der großen Humanitas seines Wesens, bei seiner tiefen vaterländischen Verbundenheit und bei seinem Sinn für Tradition war etwas anderes als ritterliche Haltung gegenüber seinem Gegner nicht möglich. Dieses konnte er während und nach seiner Amtszeit oft unter Beweis stellen. Denn letztlich sprach er in allen Lagen des Lebens und des Berufes immer die Sprache des Herzens.

So konnte es denn auch geschehen, daß zum Schluß seines Lebens Aussagen menschlicher Freundschaft ihn überhäuften, und diese weit über die Grenzen Münsters hinaus bekundet wurden.

Nun ruht er „im Frieden seiner Hände" (Goethe) in dem Hain, der von ihm selbst geplant und gestaltet wurde, und den er so sehr liebte.

LUX PERPETUA LUCEAT EIS

Statt postmortaler Diskretion brachten die Angehörigen 1961 diesen Nachruf in Umlauf.

Wesens ... war etwas anderes als ritterliche Haltung gegenüber seinen Gegnern nicht möglich" mögen die Verfolgten jener Jahre als eine starke Zumutung empfunden haben (siehe folgende Seite).

21. HORST GROEPPER – Hohenzollernring 62

Ein aufregendes Datum war der Dienstantritt des Münsteraners an der deutschen Botschaft in Moskau: 11. September 1939, eine Woche nach Kriegsbeginn. Knapp drei Wochen zuvor hatten die bisherigen Langzeitfeinde, das Deutsche Reich und die Sowjetunion, einen Nichtangriffsvertrag geschlossen und damit die Westmächte völlig überrascht. Hinzu kam: Der wesentliche Vertragsinhalt blieb geheim. Gleichzeitig hatten beide in einem geheimen Zusatzvertrag Polen unter sich aufgeteilt. Die bei der Unterzeichnung in Moskau entstandenen Fotos des beschwingten Diktators Stalin mit Ribbentrop gingen um die Welt. An einem ebenfalls dramatischen Datum endete Groeppers erste Phase in Moskau: Am 22. Juni 1941, dem deutschen Angriff auf die Sowjetunion. Gemäß Kriegsvölkerrecht ist in Kriegsfällen üblich, daß das jeweilige Botschaftspersonal sofort und problemlos in den Endsendestaat zurückreist. Drei Mal war der gut russisch sprechende Groepper an der Moskauer Botschaft: Nach 1939 bis 1941, dann 1956 bis 1960 und schließlich als Botschafter pünktlich zum Kuba-Beinahe-Krieg 1962. Anfang und auch Ende seiner Botschafterzeit 1966 waren nicht ohne Töne in Moll. Den Botschafterwechsel von 1962 empfand

Vom Hohenzollernring nach Moskau und zurück: Horst Groepper.

man im Kreml als gezielte Unfreundlichkeit, weil man Groeppers Vorgänger besonders goutierte. Mit dessen burschikosem Auftreten fühlte man sich fast freundschaftlich verbunden und die Gespräche waren tiefgehender als im diplomatischen Floskelaustausch üblich. Während Groeppers Amtszeit kam es fast zu einem Eklat mit den in Protokollfragen empfindlichen Russen, als im Februar 1964 ein offzizelles Anschreiben der Bundesregierung an den Kreml durch den Fahrer mit einem Lieferwagen abgegeben wurde. Grund für sein Amtsende in Moskau war ein Stück bemaltes Holz. In den 60er Jahren wurde es in westlichen Ländern Mode, sich das Wohnzimmer mit Ikonen zu dekorieren, den auf Holz gemalten Heiligenbildern der orthodoxen Kirche. Auch Groepper sammelte diese Antiquitäten. Der Schwarzmarkt in Moskau wuchs immer mehr und die Russen zogen die Notbremse: Kontrollen an Flughäfen und Scheinhändler im Dienst des Geheimdienstes KGB sollten den Handel in finsteren Parkecken und den Ausverkauf stoppen. Im Spätsommer 1965 faßte die sowjetische Polizei eine Einbrecherbande, die nicht nur in Moskau auf Beutetour gewesen war. Eine Spur der weiterverkauften Sachen führte in die deutsche Botschaft. Groepper gab die Bilder sofort heraus. Wie im diplomatischen Verkehr üblich, bescheinigte das Moskauer Außenministerium dem Deutschen, er habe gutgläubig gehandelt. Aber das bedeutete lediglich die Aufforderung zu einen eleganten Abgang. Groepper wurde 1971 eine niederrangige Botschaft angeboten, die nach der Moskauer Großbotschaft ein Abstieg war. Auch hier hätte es in der kryptischen Diplomatensprache geheißen: Die Aufforderung zur Pensionierung. Aber Groepper akzeptierte den Posten inklusive Zurückstufung. Seine Beziehung zu Münster war nie abgebrochen, wo seine Mutter lebte, die als Kriegerwitwe von 1914 drei Kinder großgezogen hatte. Nach 1945 lebte der 1927er Abiturient des Realgymnasiums, also des neusprachlichen Zweigs (jetzt Ratsgymnasium), wieder in seinem Elternhaus am Hohenzollernring 62 und war ab 1947 als Rechtsanwalt tätig, bis es wieder den auswärtigen Dienst gab. 1985 hielt er bei der Burschenschaft Franconia an der Himmelreichallee einen Vortrag mit der Forderung einer gesamtdeutschen Neutralität als notwendige Voraussetzung für die Wiedervereinigung. In der Halböffentlichkeit wurde er zuletzt 1989 beim Abituriententreffen des Ratsgymnasiums (Randalia-Farbenfest) im Aegidiihof gesehen, wo der filigrane weißhaarige 90-jährige Herr ehrfürchtig wie eine wertvolle Porzellanstatue umkreist wurde.

Dreimal an der deutschen Botschaft Moskau: Horst Groepper.

Horst Groepper, geb. 17. Juni 1909, Kiel gest. 31. Dezember 2002 Bonn — 1934–1937 Hilfsarbeiter im Reichsjustizministerium, 1938 Richter Landgericht

Münster, 1939–1941 Legationssekretär, dann erster Sekretär Botschaft Moskau, 1941–1944 Berlin, zuletzt Legationsrat, 1944 Soldat, 1945 amerikanische Kriegsgefangenschaft, 1947–1952 Rechtsanwalt Münster, 1952–1954 Auswärtiges Amt Bonn, 1953–1956 Wien, zuletzt Gesandtschaftsrat 1. Klasse, 1956–1960 Botschaftsrat Moskau, 1960–1962 zentrales Europareferat, dann stellvertretender Leiter der Ostabteilung Bonn, zuletzt Ministerialdirigent, 1962–1966 Botschafter Moskau, 1966–1968 Botschafter Ankara, 1968–1972 Ministerialdirektor Bonn, 1972–1973 Botschafter Dublin, 2002 Buch über Bismarcks Rückversicherungsvertrag.

22. MANFRED-VON-RICHTHOFEN-STRASSE 8–12
Hohenzollernring 40–48

Unter Denkmalschutz steht der Gebäudekomplex am Hohenzollernring.

Der 60.000-Quadratmeter-Baukomplex gilt als typisches Beispiel der NS-Architektur, obwohl er viele typische Stilelemente dieser Zeit gerade nicht aufweist: Er ist kein dunkler Klotz und daher keine Einschüchterungsarchitektur. Auch fügt sich die Höhe des Baus gut in die Umgebung ein. Die schlanken Säulen am Eingang Hohenzollernring wirken einladend, und mit dem hellen Anstrich mit großzügigen Hof- und Grünflächen sind sogar südländische Ansätze erkennbar. Architekt war Ernst Sagebiel, der durch prominente Berliner Bauten bekannt ist: den Flughafen Berlin-Tempelhof und das monströse Reichsluftfahrtministerium (jetzt Bundesfinanzministerium). Umgangssprachlich wurde das Gebäude „Luftwaffengau" genant, eine Bezeichnung, die noch Jahrzehnte nach dem Krieg vorhielt. Korrekt war es bis 1945 Sitz des Luftgaukommandos VI. Den Krieg überstand der riesige Baukomplex unzerstört, wie auch seltsamerweise fast sämtliche münsterischen Kasernen nicht bombardiert wurden. Somit wäre ausgerechnet der „Luftwaffengau“ ein guter Schutzraum gewesen. Auch ansonsten lebte es sich dort nicht schlecht. Zu Weihnachten 1940 gab es für alle fette Beute aus Frankreich: Neun Flaschen Sekt, Mehl, Butter, Kaffee, Tee und Süßes. Auch samstags ging man einer auch heute beliebten Beschäftigung nach: Einkaufen in Holland. Für die Dienstwagenbenutzung mußte lediglich ein dienstlicher Grund passend gemacht werden. Nach einer Zwischennutzung als Reichsbahndirektion/Bundes bahndirektion war es ab 1957 Dienstsitz eines der „Urväter“ der Bundeswehr, der vorher ein bekannter Kampfflieger war. Martin Harlinghausen baute hier als Kommandierender General der Luftwaffengruppe Nord von 1957 bis 1961 die neue Luftwaffe auf. Vorher war er einer der prominentesten Kampfflieger. Diese galten als „Ritter der Lüfte“, weil die Luftduelle als Kämpfe Mann gegen Mann ohne Kriegsverbrechen galten. Außerdem hatten sie auch bei Hitler-Gegnern ein beträchtliches Ansehen als Verteidiger der Heimat gegen alliierte Bombenangriffe. In Harlinghausen verband sich die Kombination aus neuen Ideen mit dem Bestreben zur Kriegsbeendigung. Im Seekrieg gegen England versuchte er eine Verbesserung des Verhältnisses von traditioneller Marine zur neuen Luftwaffe, um eine günstige Position für ein Kriegsende durch Verhandlungen mit England zu erreichen. In einem frühen Stadium kam ihm die Idee, Englands noch schlecht geschützte Kriegsflotte im Hafen mit Torpedos zu versenken, was bei den leeren Schiffen auch relativ wenig Menschenleben gefordert hätte. Damit konnte er sich nicht durchsetzen, später dämmerte den Engländern die Gefahr, der sie entgangen waren, und sie sicherten ihre Flotte mit Torpedonetzen. Später entwickelte Harlinghausen das riskante „Steckrübenverfahren“, bei dem das gegnerische Schiff mit hoher Geschwindigkeit überflogen wurde, nachdem der Bombenabwurf unter genauer Berechnung von Zeit und Entfernung erfolgte. Einmal überflogen sie das englische Schiff so tief, daß der Flaggenknopf der Mastspitze gepackt werden konnte, eines der eigenartigsten Erinnerungsstücke des Kriegs.

Mit Tropenhelm beim Afrikakorps.

1941 gab es zwei Bruchlandungen mit fast tödlichem Ende, einmal mit Gefahr des Verdurstens, einmal des Ertrinkens. Im Januar verflog sich Harlinghausen mit Besatzung über der Wüste Benghasi und mußte nach zehn Stunden in der Luft wegen Spritmangels eine Bauchlandung im Sand hinlegen. Die Besatzung irrte in der Wüste umher. Zuerst entdeckte ein Suchflugzeug das Flugzeugwrack, die Besatzung halbverdurstet vier Tage später. Im November wurde Harlinghausens He 111 über der irischen See von einer englischen Schiffsbesatzung durchlöchert. Bis zur bretonischen Küste gelang es die Maschine in der Luft zu halten, dann war die Bruchlandung unvermeidlich. Französische Fischer zogen die Besatzung aus dem novemberkalten Atlantik. Dazwischen, im März 1941, hatte Harlinghausen auf dem Berghof eine Kaffeestunde mit Hitler, die er zu einer Darstellung der Positionen im Mittelmeerraum nutzte, mit dem Hintergedanken, eine strategisch erfolgreiche Position zur regionalen Kriegsbeendigung zu schaffen. Harlinghausen empfand den Gesprächsverlauf als günstig, bis der zu seinem Ärger anwesende Außenminister Ribbentrop herausplatzte, er habe durch Agenten gehört, die Engländer betrachteten den Krieg gegen Deutschland als verloren. Harlinghausens kunstvoller Gesprächsaufbau war umsonst und er fragte sich staunend, ob Hitler nicht in der Lage war, solchen Gerüchten zu begegnen.

Nach seinem Dienstbeginn in Münster 1957 hatte er Anschluß an das gesellschaftliche Leben und gehörte auch zu den bekannteren Gesichtern der Stadt. Im Rotary-Club hielt er Vorträge über aktuelle Bezüge seiner Erinnerungen im Ost-West-Konflikt. Mit seinem Duzfreund, dem vormaligen Wehrbezirks-Adjutanten Bernhard Terrahe II, erörterte er häufig die Ost-West-Konfrontation im bevölkerten Mitteleuropa. Hinzu kamen Befürchtungen angesichts der Möglichkeit, daß die Amerikaner eines Tages Europa zugunsten des Pazifikraums verlassen könnten. 1982 feierte Harlinghausen in seinem früheren Dienstsitz im größeren Rahmen seinen achtzigsten Geburtstag mit dem militärisch-knappen Zusatz auf der Einladung: „Bitte keine Geschenke. Bin auf Jahre mit Büchern und Wein versorgt!" Zu später Stunde bekam er einen Befehl von ungewohnter Seite. Sein Arzt war unter den Gästen und ordnete des vitalen Generals Abmarsch an.

Ab 1957 war Martin Harlinghausen in Münster Befehlshaber der Luftwaffengruppe Nord.

Martin Harlinghausen, geb. 17. Januar 1902 Rheda bei Wiedenbrück, gest. 22. März 1986 — 1927 Schnellbootkommandant, dann Torpedobootflottille, 1931–1933 Pilotenschüler Warnemünde, 1934 Hauptmann, und Ausbildungsabteilung im Reichsluftfahrtministerium, 1937 Staffelkapitän Dievenow, 1937–1938 Kommandeur der Seeflieger Mallorca (Legion Condor), 1938 Major, 1938–1939 Generalstabs-Abschlußlehrgang Gatow, 1939 Fliegerkorps-Generalstabschef Hamburg, 1940–1943 Kampfflieger, Kanalküste und Fliegerführer Atlantik, dann Afrika, Mai 1940 Ritterkreuz nach 20. Schiffsversenkung, 1941 Oberstleutnant und Eichenlaub (als erster Kampfflieger und achter Wehrmachtssoldat) nach 26 Schiffsversenkungen, November 1941 britische Attacke über der irischen See mit anschließender Bruchlandung an der bretonischen Küste und Rettung durch französische Fischer, 1942 Generalmajor, Januar 1943 Kommandierender General des II. Fliegerkorps Mittelmeer, 1943–1944 ohne Kommando, 1944 Personal-Sparkommissar Italien, September 1944 Kommandierender General Luftgau Wiesbaden, Dezember 1944 Generalleutnant, April 1945 kommandierender General

Luftwaffenkommando West, 1945–1947 amerikanische Kriegsgefangenschaft, 1947–1957 Kaufmann in der Holzindustrie, 1957–1961 Generalleutnant und Befehlshaber der Luftwaffengruppe Nord Münster.

23. GERHARD BAST – Prozessionsweg 56

Was kann das Pferd für seinen Reiter – das kann man über das Haus Prozessionsweg 56 sagen. Gleich zwei Mieter waren SS-Intensivtäter. Als Vermieter hatte man bei der damaligen Wohnraumzwangsbewirtschaftung oft keinen Einfluß auf die Bewohner, sofern diese pünktlich zahlten und Ordnung hielten. Im Übrigen waren sie wegen ihrer langen Arbeitszeiten ohnehin selten zu Hause. Nach Münster versetzt wurde Gerhard Bast im Juli 1941 als soeben beförderter SS-Sturmbannführer, was dem Rang eines Majors der Wehrmacht entsprach. Von Dezember 1941 bis November 1942 war er der Praktiker der Deportationen aus dem Bereich, den die Gestapo Münster umfaßte. Persönlich beaufsichtigte er das Zusammentreiben und die letzte Ausplünderung der Juden im Gertrudenhof (siehe S. 107). Augenzeugen erinnern sich an schauerliche Szenen auf dem Weg zum Deportationszug, wo insbesondere die Älteren beschimpft und geschlagen wurden; in Erinnerung blieb dabei auch die Beteiligung des Gestapomanns Brodesser. Ob das brutale Vorgehen Antisemitismus oder einfach nur Sadismus war, mögen Psychoanalytiker ergründen. Auch bei den Hinrichtungen von Zwangsarbeitern, die auch wegen kleinerer Delikte hingerichtet wurden, war Bast stets anwesend. Der klappbare Falltisch, in den die Erhängten hineinfielen, kam als Leihgabe vom Institut für Anatomie der Universität und wurde anschließend mit Inhalt zurückgegeben. Eine Woche nach der ersten Deportation aus Münster begannen schon die Planungen für die nächste; jetzt allerdings ohne Sturmbannführer Bast. Wie viele andere Täter seines Kalibers war er manchmal akut „idyllbedürftig" und nutzte die dienstlichen Möglichkeiten einer „Flucht aus dem Alltag". Während auf Befehl der Gestapo Münster die nächsten Züge gen Osten rollten, war er im verschneiten Riesengebirge aktiv – als SS-Skilehrer. Wenige Jahre vorher, 1938, wohnte hier schon ein Kollege, der spätere SS-Standartenführer Karl Jäger (siehe S. 80).

Das Landgericht Münster erfuhr 1962 von der Staatsanwaltschaft Wien, daß Gerhard Bast schon 1947 ermordet wurde.

Gerhard Bast, geb. 12. Januar 1911 Gottschee/österr. Kronland, jetzt Slowenien, ermordet 9. März 1947 am Brennerpaß — 1935 Kreisgericht St. Pölten, dann Entlassung wegen nationalsozialistischer Aktivitäten, 1936 Rechtsanwalt, 1938–1941 Gestapo Graz (Abteilung Gegnerforschung und -bekämpfung), Linz, Koblenz, 1941 SS-Sturmbannführer und stellvertretender

Leiter Gestapo Münster, November/Dezember 1942 Führer Sonderkommando 11a der Einsatzgruppe D, 1943–1944 Leiter Gestapo Linz, Juni–Oktober 1944 Führer Sonderkommando 7a der Einsatzgruppe B als fünfter Nachfolger von Walter Blume (siehe S. 15), 1944–1945 Partisanenbekämpfung beim Befehlshaber der Sicherheitspolizei Pressburg, 1945–1947 als Knecht und Holzfäller in Südtirol versteckt, 1947 Tod durch Raubmörder Rudolf Grassteiner auf dem Weg nach Innsbruck zu seiner Familie, 1949 Urteil Täter 30 Jahre Haft, 1960 Ermittlungsverfahren und Haftbefehl Landgericht Münster, 1962 Todesnachricht der Staatsanwaltschaft Wien.

24. LEOPOLD SEDAR SENGHOR – Hoher Heckenweg, jetzt Wohngebiet Meerwiese

Seine Zeit in einem Kriegsgefangenenlager in Münster hatte Leopold Sedar Senghor auch Jahre später noch in guter Erinnerung.

Eine neu gebaute Wehrmachtskaserne, die von der Wehrmacht nie belegt wurde, ist selten. Ein Exemplar befindet sich am Hohen Heckenweg, dem jetzigen Wohngebiet Meerwiese. Diese Kaserne war 1939 fertig und wurde aber nicht mehr bezogen, weil die dafür vorgesehenen Einheiten direkt in den Krieg zogen. Statt dessen wurde sie Kriegsgefangenenlager, und zwar zunächst Offizierslager. Als ab 1941 die ersten Russen hinzukamen, wurde sie zum Mannschafts-Stammlager (Stalag). Einer der französischen Kriegsgefangenen war der spätere Staatspräsident des Senegal Leopold Sedar Senghor, der im Juni 1940 in deutsche Kriegsgefangenschaft geriet und 1943 wegen Krankheit freigelassen wurde. Bis dahin war er im Stalag f (Stammlager französisch). „Münster ist eine wunderschöne, eine liebenswerte, eine korrekte Stadt", formulierte er später und hatte dabei besonders die Innenstadt im Gedächtnis: „Sie hat wunderbar gewirkt auf mich." Internationale Bekanntheit erlangte das Lager später: Bei den Nürnberger Prozessen 1945 wurden auch Filmaufnahmen aus deutschen Lagern gezeigt. Darunter waren auch Szenen vom Hohen Heckenweg.

Leopold Sedar Senghor, geb. 9.10.1906 Joal-la-Portugaise bei Dakar/Senegal, gest. 20.Dezember 2001, Verson bei Caen/Normandie — 1928–1935 Lehramtsstudium Paris, anschließend Lehraufträge; 1939–1943 Soldat, 1945 Universitätsdozent Senegal.1948 Parteigründung „Demokratischer Block Senegal", Abgeordneter und Minister, 1960–1980 erster Staatspräsident Senegal; 1968 Friedenspreis des deutschen Buchhandels, bekanntester afrikanischer Dichter des 20. Jahrhunderts.

25. ERNST MIERIG – Sudmühlenstraße 172

Schon 1935 wußte Kreisleiter Mierig genau, was bevorstand, als er sein Haus an der damaligen Adresse „Werse 212" baute. Bombensicher sollte es sein. Das Erdgeschoß sollte jede Bombe überstehen und wurde daher äußerst massiv gebaut, während das Dachgeschoß als Pufferzone in Leichtbauweise entstand. Verkleidet wurde der Bau mit Klinkerstein, so daß man diese bewußten Qualitätsunterschiede von außen nicht sah. Im Keller war ein massiver Luftschutzbunker mit einer schweren Eisentür. Jedoch waren diese Planungen letztlich unnötig, weil die Alliierten stets dicht bewohnte Arbeiterviertel und historische Innenstädte bombardierten und nicht die ländliche Sudmühlenstraße. Über Handorf warfen sie Flugblätter ab mit der Parole: „Handorf wollen wir schonen, denn dort wollen wir wohnen!" Von 1938 bis 1942 hatte Mierig einen Kollegen als Nachbarn. Peter Stangier (siehe S. 73), stellvertretender Gauleiter, hatte sich das Bootshaus an der Werse, Ende Vennemannstraße, angeeignet, das vorher einer Studentenverbindung gehört hatte.

Schon 1935 richtete sich Kreisleiter Mierig auf Bombenangriffe ein.

Vor 1933 war Tiefbauunternehmersohn Mierig in Ostwestfalen als Landwirt und Immobilienmakler tätig Sein Parteibeitritt schon 1930 brachte ihm den Status eines „alten Kämpfers", was nach 1933 eine Garantie für einen höheren Posten war. In Münster wurde er Kreisleiter von Münster-Stadt von 1936 bis 1945. Dieses Gebiet vergrößerte sich 1938 um den Kreis Warendorf. Der neu entstandene Großkreis Münster-Warendorf umfaßte etwa 250.000 Einwohner. Seinen letzten großen Auftritt hatte Mierig im November 1944 bei der Vereidigung des Volkssturms, wo er mit markigen Worten tönte, Münster sei jetzt Frontgebiet. Im Februar 1945 wurde er bei einem Tieffliegerangriff verletzt; Ende April bis Ende 1946 war er im alliierten Lager Staumühle bei Paderborn, dann im Krankenhaus. Zwei Verfahren vor unterschiedlichen Gerichten gab es gegen Mierig, die 1948 und 1949 teilweise parallel liefen. Sehr unterschiedlich waren auch die Akteninhalte und Beweislagen: Im Juni 1948 tagte die Sonderstrafkammer des Landgerichts Münster. Angeklagt war Mierig wegen der Einweisung 1942 und Tod 1945 des Dechanten August Wessing aus Hoetmar bei Warendorf im KZ Dachau. Diesem war es gelungen, die Jugend seines Dorfes von den NS-Organisationen fernzuhalten, indem er ein attraktives Alternativprogramm geboten hatte. Wegen Beweisproblemen wurde das Verfahren unterbrochen und es ging erst im Februar 1949 weiter. Die zwischenzeitliche Beweissuche war erfolglos, somit wurde Mierig mangels Beweisen im Februar 1949 freigespro-

„Die Juden sind nach Schweden ausgewandert", so der Mittäter an den Deportationen nach 1945.

chen. Das Gericht mußte seine Behauptung akzeptieren, daß solche Fälle direkt von der Gestapo behandelt wurden und nicht von der NSDAP-Kreisleitung. Mierig verwies auf den Dienstweg, nach dem Direktkontakte zur Gestapo untersagt waren und nur über die Gauleitung erlaubt waren. „Ein starker Tatverdacht bleibt bestehen", so die frustrierte Formulierung im Urteil, das ein Freispruch „vierter Klasse" war.

In den 60er Jahren verklärte Ernst Mierig die frühen NS-Jahre zu einem Idyll.

Erfolgreicher bei der Beweissuche war im Oktober 1948 das Spruchgericht Hiddesen, das in Münster tagte, um den vielen münsterischen Zeugen die lästige Anreise zu ersparen. Diese belasteten Mierig schwer: Ständig habe er mit KZ-Einweisung gedroht und es kam auch zu Verhaftungen. Überraschende Dokumentenfunde, die in einem Schulgebäude ausgelagert waren, belegten Mierigs Aufzeichnungen über regimekritische Personen, die dann der Gestapo zugeleitet wurden. Bemerkenswert ist, daß diese Beweise keine Verwendung beim Verfahren des Landgerichts Münster fanden, das zu dieser Zeit Mitte Oktober 1948 wegen Beweismangels noch kein Urteil fällen konnte.

Wenige Tage später kam dann das Urteil des Spruchgerichts Hiddesen: Es sah Mierig in allen vier Anlagenpunkten als schuldig: Judenverfolgung, Fremdarbeiterversklavung, Mißhandlung von Kriegsgefangenen und Beihilfe zu KZ-Verbrechen. Hinsichtlich der Juden sagte Mierig, er habe bei der Gauleitung nach deren Verbleib gefragt. „Ausreise nach Schweden" habe er als Antwort erhalten. Das konnte so im Raum stehenbleiben, weil in keinem der beiden Verfahren das Protokoll der „Aaseekonferenz" zur Abschiebung der Juden aus Münster vom Dezember 1941 vorlag. Das Exemplar der Stadt Münster ruhte in den Akten der Stadtverwaltung, wo 1948 keiner solches vermutete.

Der Fall des Dechanten Wessing wurde auch im zweiten Prozeß behandelt. Erörtert wurde zudem der Fall des SPD-Mannes Theodor Geringhoff. Dieser wurde in der allgemeinen Verhaftungsaktion nach dem 20. Juli 1944 festgesetzt und kam erst Ende März 1945 aus dem KZ wieder frei. Zeugen aus Gimbte waren empört wegen seines luxuriösen Privatbunkers mit Parkett in Gimbte. Mierig hatte das 1944 in einer Durchhalterede als Beispiel für Schmarotzertum gebracht. Aber Geringhoffs Verhaftung war kausal nicht auf Mierigs Rede, sondern auf den Berliner Großverhaftungsbefehl nach dem 20. Juli zurückzuführen. Positiv wurde festgehalten; Mierig habe sein Amt ansonsten sachlich und gerecht geführt und der Vater von drei Kindern habe keinen übertriebenen Lebensstandard gehabt. Wegen Krankheit wurde Mierig zu einem Jahr und acht Monaten Gefängnis verurteilt, was durch die alliierte Internierung als abgesessen galt. Ansonsten stand er vor dem Nichts. Jetzt rächte sich der

Verkauf des Bauernhofs seiner Frau in Jöllenbeck bei Bielefeld 1931. Von 5.000 DM Geldstrafe zahlte er 1951/1952 lediglich 800 DM, dann erließ ihm der NRW-Ministerpräsident den Rest, da Mierig praktisch ohne Einkommen war – aber nicht mehr lange: Mierig gelang in den 50er Jahren der Schwung ins Wirtschaftswunder und er brachte es zum wohlhabenden Spediteur in Bielefeld, dann in Halle. In einem Interview Ende der 60er Jahre kam die Frage, ob er es bereue, Nationalsozialist geworden zu sein. Mierig verneinte das und hatte dafür lediglich eine Begründung aus den frühen NS-Jahren: Den Zusammenhalt des Volkes.

Ernst Mierig, geb. 1.7.1896 Emden, gest. 27.5.1975 Werther bei Bielefeld.

26. RUTH LEUWERIK – Tannenhofallee 29

1941 begann der Aufstieg eines 16-jährigen Mauritzer Mädels zur wohl erfolgreichsten deutschen Schauspielerin der fünfziger Jahre. Als First Lady des deutschen Films war sie die Frau, die am häufigsten auf den Titelseiten erschien, vom „Spiegel" bis zur Knallpresse. Allein die Zeitschrift, die sich im Titel selber beklatscht – Bravo – druckte sie zwischen 1959 und 1963 achtmal auf das Titelblatt. Wer die Bedeutung ihres niederländischen Familiennamens „Lerche" kannte, mochte diesen nachträglich als gutes Vorzeichen für diese Karriere gesehen haben. 1938 war ihre Familie zugezogen; die einzige Tochter Ruth besuchte das Freiherr-vom-Stein-Gymnasium an der Sonnenstraße/Promenade. Dann absolvierte sie die Handelsschule. An HJ und BDM hatte sie wenig Interesse und das BDM-Landdienst-Pflichtjahr war nur dann vermeidbar, wenn sie nach dem Schulabschluß eine berufliche Anstellung finden würde. Nach der Handelsschule wollte sie zum Theater, was auch damals schwierig war. Ihr Glücksfall war Theo Breider, Geschäftsführer des münsterischen Verkehrsvereins, des Vorgängers des heutigen Stadt-Marketings. Breider stellte sie ein und war großzügig beim Urlaub, den sie für ihre Schauspielausbildung verwendete. Innerhalb von zehn Jahren, von 1943 bis 1953, gelang ihr die rasante Karriere vom ersten Engagement beim Theater Münster zum Starpreis „Filmstar Nr. 1", dem Gesamtwahlergebnis der deutschen Kinobesucher.

300 Reichsmark monatlich war ihr erstes Gehalt beim münsterischen Theater; das war nicht wenig. Im letzten Kriegsjahr kam die Kommandierung in einen Rüstungsbetrieb im Sauerland. Im Mai 1945 zog sie wieder zu ihren Eltern nach Mauritz. Vater

1941 war Ruth Leeuwerik Sekretärin bei der damaligen Stadtwerbung im Stadtweinhaus.

Julius (1897–1970), der übrigens das niederländische „Doppel-e“ im Namen beibehalten hatte, war bei der Wiedereinrichtung seines Büromaschinenhandels an der Klosterstraße, dann an der Moltkestraße/Ecke Ludgeriplatz, wozu später noch Rechenautomaten und programmgesteuerte Streifenlocher als Vorläufer der heutigen EDV hinzukamen.

Auch Tochter Ruth gelang der Neustart: Schon im Oktober 1945 war sie wieder am Theater, das die erhalten gebliebene Stadthalle an der Neubrückenstraße nutzte, die 1968 abgerissen wurde. Im Sommer 1946 trat sie auch im Schloßgarten bei Freilichtvorstellungen auf; heute hieße es wohl „Open air“. Sechzehn Rollen hatte sie während ihrer münsterischen Theaterjahre von 1943 bis 1947; darunter „Recha“ aus „Nathan der Weise“ sowie das Gretchen aus dem Urfaust. Nach Münster kam sie immer gern, sei es familiär oder auch Anfang 1954 auf Einladung des damaligen Roland-Theaters beim Anlaufen von „Geliebtes Leben“. „Filmstar Nr. 1 in Münster“ war die Überschrift der „Westfälischen Nachrichten“. Zuletzt war sie im Juni 2008 bei der Eröffnung der Ausstellung über ihr Leben im Stadttheater sowie zum goldenen Buch und Hahn im Rathaus. Da war der Ablehnungsbescheid von 1941 einer privaten münsterischen Schauspielschule – „Zu klein, zu mager, zu gehemmt, zu wenig Stimme“ – schon längst ein Archivstück.

Das Mauritzer Elternhaus. In den 30er Jahren wurde westlich des Rings von Mauritz bis zur Grevener Straße vorwiegend in diesem Stil gebaut.

Ruth Leuwerik, geb. 23. April 1924 in Essen, lebt in München-Nymphenburg —1942 Schauspielprüfung Reichstheaterkammer Karlsruhe, 1943/44 und 1945–47 Theater Münster, 1947–1953 Theater Bremen, Lübeck, Hamburg sowie 17 Hörspielproduktionen, 31 Kino-Hauptrollen von 1950–1977 und neun Fernsehproduktionen von 1963–1983. Keine Skandale, keine Affären. Sie wurde zum Idealtyp der kultivierten bürgerlichen 50er-Jahre-Dame mit einem breiten Spektrum von fürsorglicher Mutter bis zur dünnhäutigen Leidensgestalt.

VIERTER RUNDGANG

VOM PREUSSENSTADION ZUR LODDENHEIDE

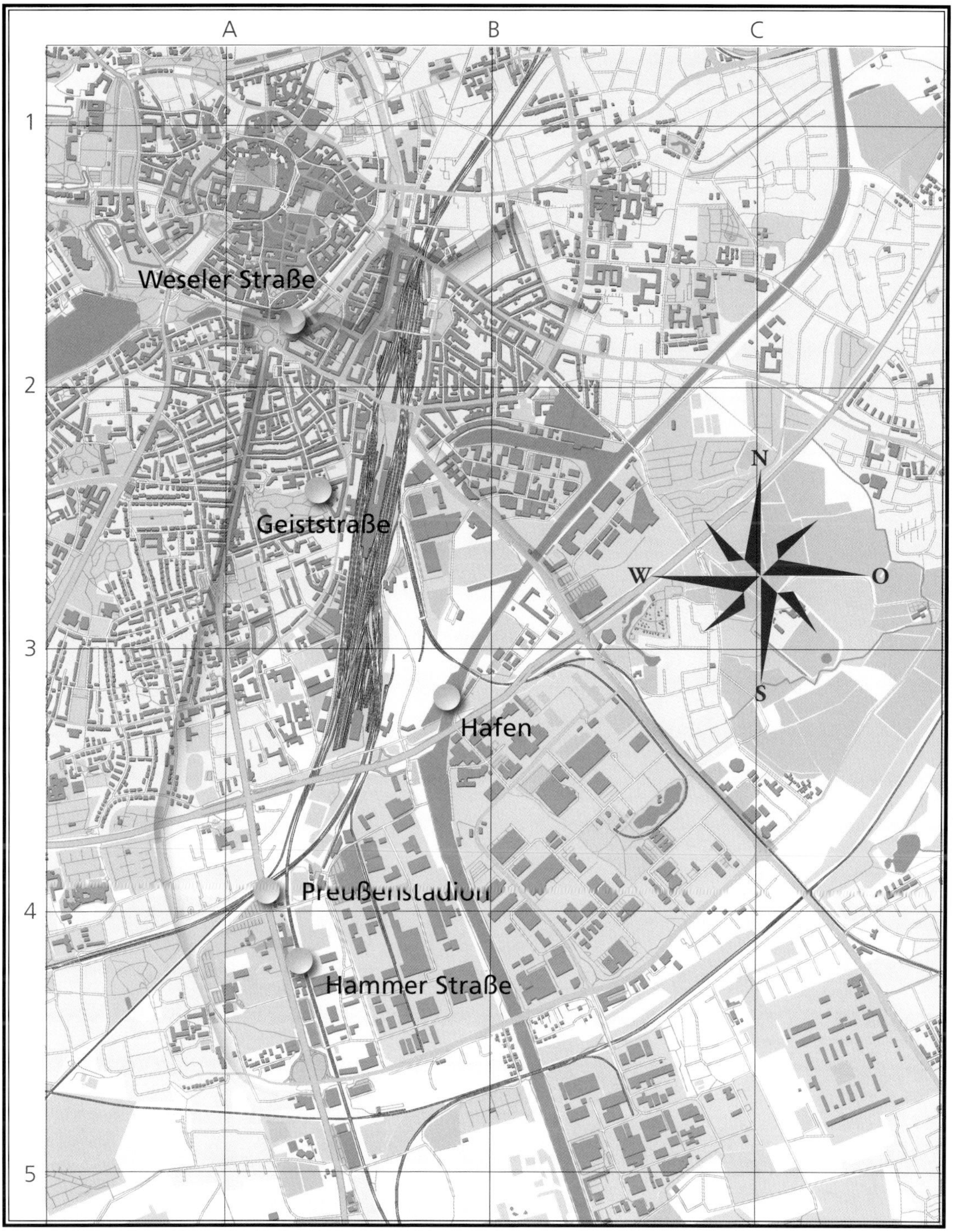
A
B
C
1
2
3
4
5
Weseler Straße
Geiststraße
Hafen
Preußenstadion
Hammer Straße
N
W
O
S

1. NSKK – Preußenstadion

Mai 1936: Tag des NSKK im Preußenstadion. 2. v. r. Oberführer Paul Nieder-Westermann, 3. v. r. Obergruppenführer Joseph Seydel.

Meistbeanspruchtes Organ waren die Füße beim „Tag des NSKK", obwohl die Bezeichnung „NS-Kraftfahrkorps" eigentlich eine bequemere Fortbewegung vermuten läßt. 1931 gegründet, war das NSKK Träger der Motorisierungspläne, Verkehrserziehung mit einer militärischen Ausrichtung. Marschiert am Sonntag wurde vom Preußenstadion in die Innenstadt, bis die Stiefel auf dem Prinzipalmarkt knallten. Vor dem Rückmarsch via Salzstraße – Bahnhofsstraße – Hammer Straße bestand das Programm aus Antreten, Strammstehen und Meldung vor dem Rathaus;

Zu einem gehobenen Posten gehört ein gehobener Arm. Im Wagen stehend gedenkt Obergruppenführer Seydel des soeben verstorbenen Chauffeurs Hitlers.

Ansprachen und Militärmusik. Tausende NSKK-Mitglieder waren nach Münster gekommen, deren Dienstgrade sich am Militär orientierten: Höchster anwesender Dienstgrad war der Führer der Motorobergruppe West, NSKK-Obergruppenführer Joseph Seydel, was dem Rang eines Generals entsprach. Zweiter Mann war Gruppenführer Paul Nieder-Westermann, Führer der Motorbrigade Westfalen. Lokaler NSKK-Chef war Standartenführer Otto Hanneforth (Oberst). Nach dem Rückmarsch in das Preußenstadion formierte sich alles in einer großkollektiven Gruppendynamik zu einem fußballfeldgroßen Hakenkreuz und einer NSKK-Galionsfigur wurde gedacht: Des Führers Fahrer, der soeben verstorben war. Danach wurde dem Namen der Organisation entsprochen: Es wurde gefahren. Formationsfahren, Geschicklichkeitsübungen auf dem Motorrad und akrobatische Übungen zeigten den aktuellen sportlichen Stand, bevor das „muntere Lagerleben" als zeitgemäße Freizeitgestaltung begann.

Ende März 1939 wurde NSKK-Standartenführer Otto Hanneforth zum Stabsführer der Motorgruppe Ostland in Königsberg ernannt.

2. HERMANN HOGEBACK – Straßburger Weg 76

Totmeldungen noch Lebender sind immer eine delikate Sache. Noch mehr, wenn sie in gedruckter Form in alle Richtungen verschickt werden. In der Abiturliste des Ratsgymnasiums in der Festschrift von 1951 steht der Abiturient von 1935 und Kampfflieger Hogeback als im Krieg abgeschossen: „als Leutnant und Flugzeugführer in Afrika bei Einsatz über Mittelmeer gefallen, 6.1.1942". Wahrscheinlich hatte der Steuerinspektorssohn, der seit 1921 seine gesamte Schulzeit hier verbracht hatte und sich dann erst nach Kriegsende wieder in Münster niederließ, einfach den Kontakt zu seinen Conabiturienten verloren, denn er war sofort nach dem Abitur nach Kassel zur Infanterie gegangen. Vielleicht hatten sich aber auch nur die Gerüchte verquirlt, denn er war tatsächlich schon einmal abgeschossen worden – schon bei seinem ersten Einsatz von 100 im spanischen Bürgerkrieg im September 1938. Zwischen den Fronten mußte er landen. Starker Beschuß von beiden Seiten verhinderte sowohl die Rettung durch seine Kameraden als auch die Gefangennahme durch die Gegenseite. Schließlich zogen nachts einige Marokkaner den schwer verletzten Hogeback aus dem Wrack und brachten ihn in ein Lazarett, wo er zwei Monate blieb. Ab 1939 folgten Einsätze über Polen, Frankreich, England, Jugoslawien und Afrika. Nach britischem Beschuß über dem Mittelmeer war seine JU 88 ein Sieb und nur knapp gelang die

Die Flieger hatten einen Prominentenstatus wie Filmstars und ihre Fotos wurden zu Sammelobjekten.

1943 bekam Major Hermann Hogeback das Eichenlaub zum Ritterkreuz verliehen und wurde in das Führerhauptquartier eingeladen.

Flucht hinter die deutsche Front. Nach der Bauchlandung war das Flugzeug Schrott und die Besatzung sah sich in einer ungewohnten Situation: Sie stand ohne Flugzeug da und auch noch mitten in der Wüste. Da hörten sie, daß in der Gegend eine weitere, ebenfalls defekte Ju 88 liege, die kurz vor der Sprengung sei, damit sie nicht den Engländern in die Hände falle.

Die Besatzung reparierte, machte „aus zweien eins" und flog ächzend von Afrika über Kreta nach Griechenland zu ihrer Staffel zurück. Kritisch wurde es auch im Juli 1941 über dem Mittelmeer, als Hogeback und seine Männer einige britische Schiffe entdeckten. Diese waren jedoch nicht allein, sondern wurden von 12 britischen Fliegern eskortiert, die prompt die Jagd auf die JU 88 eröffneten. Das übliche Versteck hinter einer Wolke gab es im Sommerhimmel nicht. Trotz hektischer Abwehrbewegungen und Sturzflügen ballerten viele englische Treffer und es schien nur eine Frage der Zeit bis zum Ende. Dann gelang dem Funker Wilhelm Lehnert der Abschuß zweier der Angreifer, worauf die übrigen zehn britischen Flieger flüchteten. Damit hatte Lehnert der Besatzung das Leben gerettet. In der Heimat füllten solche Begebenheiten die Presse und die Flieger erlangten Kultstatus. Für viele waren sie so etwas wie Ersatzsportler, zumal es Ereignisse wie Olympische Spiele nicht mehr gab. Die Fotos der Flieger waren begehrte Sammelobjekte und diese gingen mit frischem Orden auch gerne zum Fotografen, um sich in dynamischer Haltung aufnehmen zu lassen. Hogebacks „Ordensammlung" war eine seltene Konstellation, die sich treffend in Zahlen darstellen läßt: Von 15 Millionen Soldaten erhielten rund 7.500 den Halsorden Ritterkreuz, davon 1.730 Angehörige der Luftwaffe. Von diesen bekamen 192 dazu das Eichenlaub, das über dem Kreuz befestigt wurde. 41 davon wurden dazu noch die Schwerter verliehen, einer davon war Hogeback, als letzter von vier Kampffliegern der gesamten Luftwaffe. Hogeback, der die Erfolge nie als seine persönliche Leistung, sondern im Team der Gesamtbesatzung sah, bekam das auch von höherer Stelle bescheinigt. Bei Kriegsende war Hogebacks Besatzung die einzige, bei der alle vier das Ritterkreuz hatten: Pilot, Bordschütze, Beobachter und Bordfunker, wobei bei harten Luftkämpfen fast jeder mit dem MG feuerte. Nach der schnellen Entlassung aus der Kriegsgefangenschaft kehrte Hogeback nach Münster zurück. Eltern und Haus am Straßburger Weg waren unbeschädigt durch den Krieg gekommen. Jetzt stellte sich für Hogeback die Frage, wie es weitergehen sollte. Er gehörte zu denen, die nur „Krieg gelernt hatten"; das war immer schwierig. So mußte sich der münsterische General Edmund Dransfeld sogar als „Weinreisender" in Baden durchschlagen, d. h. er machte Kalt-Akquise für Wein, indem er ehemalige Kameraden kontaktierte in der Hoffnung auf Weinverkäufe. Der technikbegeisterte Hogeback interessierte sich immer auch für Autos. Im Zeitalter des schnell zunehmenden Wirtschaftswunder-Straßenverkehrs wurde er an der Bahnhofstraße Autokaufmann für Gebrauchtfahrzeuge. Jeden Samstag konnten die Münsteraner seinen Namen in der Zeitung lesen – jedoch nicht bei Fliegererlebnissen, sondern im Anzeigenteil bei seiner aktuellen Angebotsliste.

Ratsgymnasiums-Abiturient Hermann Hogeback ging 1935 zur Luftwaffe; 1945 kehrte er nach Münster zurück.

Hermann Hogeback, geb. 25. August Idar-Oberstein, gest. 15. Februar 2004 Dötlingen — 1935–1937 Ausbildung Luftwaffenpilot, 1938–1939 spanischer Bürgerkrieg (Legion Condor), 1939–1945 Kampfflieger Polen, England, Frankreich, Jugoslawien, Afrika, Ostfront (Leningrad bis Krim), 1940 Oberleutnant und Staffelkapitän, September 1941 Ritterkreuz, Februar 1943 Eichenlaubträger, August 1943 Oberstleutnant und Geschwaderkommodore, 1944 Umrüstung auf neue Flugzeugtypen, Februar 1945 Standortverlegung Prag, April 1945 Einsätze Westfront, Ende April 1945 Schwerter, Mai–September 1945 amerikanische Kriegsgefangenschaft, dann kurz Jurastudium Münster, danach Autokaufmann.

3. GROSSBUNKER – Hammerstraßte 136

Mit diesem Bunker verbinden sich für viele Münsteraner in dieser Gegend traurige Erinnerungen, weil 1944 eine Fliegerbombe den mit Hunderten Personen gefüllten Bunker traf. 68 Tote gab es und es wurde zur Standardredewendung, man wäre besser zu Hause im Keller geblieben. Jahrzehntelang hielten sich Gerüchte, der Bunker sei ein „Pfuschbau"; in betrügerischer Absicht sei das ursprünglich geplante stabile Baumaterial auf dem Schwarzmarkt verschwun-

Grün überwuchert wurde später die Gedenktafel am Schützenhofbunker.

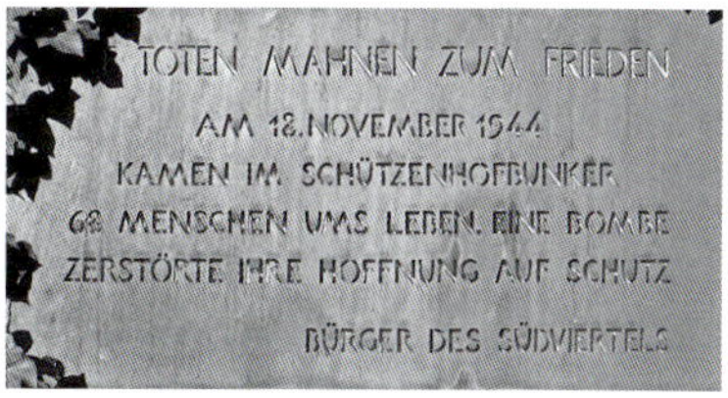

Volltreffer 1944: 68 Tote; später begehrter Gratisparkplatz.

den und statt dessen tödliches Billigmaterial verwendet worden. Später hieß es, die Bombe habe das Treppenhaus des Bunkers getroffen. Es war ein vorgelagertes Treppenhaus noch vor der Eingangsschleuse zum eigentlichen Bunker mit den bombensichereren Dickwänden. Unmittelbar vor dem Bombeneinschlag strömten im allerletzten Moment noch viele Menschen in den Bunker, schafften es aber vor den tödlichen Bomben nicht mehr hinter die sichere Schleuse. Nach 1945 diente der Bunker als Warenlager und dann als schalldichter Probenraum für Krachmacherbands. 2012 gab es wieder Unruhe in der Gegend, als der Bau zugunsten eines „Investors“ ohne Bebauungsplan abgerissen werden sollte. Grund dafür war die Befürchtung der Anwohner vor Sprengschäden in der Umgebung wie beim Bunkerabriß Ottostraße.

4. SCHÜTZENHOF – Hammer Straße 135 (heute Gebäude St.-Sebastian-Kirche)

Hauptarena politischer Kundgebungen war bis zur Zerstörung der Schützenhof.

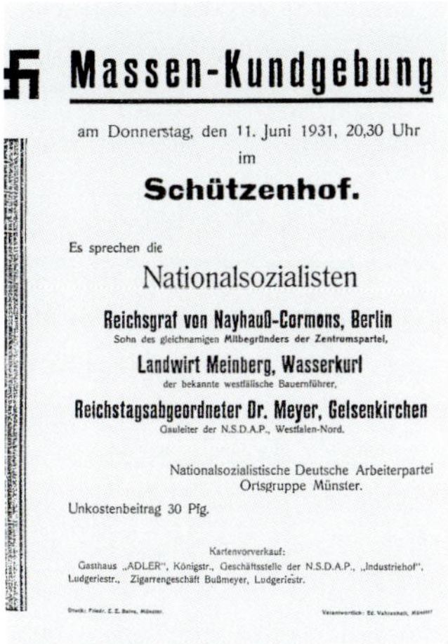

Massen-Kundgebung

am Donnerstag, den 11. Juni 1931, 20,30 Uhr

im

Schützenhof.

Es sprechen die

Nationalsozialisten

Reichsgraf von Nayhauß-Cormons, Berlin

Sohn des gleichnamigen Mitbegründers der Zentrumspartei,

Landwirt Meinberg, Wasserkurl

der bekannte westfälische Bauernführer,

Reichstagsabgeordneter Dr. Meyer, Gelsenkirchen

Gauleiter der N.S.D.A.P., Westfalen-Nord.

Nationalsozialistische Deutsche Arbeiterpartei
Ortsgruppe Münster.

Unkostenbeitrag 30 Pfg.

Kartenvorverkauf:
Gasthaus „ADLER", Königstr., Geschäftsstelle der N.S.D.A.P., „Industriehof", Ludgeriestr., Zigarrengeschäft Bußmeyer, Ludgeriestr.

Links: Drei Redner waren für den 11. Juni 1931 angekündigt; der Erste wurde schnell danach totgeschwiegen und 1933 ermordet.

Rechts: Kurz nach seiner Rede in Münster auf der NSDAP-Kundgebung im Juni 1931 wandte sich Stanislaus Reichsgraf von Nayhauß-Cormons radikal gegen die NSDAP.

1931/32 hatte die NSDAP im Münsterland circa 180 Veranstaltungen. Während die Altparteien angesichts der katastrophalen Lage immer weiter zurückwichen, drehte die neue Partei auf. Plakate und Flugblätter überschwemmten die Stadt, die flott formuliert waren. Wenn eine der Altparteien den Beriff „Nazi-Lüge" brachte, übernahm die NSDAP das sofort und ihre nächste Publikation bekam den Titelschriftzug „Die Nazi-Lüge". Die Zeitungen waren damals ausschließlich auf die politische Linie ihrer eigenen Leserschaft fixiert und ignorierten die Aktivitäten der anderen Seite. Wer sich also in alle Richtungen informieren wollte, mußte entweder mehrere Zeitungen lesen oder Parteiversammlungen anderer Parteien besuchen. Diese NSDAP-Versammlung am 11. Juni 1931 war speziell für Katholiken interessant. Redner war ein

Volles Haus im Juni 1931: Neugierig waren die Münsteraner auf die Gründe, die den Sohn des prominenten Zentrums-Mitgründers zur NSDAP geführt hatten.

katholischer Graf, der werbewirksam als Sohn des Mitbegründers der Zentrumspartei angekündigt wurde, des Reichsgrafen Julius Cäsar von Nayhauß-Cormons (1821–1908). Mancher Besucher des Abends wollte hören, was den Sohn des prominenten Zentrums-Manns zum Übertritt Richtung NSDAP bewogen haben könnte. Zwar ist der Redetext nicht überliefert, wohl aber, daß Graf Stanislaus Nayhauß (1875–1933) noch im selben Jahr mit der Partei brach und sich radikal gegen sie stellte, was für ihn tödlich endete. Mit 60.000er-Auflage schrieb er eine Broschüre, in der 80 NSDAP-Chargen nach deren Straftaten sortiert waren. Unter seinem Pseudonym „Clemens von Camaron" stand auf dem Deckblatt: „Nicht nur lesen! Weiter empfehlen! In Umlauf bringen!" Auch im Februar 1933 machte er weiter und wurde verhaftet. Im Juli 1933 wurde seine mit Steinen beschwerte Leiche im Bammellochteich an der Straßenkreuzung Löwen/Falkenberg im Brandenburger Land gefunden.

Einer Brüllrede von Rudolf Heß 1934 entstammte diese tiefgründige Parole, die wandgroß den Schützenhof zierte.

5. OTTO KISNAT – Dahlweg 36

Von der Öffentlichkeit unbemerkt gab es am 15. August 1978 in der Wohnung von Otto Kisnat eine denkwürdige Begegnung. Zu Besuch war der ehemalige Adjutant Himmlers, SS-Obergruppenführer Karl Wolff (1900–1984). Hauptthema war das Manuskript der Erinnerungen Kisnats an die letzten Tage Mussolinis Ende April 1945, die er als dessen letzter deutscher Schutzdienstbeamter direkt erlebt hatte. Mit einer Eskorte von 22 Mann hatte Kisnat Mussolini noch bis zum Comer See begleitet; Ziel war die Schweiz. Zur Tarnung war Mussolini als Feldwebel verkleidet. Jedoch

Dissens am Dahlweg über die „Mussolinis letzte Tage": Otto Kisnat und SS-Obergruppenführer a. D. Karl Wolff.

war die Maskerade vergeblich, da Mussolini im April 1945 von Partisanen gefangengenommen und später erschossen wurde. Kisnat war jedoch nicht nur Mussolinis Beschützer, sondern auch sein Bewacher. Als Gestapo-Beamter hatte er ein waches Auge auf dessen Gespräche und Kontakte, denn in Berlin rechnete man mit Teilkapitulationen an manchen Frontabschnitten, während der Führer das finale Armageddon in den Geschichtsbüchern haben wollte. Vorher diente der Siebenbürger Sachse von 1910 bis 1932 in der Armee, danach gelangte er über die Kriminalpolizei zur Gestapo. Höhepunkt dieser Jahre war sein Dienst beim Begräbnis Hindenburgs 1934. Kurz vor Schluß wurde Kisnat zum Januar 1945 nach Italien zur deutschen Botschaft abkommandiert, nachdem sein Vorgänger durch Tieffliegerbeschuß gestorben war. Nach Kriegsende gelang es ihm, sich nach Münster durchzuschlagen.

Überliefert ist die Begrüßung Wolffs durch den vor Ehrfurcht bebenden Kisnat:

Kisnat: „Wie habe ich Sie anzureden?"

Wolff: „Unter Kameraden mit dem Namen!"

Kisnat: „Ich habe hier einen Rheinwein, Mainzer Domherr 1976, leider warm."

Wolff: „Unter Soldaten ist das egal."

Das Gespräch ging dann beim lauwarmen Wein in Richtung der Erinnerungen Kisnats an Mussolinis letzte Tage; 16 Kapitel mit Schreibmaschine getippt. Der ebenfalls anwesende „Stern"-Reporter Gerd Heidemann, der für sein Blatt aus 13 Kriegen in vorderster Front berichtet hatte, witterte eine spannende Story mit Fortsetzungspotential und war an einer Veröffentlichung interessiert. Er hoffte, daß diese durch Karl Wolffs Besuch beschleunigt würde. Allerdings verlangte der Kriminalinspektor a. D. Otto

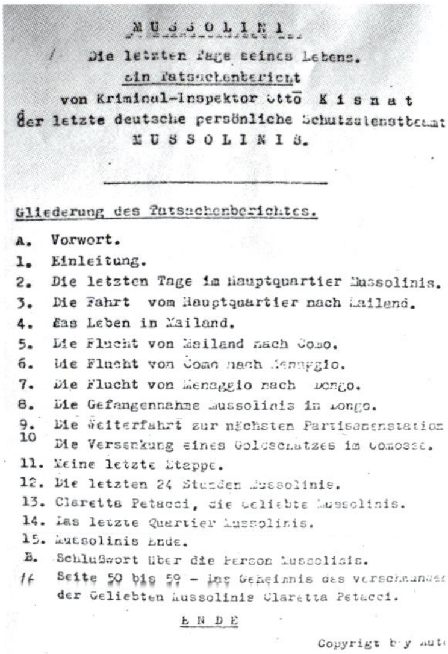

MUSSOLINI

Die letzten Tage seines Lebens.

ein Tatsachenbericht

von Kriminal-Inspektor Otto Kisnat

der letzte deutsche persönliche Schutzdienstbeamt

MUSSOLINIS.

Gliederung des Tatsachenberichtes.

A. Vorwort.
1. Einleitung.
2. Die letzten Tage im Hauptquartier Mussolinis.
3. Die Fahrt vom Hauptquartier nach Mailand.
4. Das Leben in Mailand.
5. Die Flucht von Mailand nach Como.
6. Die Flucht von Como nach Menaggio.
7. Die Flucht von Menaggio nach Dongo.
8. Die Gefangennahme Mussolinis in Dongo.
9. Die Weiterfahrt zur nächsten Partisanenstation
10 Die Versenkung eines Goldschatzes im Comosee.
11. Meine letzte Etappe.
12. Die letzten 24 Stunden Mussolinis.
13. Claretta Petacci, die Geliebte Mussolinis.
14. Das letzte Quartier Mussolinis.
15. Mussolinis Ende.
B. Schlußwort über die Person Mussolinis.
16 Seite 50 bis 59 – Das Geheimnis des Verschwindens der Geliebten Mussolinis Claretta Petacci.

ENDE

Copyrigt by aut

In Münster verfaßt und dann nicht mehr gesehen: 16 Kapitel über Mussolinis letzte Tage.

Kisnat dafür standhaft 50.000 DM, was dem „Stern“ zu viel war. Somit blieben die Verhandlungen erfolglos und das Manuskript bisher unveröffentlicht.

6. SS-ABSCHNITT XVII – Hammer Straße 39

Hammer Straße 39: Vorher Bürohaus einer Brauerei, dann Stabsgebäude des SS-Abschnitts XVII Münster. Darüber waren nur noch der HSSPF (Höherer SS- und Polizeiführer) in Düsseldorf, das Reichssicherheitshauptamt (eines von 12 SS-Hauptämtern) und Himmler. Vorne der Rosenmontagszug 1937.

In diesem Bürogebäude, das vorher Bürohaus einer Brauerei war, saß der SS-Abschnitt XVII als die höchste Dienststelle der SS im Gau Westfalen-Nord.

Hier hatte Günther Claassen von 1935 bis 1939 sein Büro, der eine Doppelfunktion als SS-Führer und Polizeipräsident ausübte. Schon 1932 war er in Himmlers Stab, von dort begann sein Aufstieg in die finstersten Bereiche der SS. Berüchtigt wurde er durch seine Führung zweier SS-Totenkopfstandarten. Deren Symbol war Drohung und Programm; das Aufgabenfeld lag in der KZ-Leitung und brutaler Ausbildung der zukünftigen Bewacher. In Münster war er formell in seiner Eigenschaft als SS-Führer der SS-Hierarchie unterstellt und als Polizeipräsident Organ des Oberpräsidenten als des obersten Reichsbeamten in der Provinz Westfalen. Aber im Laufe der NS-Zeit war die Abgrenzung zwischen beiden Posten völlig zerfasert; Hauptgemeinsamkeit war die repressive Ordnungsfunktion. Nach Münster wurde Claassen im Sommer 1935 versetzt und trat als Stabschef seines spätereren Amtsvorgängers Rolf von Humann-Hainhofen an. Humann war mit Claassens Organisations- und Büroleitung offenbar zufrieden, denn nach Humanns Karrieresprung zum SD-Hauptamt Berlin wurde Claassen im Mai 1937 dessen Nachfolger. In der Öffentlichkeit war er selten zu sehen. Ausnahmen waren Besuche hoher Chargen wie der Goebbels-Besuch Anfang Dezember 1937 (siehe S. 30). Es war jedoch kein reiner Freudentag für ihn, weil zwei Tage zuvor sein Adjutant Hauptsturmführer Josef Münninghoff auf dem Weg zum Dienst durch einen Unfall ums Leben gekommen war. Gemäß dem „Schnelldreherprinzip" der ständigen Versetzungen in der SS ging er 1938 nach Düsseldorf.

Freitod 1946 in der Auslieferungshaft: Günther Claassen.

Günther Claassen, geb. 1. Dezember 1888 Warschau, Freitod 22. Juli 1946 War-criminal-Lager Stuttgart-Zuffenhausen — 1932 Adjutant des Chefs des SS-Amts im Stab Himmler, 1933 SS-Sturmbannführer, Juni 1933 Hauptreferent beim Gericht für interne SS-Angelegenheiten, 1935 Stabsführer des SS-Abschnitts XVII Münster und SS-Standartenführer, 1937 SS-Oberführer, Führer des SS-Abschnitts XVII und Polizeipräsident Münster, 1938–1939 Stabsführer beim SS-Oberabschnitt West Düsseldorf, 1939–1941 Polizeipräsident Warschau und nacheinander Führer zweier SS-Totenkopfstandarten, 1941–1945 Polizeipräsident Karlsruhe, 1945–1946 amerikanische Gefangenschaft, dann Freitod vor Auslieferung nach Polen.

7. PARADE – Ludgeriplatz 1933

Als Beispiel einer mißlungenen Erziehung ist diese Szene vom Sommer 1933 am Ludgeriplatz anzusehen. Während einer Parade stand das Kleinkind in SA-Uniform stundenlang in der Sonne und die Aufforderung zum vorher eingeübten „deutschen Gruß" endete, wie es manchmal bei Kleinkindern üblich ist: Mit einer akuten Trotzphase.

Erziehung 1933 am Ludgeriplatz.

8. ROBERT LEY – Hafenstraße 29

Der einzige NS-Potentat aus der ersten Führungsriege mit mehrjähriger Lebenszeit in Münster war Robert Ley, und zwar in seinen frühen Jahren als Student und Doktorand. Nach Münster kam Chemiestudent Robert Ley zum Studienende zum Wintersemester 1913/14. „Sehr fleißige und beachtenswerte Untersuchung"; so wurde er gelobt für seine Dissertation mit dem Titel: „Beiträge zur Kenntnis der gemischten Glyceride", die er beim Laboratorium der landwirtschaftlichen Versuchsstation der Universität Münster 1920 fertiggestellt hatte. Bis dahin war es ein langer und auch qualvoller

Robert Ley wohnte an der Hafenstraße 29. Heute steht dort kein einziges historisches Gebäude mehr.

Student Robert Ley als Sängerschafter, als er von Jena nach Münster wechselte.

Weg: Zwei Drittel der Arbeit waren bis zur Kriegsunterbrechung 1914 fertig. 1917 überlebte er zwei Flugzeugabstürze, einen aus 3.000 Metern Höhe. Schwer verletzt an Hirn und Bein geriet er in französische Kriegsgefangenschaft, aus der er erst im Februar 1920 entlassen wurde. Bei seiner Rückkehr nach Münster waren seine Labormaterialien wie Butterfett, Schweinefett und Waltran verdorben. Trotzdem anerkannten die Professoren Leys bisherige Arbeit und er bestand auch die mündliche Prüfung im Juni 1920; Gesamtnote magna cum laude. Während der NS-Zeit nutzte Ley jede Möglichkeit, nach Münster zu kommen; für die münsterischen Parteigrößen war immer wieder Gelegenheit strammzustehen, sei es auf dem Prinzipalmarkt oder beim Gauparteitag 1935 auf dem Schlossplatz. Leys Einheitsgewerkschaft DAF (Deutsche Arbeitsfront) hatte bis zu 25 Millionen Mitglieder und wuchs zu einer gigantischen Unternehmensholding: Wohnungsbau, preiswerter Tourismus, (KDF, „Kraft durch Freude"), wozu der Volksmund reimte: „Am Abend auf der Heide verlor ich Kraft durch Freude". Weitere Großprojekte waren die Planungen des „KDF-Wagens" (VW Käfer) und eines Werks für den „Volkstraktor" in Waldbröl. Ansonsten gab es fortschrittliche Sozialleistungen auf Basis einer vierköpfigen Familie, gleichen Lohn für Mann und Frau sowie Lohnsteigerungen entsprechend den Lebenshaltungskosten. Leys private Bereicherung dieser Jahre erreichte allerdings die Dimensionen heutiger krimineller Banker. Als ihm 1945 in der Nürnberger Untersuchungshaft die Anklageschrift übergeben wurde, erwürgte er sich.

Als diese Bilder Ende August 1944 entstanden, war die Gesamtlage katastrophal. Im Osten war die Heeresgruppe Mitte zerschlagen und daher klaffte in der Ostfront ein mehrere Hundert

In der Presse unerwähnt blieb die kärgliche Parade an der Hammer Straße für Robert Ley 1944, der als einer von 18 NSDAP-Reichsleitern direkt Hitler unterstand und eine ministerähnliche Funktion hatte.

Kilometer großes Loch. Im Westen waren die Amerikaner auf dem Sprung nach Aachen. Im Reich war soeben die 60-Stunden-Woche eingeführt und der Urlaub abgeschafft worden. In Berlin wütete Freislers Mordgerichtshof; seit dem 20. Juli war nur ein Monat vergangen. In dieser Phase besuchte Ley über mehrere Tage Rüstungsbetriebe und eisenschaffende Industrie in den Gauen Westfalen-Nord und Westfalen-Süd. Um Anschläge zu vermeiden, wurde seine Ankunft in den Betrieben vorher nicht angekündigt. Auch die Presse hielt sich mit konkreten Ortsangaben zurück. Ley blieb lange bis zu mehreren Stunden im einzelnen Betrieb und sprach mit den Arbeitern. In seinen Ansprachen erklärte er mit Bezug zum 20. Juli, er habe festgestellt, daß „unter den deutschen Arbeitern kein einziger Verräter ist". Ein interessanter Kontrast zur Realität war Leys Satz über die

Vorne von links nach rechts vor den Häusern 12/14: Kreisleiter Ernst Mierig (Teilnehmer der Aaseekonferenz 1941) verstarb 1975, General der Luftwaffe August Schmidt saß wegen einer Intrige bis 1950 in Haft, Robert Ley erwürgte sich vor den Nürnberger Prozessen, Gauleiter Alfred Meyer hatte als Teilnehmer der Wannseekonferenz 1942 alle Brücken hinter sich abgebrochen und erschoß sich bei Kriegsende, Generalleutnant George von dem Knesebeck verstarb 1955.

Zwangsarbeiter, daß auch deren Leistung ein Beitrag zum Sieg sei und diese somit gerecht und würdig zu behandeln seien. Pure Bosheit oder schuldhaftes Nichtwissen? Auch redete er sich in selbstproduzierte Trance: „Deutschland wird siegen, Moskau und Juda werden fallen!" Unangenehme Rückkopplungen blieben aus, die Arbeiter jubelten wie bestellt. Der äußere Rahmen von Leys Besuch in Münster war sparsam. Friedenssaal und goldener Hahn waren schon ausgelagert und standen nicht mehr zur Verfügung. Weil auch der Prinzipalmarkt wegen der Zerstörungen nicht mehr vorzeigbar war, verlegte man Leys letzten Besuch auf die Hammer Straße. Fehlende Dächer, Pappe vor kaputten Schaufenstern sowie Schilder „Wer plündert, wird erschossen!" zeigten auch dort die Zeit. Der Aufmarsch war kurzes Minimum und auch das Podest war zeitgemäß kleiner mit Tannengrün davor.

Robert Ley, geb. 15.2.1890 Niederbreidenbach bei Nümbrecht, Kr. Gummersbach, Freitod 25.10.1945 Haft Nürnberg — Siebtes von 11 Geschwistern; 1896 Verarmung der Familie durch Versicherungsbetrug des vormals wohlhabenden Vaters durch Abbrennen des Bauernhofs; ab 1910 Chemiestudium in Jena (Sängerschaft St. Pauli), Bonn, Münster. 1914–1920 Kriegseinsatz, 1921 Bayerwerke Leverkusen, 1924 NSDAP, 1928 von Bayer wegen antisemitischer Ausfälle entlassen, 1933–1945 Führer der Einheitsgewerkschaft DAF (Deutsche Arbeitsfront), 1934 Reichsorganisationsleiter der NSDAP, 1937 Betreuer des abgedankten Königs Edward VIII. bei dessen Deutschlandbesuch und alkoholschwerer Autounfall mit dem Gast; ab 1939 Einflußverlust gegenüber der Kriegswirtschaft, 1940 Generalkommissar für den sozialen Wohnungsbau; 1942 antisemitische Brüllrede „Ausrottung der Juden", „Vernichtung wie Ungeziefer", 1945 Suizid.

9. GÜTERBAHNHOF – Hafenstraße

Die Gleisverläufe am Güterbahnhof sind geblieben.

Nichts wurde bei den Deportationen dem Zufall überlassen, da sich die Verantwortlichen nie sicher waren, ob es nicht doch zu spontanen Protesten erboster Passanten kommen könnte. Daher führte der Weg nie direkt zum Hauptbahnhof, wo Münsteraner zufällig ihre jüdischen Nachbarn hätten sehen können. Trüber Ort der Verladung in die Sonderzüge nach Osten war der meist menschenleere Güterbahnhof zwischen den beiden Brücken an der Hafenstraße, wo sich seither wenig geändert hat.

10. WASSERSTRASSENSAMT – Hafenstraße 10

Vom Kulturschock zum Massenmord: Neben vielen Banalitäten, Kitsch und Alltäglichkeiten enthält das Album auch wie selbstverständlich entsprechend kommentierte Fotos aus einem Ghetto und Hinrichtungen von Partisanen, wie diese Seite aus dem Album dokumentiert. Die Quelle dieser Bilder war jedoch nicht unbedingt ein Mittäter oder Fotograf der Situationen. Vielfach wurden diese Fotos eingetauscht, oft gegen Zigaretten. Wer ungewöhnliche Motive hatte, machte erst mal mengenweise Abzüge für interessierte Kameraden; auch für diejenigen, die nicht anwesend waren.

Das Wasserstraßenamt war eine Behörde wie viele andere und hatte wie jede größere Behörde eine Art „militärisches Gästebuch". Kollegen, die als urlaubende Soldaten nach Münster kamen, wurden regelmäßig aufgefordert, dieses Buch mit Grüßen, Erlebnissen und Fotos zu ergänzen. Auch Briefe der Kollegen von der Front wurden in diesen Bänden gesammelt. Kurz vor Kriegsende gab es in allen Betrieben denselben Griff: Die dicken Alben flogen schnell ins Feuer, damit sie nicht als Belastungsmaterial verwendet werden konnten. Daher haben sich solche Firmen-Kriegsalben, anders als in diesem Fall, kaum erhalten.

11. ARBEITSAMT – Herwarthstraße/ Ecke Achtermannstraße

Hier hatte „NSDAP" leise getuschelt eine andere Bedeutung: „Na-Suchst-Du-Auch-Pöstchen?" Antwort: „Neue-Stellung-Dank-Anderem-Parteibuch!" Auch die Arbeitsämter waren willig dabei, als es darum ging, die Juden aus ihren Berufen und den Sozialsystemen zu entfernen. Dabei konnten sie sich leicht auf das NS-Arbeitsrecht stützen. In diesen Gesetzen standen deutliche Formulierungen, wie sie ansonsten nur selten zu finden waren; z. B. „Ziel und Zweck dieses Gesetzes ist die Entfernung des Juden aus dem Arbeitsleben." Schon im Juli 1941 wurden große Teile der Bahnhofsgegend einschließlich Piusallee, Warendorfer Straße und dabei auch das Arbeitsamt zerbombt.

12. KARL BÖMER – Engelstraße 30 c

Eine gute Adresse war bis zur Zerbombung die Engelstraße.

Betrunken gröhlte der gebürtige Münsteraner auf einem Empfang der bulgarischen Botschaft in Berlin im Mai 1941. Mit alkoholschwerer Zunge tönte Ministerialdirigent Karl Bömer vom Propagandaministerium allseits hörbar vom größten Staatsgeheimnis; dem bevorstehenden Rußlandfeldzug, der in einem Monat beginnen sollte: „Bald werde ich Gauleiter auf der Krim!" Der verärgerte Außenminister Ribbentrop meldete es Hitler und Bömer kam vor den Volksgerichtshof. Ungewöhnlich und fast milde war die Anklage: „Fahrlässiger Landesverrat". Grund für diese Abschwächung dafür war Bömers Alkoholpegel in der Botschaft. Das war in der NS-Zeit ungewöhnlich, in der Alkoholkonsum stets strafverschärfend war mit der Begründung, daß jeder bei Trinkbeginn zur Gefahr werden kann und sich daher unter Kontrolle zu halten hat. Bömers Vorgesetzter Goebbels hatte noch versucht, den engen Mitarbeiter zu retten. Der Kompromiß mit Hitler war, daß Bömer an die Ostfront geschickt wurde, wo er schwer verwundet wurde. Drei Monate später verstarb er daran im Lazarett Krakau.

Karl Bömer, geb. 7.September 1900 Münster, Kriegsverletzungsfolgen 22. August 1942 Krakau — Abitur 1919 Paulinum nach Kriegsunterbrechung; 1918–1920 Freikorps Münsterland; 1920–1924 Bankbeamter in Bielefeld und Münster; 1924–1926 Studium der Staatswissenschaften in Münster; 1927 Auslandsreferat beim Deutschen Institut für Zeitungskunde Berlin und weite Studienreisen; 1933 Leiter der Presseabteilung des Außenpolitischen Amts der NSDAP; 1934 Vizepräsident „Press Congress of the World"; 1936 Professor Berlin; 1937 Legationsrat; 1938 Ministerialrat Propagandaministerium; Leiter Abteilung Auslandspresse (einer von 15); 1940 Ministerialdirigent; 1942 Anklage Volksgerichtshof; Frontbewährung mit tödlicher Verwundung.

Knapp 42 Jahre wurde Karl Bömer. Der Münsteraner verfaßte in den 30er Jahren einige Bücher wie z. B. „Das Dritte Reich im Spiegel der Weltpresse" und „Deutsche Saat in fremder Erde".

13. HOTEL HAUS DORN – Dortmunder Straße 43

Mitte Mai 1940 wurde das erste Haus in Münster durch britische Bomben zerstört. Grund war „mangelnde Verdunkelungsdisziplin"; im Klartext: Der Bau war nachts hell erleuchtet.

Das erste zerstörte Haus in Münster war dieses Hotel an der Dortmunder Straße 43, Ecke Hansaring. In der Nacht zum 16. Mai 1940 wurde es von britischen Bomben getroffen; ansonsten interessierten sich die englischen Bomber zu dieser Zeit noch mehr für die Zerstörung militärisch relevanter Ziele wie der Hafenanlagen. Entgegen der Verdunkelungspflicht war das Hotel nachts hell erleuchtet. Mehrere Fenster in der ersten Etage strahlten hell in die Nacht, weil der Wirt beim Geldzählen war. Für die britischen Bomber muß es eine Aufforderung gewesen sein. Gerüchte sprachen von einer 10.000-RM-Strafe für den Wirt, was abschrekkende Funktion haben sollte, zumal dadurch auch Nachbarn gefährdet worden waren. „Tadellose Verdunkelungsdisziplin" war das Schlagwort, gegen das er verstoßen hatte. Wer nachts einen Lichtschimmer auf die Straße ließ, wurde vom Blockleiter herausgeschellt und bekam eine Warnung ans Haus, die erst nach geraumer Einhaltung der „Verdunkelungsdisziplin" amtlicherseits wieder entfernt wurde. Schon zu den ersten Bombenschäden strömte bereits nachts alles herbei, um nichts zu verpassen. Weite Wege wurden zurückgelegt, um Feuerwehr und Bergungsarbeiten zu begaffen. Nur wenige hatten eine düstere Vorahnung, daß dazu schon bald keine langen Wege mehr nötig sein würden. Kinder begannen zum Ärger der Eltern scharfkantige Bombensplitter zu sammeln. Auch das hatte sich wegen des baldigen Überflusses an Bombenstücken bald erledigt, da Voraussetzung einer jeden Sammelleidenschaft ein gewisser Mangel ist. Außer dem Hotel wurde auch ein Lager voller polnischer Kriegsgefangener getroffen. Kaum erwarten konnte es schon am ersten Kriegstag im September 1939 das Apollo-Kino, das sofort den passenden Film bereit hatte: „Hurra! Endlich Alarm!"

Das Eckhaus nach dem Wiederaufbau.

14. LOGE ZU DEN DREY BALKEN – Diepenbrockstraße 30

Warum die HJ-Gebietsführung die repräsentative Säulenportikus entfernen ließ und den Bau derart verunstaltete, ist unklar.

1935 wurde Münsters „Loge zu den drey Balken" enteignet, die 1778 gegründet worden war. Von Anfang an gehörten die Freimaurer zum festen Repertoire der Feindbilder des NS-Propaganda. Ständige Elemente waren internationale Verbindungen und traditionelle Rituale. Einzelvorgänge in fernen Ländern, häufig USA, wurden den deutschen Brüdern als Mitschuld angelastet. Das ergab eine chronische „Weltgefahr", die in ständig neuen Varianten propagiert werden konnte und somit „bekämpft" werden mußte. Münsters Freimaurern gelang es zwar, vor der Beschlagnahme die Ritualgegenstände zu verstecken, aber das schöne Ameublement ging verlustig. Geschnitzte Tische, Stühle und Geschirr für über 150 Personen überdauerten den Krieg nicht. In das Gebäude zog die HJ-Gebietsführung Gau Westfalen-Nord und baute es häßlich um. Im Krieg wurde es zerbombt. Im Mai 1947 hob der britische Stadtkommandant das Verbot von 1935 auf; das Trümmerhaus wurde der Loge restituiert. Zwei der alten Stühle existieren noch im Stadtmuseum.

15. ALBERT DERICHSWEILER – Diepenbrockstraße 15

Über Albert Derichsweiler, den Bundesführer des NSDStB, ist schon viel geschrieben worden. Bis in die kleinste Verästelung erforscht wurde sein Übergang vom katholischen Verbindungsstudenten zum NS-Gleichschalter studentischer Gruppierungen. Er gilt als derjenige, der reichsweit führend die Studentenvertretungen an den Universitäten auf strammen NS-Kurs brachte. Auch den traditionellen Studentenverbindungen brachte er das Ende: Für diese ist der Name Derichsweiler das Symbol der Zwangsumwandlungen in NS-Kameradschaften. Methodisch ging die NS-Führung dabei geschickt vor, indem sie rigoros gegen Vereinigungen mit vermutetem konspirativem Charakter oder internationalen Kontakten vorging, wie Freimaurer, Studentenverbindungen, Jesuitenorden oder Rotary-Clubs.

Hier saß die Katholische Deutsche Studentenverbindung Sauerlandia im Cartellverband bis zu ihrem Verbot.

Den Freikorpsverbänden, deren Renitenz Markenzeichen war, wurde der Auflösungsbefehl schon im Juli 1933 zugestellt. Dagegen wurden lokale Großgruppen wie Karnevals- oder Schützenvereine geschont oder sogar durch finanzielle Anlockungsfütterungen auf Linie gebracht. Derichsweiler war sechs Semester in Münster, und zwar vom Wintersemester 1931/32 bis zum Dienstantritt beim Führer-Stellvertreter Heß in München nach dem Sommersemester 1934. Zeitweilig wohnte er im Studentenwohnheim am Breul (siehe S. 21). Allerdings kümmerte er sich in Münster weniger um sein Studium, sondern bastelte schon früh an seiner NS-Karriere, die mit seinem Beitritt zum NS-Schülerbund 1929 begann. Zu Studienbeginn trat der flotte Student gleichzeitig mehreren Vereinigungen bei, die sich teilweise widersprachen, was bis heute für Diskussionen sorgt: dem NS-deutschen Studentenbund (NSDStB), der SA sowie der katholischen Studentenverbindung Sauerlandia im Cartellverband.

Als Sauerlande war er verbindungsintern loyal, übernahm einige Ämter und tolerierte auch abweichende Meinungen, andererseits tönte er schon im Oktober 1932 auf der Cartellversammlung von einer „Unvereinbarkeit einer Mitgliedschaft im katholischen Cartellverband und der NSDAP". Sobald er in Parteimission unterwegs war, wollte er dort positiv aufffallen und war emsig bei der Gleichschaltungsarbeit. Das wurde in München positiv verbucht und dort wartete eine große Aufgabe von reichsweiter Bedeutung auf den smarten 25-Jährigen, dem es später gelang, ohne Studium per Gefälligkeitspromotion einen Doktortitel zu erlangen. Bei seinem Weggang nach München im Sommer 1934 trat er aus der Sauerlandia wieder aus, das Sauerlandenhaus wurde zwangsverkauft und danach Feuerwehrmuseum. Kurz vor Kriegsende wurde der schöne Bau zerbombt.

Albert Derichsweiler, geb. 6. Juli 1909 Bad Niederbronn/Elsaß, gest. 6. Januar 1997 München — 1933 Hochschulgruppenführer des Studentenbundes Münster sowie Kreisführer Westdeutschland der deutschen Studentenschaft, 1934–1936 Amtsleiter in der Reichsleitung der NSDAP, als Bundesführer reichsweite Neustrukturierung des NSDStB mit Ausschaltung der Studentenverbindungen, 1935 Drohrede auf dem Nürnberger Parteitag gegen die noch unabhängigen Studentenverbände, 1936 Stab Rudolf Heß und bis 1938 Mitglied des Reichstages, 1939 Gauobmann der Deutschen Arbeitsfront (DAF) Warthegau, 1942 Inspekteur des Gauwohnungskommissars Warthegau, 1943 Präsident der Industrie- und Handelskammer Warthegau, 1943–45 Obersturmführer der Waffen-SS, 1944 Kriegsverlust eines Arms, 1945–50 im Untergrund, 1950–1957 Generalvertreter für Punktal-Rasierer Frankfurt („Rasier dich ohne Qual mit Punktal") und Engagement am politischen Rechtsrand, 1960 selbstständig mit Modellbaufirma, um 1965 Präsident der Gesellschaft für Sonnenenergie („Sonnenstrom aus der Steckdose").

16. HANSASCHULE – Wolbecker Straße/Ecke Hansaring

Kriegerisch tönte der Direktor der Hansaschule Werner Flörke (geb. 1898), der als Zweitposten Gaufachgruppenleiter im NSLB (NS-Lehrerbund) war, 1938 im Fachblatt „Der Westfälischen Erzieher, „.... daß der Erzieher im weltanschaulichen Kampf in der vordersten Linie steht!". Wie Flörke kämpfte, wußte der ehemalige Schüler und spätere Malermeister Paul Franke (1922–2006)

Zu zentral gelegenen Truppenübungsplätzen wurden Münsters Schulhöfe. Kulisse des Aufmarschs ist hier die Hansaschule.

von der Schillerstraße noch genau: „Er schlug gerne jüdische Schüler zusammen. Die Klassenkameraden bildeten dann einen Schutzring, um die Schläge abzufangen." Flörke feuerte weltanschaulich auch Richtung Domplatz. Er verfaßte mit seinem Stellvertreter Theodor Peppersack (geb. 1901) eine Kampfschrift gegen Bischof Galen. Titel: „Gegen die Feinde eines einigen deutschen Volkes". Drei Lehrer, die sich daran nicht beteiligen wollten, wurden „gemaßregelt". Konkret hieß das ständige Überwachung und schlechte Beurteilungen, wodurch der Dienst zur Qual wurde. Auch im „westfälischen Erzieher" profilierte sich Flörke 1937 reichsweit zum selben Thema: Prophetisch verkündete er das Ende der Religion und der „streitsüchtigen Pfaffen" als Sehnsucht des „religiös hoffenden Volkes", was wohl die Chiffre für die „Gottgläubigkeit" der NS-Zeit sein sollte. Münsters Schulhöfe glichen in diesen Jahren oft Kasernenhöfen, da es immer Gründe gab, derentwegen angetreten werden mußte. Besonders geeignet war der große Schulhof bei der Hansaschule, der eine Art zentral gelegener Truppenübungsplatz war. Flörke wurde 1945 abgesetzt und verzog nach Kirchlengern, Kreis Herford. Peppersack war noch bis September 1945 im Dienst. Dann machte er es ganz geschickt. Er behielt den Wohnsitz Münster, und ihm gelang die Entnazifierung fern von Münster – im Kreis Ammerland (Oldenburg). Im August 1947 verursachte stadtweit das Gerücht erhebliche Unruhe, das tiefbraune Duo würde wieder installiert und das „dritte Reich" an der Hansaschule fortgesetzt. Neun Lehrer schrieben an den Regierungspräsidenten mit dem dringenden Wunsch nach einem Neuanfang. Mehrseitig beschrieben sie die „Flörke-Peppersack-Zeit", und wie diese Fanatiker die NS-Gesetze eigenmächtig verschärften. Die jüdischen Schüler sollten schon „ausgeschaltet"

Funkübungen auf dem Schulhof der Hansaschule.

werden, bevor das aus Berlin befohlen wurde. Massiv ging es auch gegen die „Halbjuden", deren Handelsschulbesuch während der NS-Zeit stets erlaubt war. Manche fanden Peppersack dabei noch übler. Nach einem Spaziergang zu den Novemberpogrom-Schäden kehrten Flörke und Peppersack lachend in die Hansaschule zurück: „War ja gut organisiert." Spontan wurde ein Schulausflug dorthin angesetzt, vorher gab es noch eine Schülerversammlung in der Aula. Die neun Unterzeichner beschrieben auch den extremen Kirchenhaß des Duos sowie die Einführung des „Stürmers" an der Schule, der pornographischen Antisemitenzeitung aus Nürnberg. Das für Flörke günstig beendete Entnazifizierungsverfahren wurde 1949 neu begonnen, blieb aber ohne Ergebnis, weil 1952 per Gesetz die Entnazifizierung für beendet erklärt wurde. Danach kämpfte Flörke mal wieder, diesmal ging es um seine Rente. Peppersacks Lehrerkarriere endete, wo sie angefangen hatte: Im Nichts. Zwölf Jahre, von 1921 bis 1933, hatte er sich mit prekären Kurzanstellungen durchgehungert und vergeblich eine Fortbildung nach der anderen gemacht. 1933 beförderte ihn sein SA-Beitritt 1932 auf den Vize-Direktoren-Posten. Aufgrund seiner Haßattacken war es damit 1945 vorbei, die Frührente kam in den 50er Jahren.

17. WAHLKUNDGEBUNG HITLER 8. APRIL 1932 – Halle Münsterland/Albersloher Weg

„30.000 jubelnde westfälische Bauern" zählte der „Völkische Beobachter" bei dem Wahlkampfauftritt Adolf Hitlers in der Halle Münsterland, obwohl das Fassungsvermögen der Halle auf

Nach Düsseldorf und Essen war Münster Hitlers letzte Station am 8. April 1932.

10.000 Zuhörer begrenzt war. Westfalen galt für die NSDAP immer als besonders schwieriges Pflaster wegen der Kombination aus Katholizismus und einem gewissen Beharrungsvermögen der Bevölkerung, daher war der Auftritt nicht einfach einer unter vielen. Bereits im Vorfeld gab es Schwierigkeiten, die es anderswo nicht gegeben hatte. Die NSDAP-Ortsgruppe Münster, die ab 1930 den Direktor der Halle Münsterland als einzigen Abgeordneten im Stadtrat hatte, beantragte bei der Stadt die Anmietung der Halle für die Hitler-Kundgebung. Damals war das Placet der Stadt Voraussetzung für Veranstaltungen in der Halle Münster.

Bis dahin hatte die Stadt die Mietwünsche der Partei immer abgelehnt, um die Bewegung in Münster zu stoppen. Im Herbst 1931 gelang der NSDAP-Ortsgruppe Münster die Anmietung der Halle für eine Kundgebung mit Adolf Hitler; Zeitraum Frühjahr 1932. Aufgrund der allgemein wachsenden Zustimmung für die Bewegung konnte sich die Stadt nicht mehr dagegen sperren. Jedoch legte Regierungspräsident Rudolf Amelunxen sein Veto dagegen ein: Er verbot sämtliche KPD- und NSDAP-Veranstaltungen wegen der erwartbaren Gewaltdemonstrationen. Auch einigen radikalen regionalen Rednern verpaßte er ein Auftrittsverbot. Ende Oktober 1931 stornierte die Stadtverwaltung daher den Mietvertrag. Am 25.12.1931 stemmte sich die Stadt gegen die regierungspräsidiale Entscheidung mit der Begründung, dieser habe sein Einspruchsrecht auf das Thema Mißmanagement zu begrenzen. Der RP schlug zurück und zog die verfassungsrechtliche Karte: Er erließ eine Beanstandungsverfügung gegen die Überlassung städtischer Räume an staatsfeindliche Organisationen. Dagegen klagte die Stadt beim Verwaltungsgericht. Aufgrund einer Erklärung des preußischen Innenministers, wonach von den älteren Verboten der Raumüberlassung an staatsfeindliche Organisationen bei den bevorstehenden Wahlen abgesehen werden müsse, kam der Mietvertrag mit der NSDAP-Ortsgruppe Münster zustande. Auflage: Fahnenverbot für die SA, das von vorneherein überhaupt nicht zu steuern war und natürlich nicht eingehalten wurde. Erlaubt hatte man den Abwurf von 100.000 Flugblättern über Münster. Das betrachtete man als das geringere Übel als die sonst üblichen Bodenschlägereien unter den Zettelverteilern der Radikalparteien.

Hitler in der Halle Münsterland, nach Wahlreden in drei Städten; 2 v.r. Robert Ley, links Erich Hartmann (1896–1976) 1922/23, 1925–Oktober 1932 Leiter der NSDAP-Ortsgruppe Münster.

Wegen des erwarteten Andrangs wurde auch die Kiffe-Ausstellungshalle nebenan mitgemietet. Beginn am 8. April 1932 war um 20 Uhr mit drei Vorrednern, einer davon Alfred Meyer, seit 1931 Gauleiter des NSDAP-Gaus Westfalen-Nord, der durch die Teilung des Altgaus Westfalen in -Nord und -Süd entstanden war. Mit 8.000 Zuhörern war die Halle gut gefüllt; 6.000 waren in der benachbarten Kiffe-Halle, wohin die Reden übertragen wurde. Hitler kam erst um 23 h eingeflogen. In seiner innovativen Flug-Wahlreise unter dem Motto „Hitler über Deutschland" war er am selben Tag vorher schon in Düsseldorf und Essen aufgetreten. Seine halbstündige Rede hatte die erwartbaren Inhalte.

Er thematisierte die Unfähigkeit der Regierung angesichts einer Rekordarbeitslosigkeit von sechs Millionen, attackierte speziell den Reichskanzler und beschrieb den Aufsteig seiner Partei als Perspektive für bessere Zeiten in Deutschland. Danach hielt er noch eine kurze Ansprache in der Kiffe-Halle. Später ging das Gerücht um, daß seine Autoreifen zerschnitten worden seien. Ob das stimmt, ist fraglich; man kann sich kaum vorstellen, daß Autofan Hitler seinen Wagen unbewacht ließ. Auch die NSDAP Münster konnte solche Schäden finanziell nur schlecht wegstekken. Die Eintritte zwischen 30 Pfennig und 5 Reichsmark flossen übrigens direkt in die münsterische Parteikasse. Noch heute wartet die Halle Münsterland auf die Bezahlung der Hallenmiete.

18. AFRIKAKORPSTREFFEN MIT WITWE ROMMEL
– Halle Münsterland/Albersloher Weg

Das Veranstaltungsplakat zum Treffen hing auch am Hauptbahnhof.

Im September 1960 war es in der Halle Münsterland voll: Tausende ehemalige Wehrmachtssoldaten, die als Angehörige des deutschen Afrika-Korps gegen die Engländer gekämpft hatten, trafen sich zum Bundestreffen des „Verbandes Deutsches Afrika-Korps e. V.". Die Teilnehmer kamen aus dem Ausland und der DDR; auch Briten waren der Einladung nach Münster gefolgt, was Gastronomie und Hotellerie flotte Umsätze brachte. Gemeinsam legten der deutsche und der britische General Kränze an den Gräbern gefallener

Mit Amtskette zur Ehrung der Rommel-Witwe im Friedenssaal angetreten: Oberbürgermeister Busso Peus.

Soldaten nieder. Das gegenseitige Verhältnis der Wüstenkrieger war schon bei Kriegsende entspannt, weil beiderseits Einigkeit bestand, sich einigermaßen an das Kriegsvölkerrecht gehalten zu haben. Massenmorde oder Bombenkrieg gegen Frauen, Kinder und Senioren hatte es dort nicht gegeben. Daher sahen sich alle in einer wohltuenden Abgrenzung zu den anderen Kriegsgebieten. Dichte Rauchschwaden hingen über den Tischen, auf denen Bilder getauscht, Orden gezeigt und Frontverlaufskarten ausgebreitet wurden. Die Unterhaltungen verliefen im „Kamerad, weißt du noch"-Stil und mancher erinnerte sich an die Zeit bei der Wehrmacht als Touristikunternehmen. Blutdrucksteigerndes Hauptthema waren die Auswirkungen militärischer Einzelereignisse auf den Gesamtverlauf. Der Austausch von Adressen füllte dabei schnell die Papierblöcke. Hoch angesiedelt war die Wochenendveranstaltung: Der Bundespräsident sandte ein Grußwort nach Münster wie auch der Präsident des internationalen Frontkämpferverbandes, ein französischer Armeegeneral. Beide betonten die Versöhnung der Völker und die Sicherung des Friedens, wobei der Franzose besonders die atlantische Verteidigungsgemeinschaft hervorhob. Am Hauptbahnhof hing ein großes Begrüßungsplakat; als Ehrengäste angetreten waren Regierungspräsident und Oberbürgermeister. Zu dem fast frauenlosen Wochenende erschien als Krönung die Witwe Lucie-Maria Rommel, die im Friedenssaal empfangen wurde. Später drängte sich alles um sie, um über sie als Berührungsreliquie ihrem Mann möglichst nah zu sein.

Dabei erglühten manche in Erinnerung an den Widerstand gegen Hitler, dem angehört zu haben sie sich zu später Stunde fest einbildeten. Auch wurden Spenden gesammelt für die zahlreichen Aktivitäten des Verbandes. Diese reichten vom Erhalt der Soldatengräber in Afrika bis zum „Rommel-Sozialwerk", das auch Jugendliche unterstützte, die ihre Väter nicht mehr kannten, weil sie in Afrika gefallen waren.

19. ERICH HÖNMANNS, HELMUT REINBERGER – Loddenheide/Albersloher Weg

Im Januar 1940 startete vom Militärflugplatz Münster-Loddenheide ein Flug, dessen fatales Ende von entscheidender Bedeutung für den Frankreich-Feldzug und somit auch für den weiteren Verlauf des Kriegs war. Generalstabs-Major Helmut Reinberger hatte den Befehl, eine „gKdos" (geheime Kommandosache) vom Luftgaukommando VI Münster zum Stab der zweiten Luftflotte nach Köln zu bringen. Es war die allerwichtigste „gKdos“ des Reichs, nämlich die Aufmarschpläne für den Angriff auf Frankreich. Es galt der strikte Befehl, aus Sicherheitsgründen nur Auto oder Bahn zu benutzen. Am Abend des 9. Januar saß Reinberger mit dem Kommandanten des Flughafens Loddenheide Major Erich Hönmanns beim Bier in der Flugplatzkantine. Ein Zeitgenosse sagt, die kriegsentscheidenden Biere seien bei Pinkus Müller geleert worden. Dabei erzählte Flieger-Kommandant Hönmanns, daß auch er morgen nach Köln müsse, da er noch einige Flugstunden zu absolvieren habe. Bei dieser Gelegenheit wollte er seine Frau besuchen. Nach einigen Bieren siegte bei Reinbergwer die Bequemlichkeit und er beschloß – trotz Verbots – mitsamt der brisanten Geheimpapiere mitzufliegen. Allerdings verschwieg er, was er bei sich hatte. Der Flug wurde zum Desaster und würde heute unter „Pleiten, Pech und Pannen“ laufen. Starker Ostwind brachte eine Windversetzung um 30 Grad auf dem einzuhaltenden Süd-West-Kurs. Nach 20 Minuten kamen tiefhängende Wolken und alles wurde grau. Dabei passierte dem Piloten ein desaströser Fehler: Er übersah den zugefrorenen Rhein. Als dann noch der Motor streikte, folgte die Notlandung. Am Boden waren sie völlig ohne jegliche Orientierung und erfuhren von einem Bauern ihre aktuelle Position: Mechelen bei Lüttich; 20 km westlich der deutschen Grenze in Belgien. Erst jetzt erfuhr Hönmanns von der gKdos seines Begleiters. Die beiden Majore gerieten in Hektik und wollten panisch die Papiere verbrennen. Als Nichtraucher waren sie ohne Feuerzeuge. Der deutschfreundliche Bauer half mit Streichhölzern aus. Inzwischen hatten belgische Polizisten, die auf seiten der Engländer waren, das Flugzeug bemerkt, stürmten heran und verhinderten das Verbrennen der Papiere. Der Weg zum belgischen Militärposten war unvermeidlich, und als dort die Papiere auf dem Tisch lagen, bemerkte man sofort, welche Delikatessen man vor sich hatte. Als sich der belgische Hauptmann kurz umdrehte ,packte Reinberger die Papiere und warf sie ins Ofenfeuer. Ebenso schnell riß der Belgier sie wieder heraus. Dabei zog er sich üble Verbrennungen zu, aber das Wesentliche war gerettet.

Währenddessen hatte man in Köln vergeblich auf den Kurier aus Münster gewartet. Bei der Nachricht vom verbotenen Flug und dem Verschwinden des Flugzeugs entstand höchste Aufregung. Und: Das Schicksal der Geheimpapiere war erst mal ungewiß. Reinberger hatte zwar Gelegenheit bekommen, von der deutschen Botschaft in Brüssel in Berlin anzurufen und die Vernichtung der Papiere zu behaupten, aber Hitler glaubte nichts mehr. Der Oberbefehlshaber der Luftwaffe Göring veranlaßte Testverbrennungen ähnlicher Papierstapel, aber ohne klares

Der spätere Major Helmut Reinberger in den 20er-Jahren. Hätte er sich an die Vorschriften gehalten, wäre Frankreich 1940 nicht besiegt worden. Ohne den Sieg über Frankreich wäre Hitler innenpolitisch dauerhaft beschädigt worden und der Ostfeldzug mit Völkermord wäre daher undurchführbar gewesen.

Flugzeugführer Major Erich Hönmanns erfuhr nach der Notlandung vom delikaten Gepäck seines Begleiters.

Hier nahm der kriegsentscheidende Irrflug seinen Anfang: Münsters Fliegerhorst Loddenheide.

Resultat. Dann wurde es mystisch: Seine Ehefrau beauftragte einen Wahrsager, der therapeutisch gemäß der Sehnsucht seines Auftraggebers wahrsagte.

Von prominenter Seite, nämlich dem abgedankten englischen König Edward VIII., kam dann die Gewißheit. Der sehr deutschfreundliche Herzog von Windsor, der als Generalmajor auf unbedeutendem Posten in der Region war, ließ der deutschen Seite diskret die Nachricht zukommen, daß die Papiere aus Münster in englische Hand geraten seien. Für die deutsche Seite war das eine wertvolle Information, denn man hatte endlich Gewißheit erlangt und konnte sofort umplanen. Später kam man allseits zu der Erkenntnis, daß dieser Plan, der den deutschen Angriff auf Frankreich in einer Umfassungsbewegung durch Belgien und die Niederlande Richtung Maginot-Linie vorsah, nicht siegreich

Postkarte, damals beim Kantinenwirt zu erwerben. Flugzeugtyp des desaströsen Fluges war eine Fieseler Storch; unten rechts im Bild.

gewesen wäre. Statt dessen hätte es eine Wiederholung von 1914–18 gegeben: Endloser Stellungskrieg mit unbeweglichen Fronten. Konsequenz auf deutscher Seite war, daß im Mai 1940 ein anderer Angriffsplan verwirklicht wurde, der eigentlich als undurchführbar galt und daher einen Überraschungseffekt hatte. Diese Strategie, nach ihrem Erfinder „Manstein-Plan" genannt, sah vor, die Panzer über das bewaldete Bergland der Ardennen zu hetzen und nicht wie vorher geplant über das flache Land. Dabei wurden die Belgier und Niederländer, die den Franzosen zu Hilfe geeilt waren, von hinten angegriffen und von der französischen Nachschubbasis abgeschnitten. Das Ergebnis dieses deutschen Angriffs ist bekannt. Obwohl die Alliierten schon im Januar hinreichend gewarnt waren und vier weitere Monate Zeit zur Einrichtung einer Verteidigung hatten, wurden Frankreich und England geschlagen. Andernfalls hätte es den Angriff auf Rußland und auch den Völkermord nicht gegeben. Und Hönmanns und Reinberger? Deren Glück war die kanadische Kriegsgefangenschaft, denn im Reich wurden sie in Abwesenheit zum Tode verurteilt. (Die Rolle des abgedankten britischen Königs Edward VIII. war 2010 Thema einer vom ZDF ausgestrahlten BBC-Sendung. Anfragen beim ZDF nach den Quellen und genaueren Informationen wurden nicht beantwortet.)

Edward Windsor übermittelte, daß die Papiere aus Münster in englischer Hand seien.

20. REINHARD HEYDRICH – Loddenheide/Albersloher Weg

Von der Loddenheide nach Paris: Wo diese Bilder entstanden, ist jetzt das große Gewerbegebiet am Albersloher Weg. Als Heydrich hier am 3. Mai 1942 landete, befand er sich in einer Phase rasenden Machtzuwachses. Um den Monatswechsel April/Mai hatte Effizienzmaschine Heydrich an drei verschiedenen Orten sechsmal mit Himmler Besprechungen gehabt, für die letzte war dieser drei Tage zuvor sogar zu Heydrich nach Prag gekommen. Dazwischen war Himmler zweimal bei Hitler gewesen. Die sofort danach anschließende Verschärfung der Mordaktionen mit Massendeportationen in die Vernichtungslager im Osten erlaubt die Folgerung, daß derartige Entscheidungen gefällt wurden. Bei seiner Landung in Münster, übrigens einen Monat vor seinem Tod durch Attentat, war Heydrich auf Durchreise nach Paris. Die Reichweite des Tankinhalts (1.200 km) seiner Dienst-Ju-52 erzwang einen Tankstopp unterwegs. Dabei trat das komplette

Tadelloser Schuhputz: Heydrich (links) mit Adjutant und weiteren Mitarbeitern vor seiner Dienst-Ju-52.

Loddenheider Bodenpersonal vor der gelandeten Maschine an. Die Wartezeit dürfte mit allgemeinen Themen wie Abwehr der bereits begonnenen Bombenangriffe überbrückt worden sein. Vertreter von Münsters SS oder Gestapo waren nicht zugegen. In diesem Karrierestadium hatte Heydrich höhere Interesse als Begegnungen mit der lokalen Basis. Vordergründig reiste er nach Paris, um dort seinen ehemaligen Adjutanten Carl Oberg als Höheren SS- und Polizeiführer (HSSPF) zu installieren. Bis dahin wollte Hitler keinen HSSPF in Paris, hatte dann aber angesichts zunehmender Anschläge des Widerstandes seine Meinung geändert. Diese Machtausweitung der SS war ein weiterer Erfolg für Heydrich, der für Frankreich „aufgrund der Erfahrungen im Protektorat Anregungen und Reformen" erarbeitete hatte. Als eine Art mobiler Unternehmensberater empfahl er das System des abgestuften Terrors, wobei er von den in Süd- und Osteuropa üblichen Geiselerschießungen wegen der Auswirkungen auf die Wirtschaft abriet. Ende Mai verhinderte das tödliche Prager Attentat einen weiteren Sprung. Heydrich fuhr im Cabrio zu seiner Ju 52 zum Start zur ersten Besprechung mit Hitler. Damit hätte Heydrich unter Umgehung seines ihm manchmal zögerlich erscheinenden Vorgesetzten Himmler den lange ersehnten direkten Zugang zum „Führer" bekommen.

Einen Monat vor seinem Tod: Selbstbewusst und offenbar mit sich zufrieden. Heydrich in Münsters Fliegerhorst Loddenheide.

FÜNFTER RUNDGANG

LINKS VOM AASEE

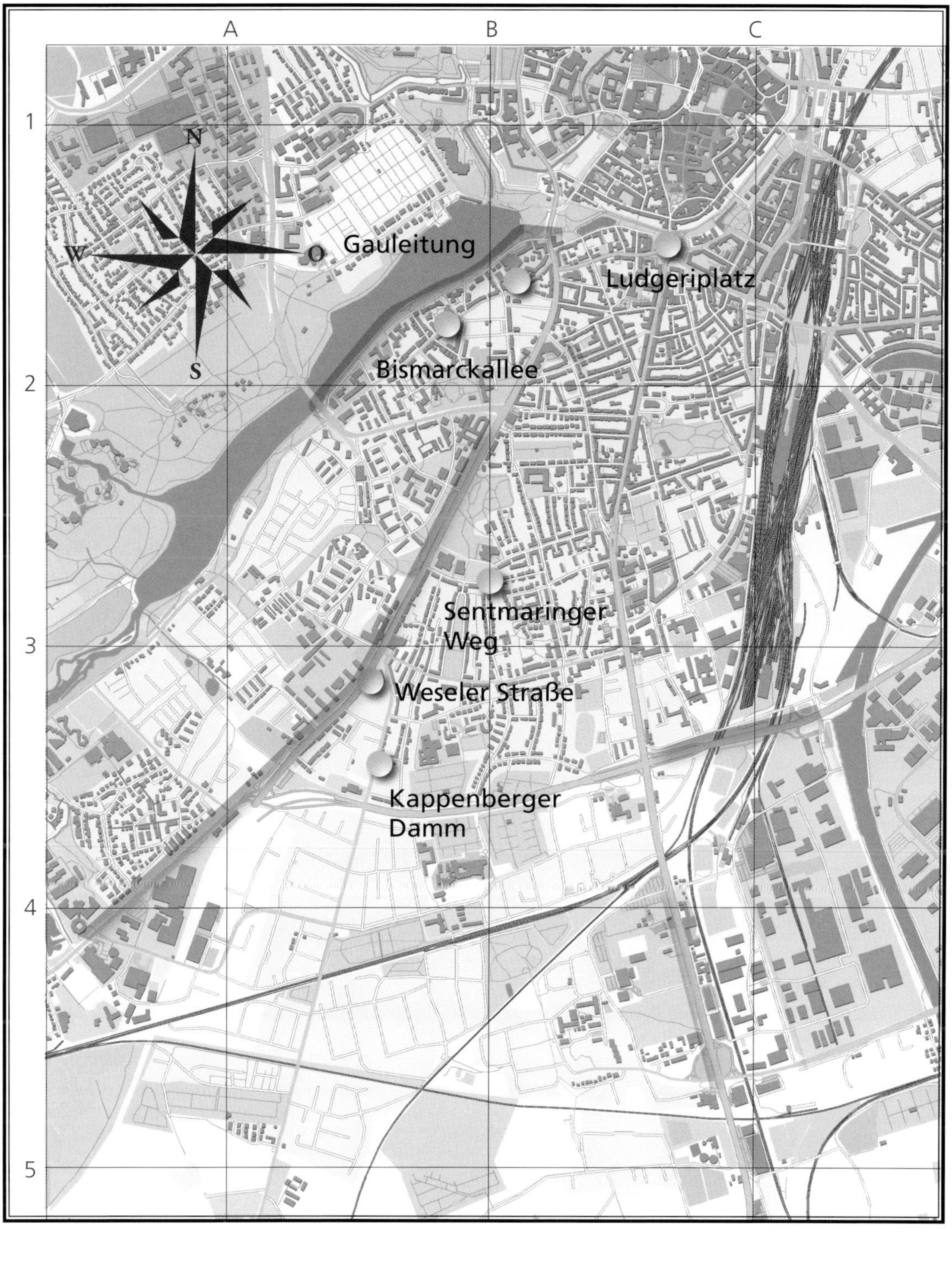
A
B
C
1
2
3
4
5
N
W
O
S
Gauleitung
Ludgeriplatz
Bismarckallee
Sentmaringer
Weg
Weseler Straße
Kappenberger
Damm

1. ERNST-GÜNTHER SCHENCK – Körnerstraße 4

Luxuswohnungen am Aasee: Hier wohnten Vater und Sohn Schenck in den 20er Jahren.

Wer heute an der Körnerstraße nach der Nobelimmobilie sucht, wird enttäuscht.

Im Kinofilm „Der Untergang" von 2004, der das Geschehen in Hitlers Bunker vom 20. April bis zum 1. Mai 1945 nachzeichnet, ist die Figur des Arztes Ernst Günther Schenck eine der Hauptrollen. Sechs Jahre nach Schencks Tod besetzte Christian Berkel diese Rolle des verantwortungsvollen Arztes in den letzten Tagen 1945, der in aussichtsloser Lage versuchte, möglichst viele Menschen zu retten. Aber bis dahin war das echte Vorbild dieser Rolle weniger edelmütig. Über die Stationen seines Forscherlebens – Eiweißstoffwechsel, Heilkräuterforschung, militärische Ernährungsfragen – zog er wie auch der Alt-Pauliner Heinrich Berning (1908–1994) nicht die Bremse, als ihm unendliche neue Forschungsmöglichkeiten angeboten wurden: Die Experimente mit KZ-Häftlingen. Er mochte, auch wie viele andere, das bequem mit dem Ausnahmezustand des Krieges beschönigt haben. Tatsache ist, daß es eine jahrelange starke Verletzung seines ärztlichen Eides war. Ungefähr zwölf Jahre lebte er mit Unterbrechungen in Münster. 1916 wurde sein Vater, ein Chemieprofessor, von Breslau nach Münster versetzt. Sohn Ernst-Günther war 1923 Abiturient des Schillergymnasiums. In diesen Jahren unternahm er auch den ersten Ernährungsversuch. Proband war er selbst und das Ziel war, möglichst lange zu fasten, was seinen Körper verärgerte: Konsequenz war eine chronische Migräne. 1938 kam er darauf zurück und veröffentlichte seinen münsterischen Hungertest in seiner Schrift „Das Fasten". 1923 bis 1928 studierte er Medizin und Chemie in Münster, Freiburg und Heidelberg. Zwei Dissertationen über

Eiweißstoffwechsel verfaßte er, eine davon 1928 in Münster. Dann verließ er die Körnerstraße 4, wo er zusammen mit seinem Vater Mieter der Centralkasse des Bundes der Landwirte war. Dieser blieb in Münster und wurde 1929 Rektor der Universität, sein Sohn war da schon Medizinalpraktikant in Heidelberg. Schenck junior ist ein Beispiel für den Fall, wenn jugendliches Alter, fachliche Kompetenz und die unendlichen Möglichkeiten der NS-Zeit Richtung Mißbrauch führen. Ein ähnliches Beispiel ist Hubertus Strughold (1898 Westtünnen bei Hamm – 1986 San Antonio/Texas), der in Münster Medizin studierte, 1942 berüchtigte Luftdruckabsturz-Versuche in KZ-Lagern durchführte und ab 1947 in USA raumfahrtmedizinisch die Mondlandungen betreute.

Ernst-Günther Schenck als Pensionär.

Ernst-Günther Schenck, geb. 3. August 1904 Marburg, gest. 21. Dezember 1998 Aachen — 1931–1933 Assistent Kaiser-Wilhelm-Institut für medizinische Forschung Heidelberg, dann Oberarzt, 1934 Gründung: „Arbeitsgemeinschaft für Heilpflanzenkunde" Heidelberg, 1935 Habilitation Heidelberg, 1936 Privatdozent München, 1938 Chefarzt Krankenhaus Schwabing, Referent für Ernährungsfragen im Hauptamt für Volksgesundheit, 1938/39 Einrichtung weiterer Heilpflanzen-Testkulturen u. a im KZ Dachau für die SS-Firma „Deutsche Versuchsanstalt für Ernährung und Verpflegung", 1939 Leiter Krankenernährung in der Reichsärztekammer und Gründung „Gesellschaft für naturgemäße Lebens- und Heilweise", 1940–1944 Ernährungsinspekteur der Waffen-SS und Polizei, auch als Truppenbegleiter in der Ukraine und Süd-Rußland, 1942 Professor, 1943 Entwicklung „Sonder- und Konzentrat-Verpflegung der Waffen-SS", 1943/44 Ernährungs- und Hungerversuche KZ Mauthausen, z. T. tödlich, 1944 Oberstarzt und Ernährungsinspekteur im Oberkommando der Wehrmacht, April 1945 Chirurg im Führerbunker und Hitlers Suizid-Berater, 1945–1955 russische Kriegsgefangenschaft, nach 1955 im ärztlichen Beirat des Verbandes der Heimkehrer, 1956 Verweigerung der Wiederaufnahme der Professur wegen der KZ-Versuche, ca. 1960 wissenschaftlicher Angestellter bei Pharmazie Grünenthal, 1965–1968 Ermittlungsverfahren, dann Einstellung, 1970 Buch „Ich sah Berlin sterben", 1989 Buch „Patient Hitler".

2. FIKTIVER FILMORT – Bismarckallee 37

1941/42 schaffte es Münster sogar in Hollywoods Filmstudio der Warner Brothers; Hauptrollen: Ronald Reagan und Errol Flynn. Gedreht wurde ausschließlich in den Studios. Der US-Durchhaltefilm handelte von einem riskanten Fallschirmabsprung todesmutiger Widerstandskämpfer, deren Ziel die besetzten Niederlande sind. Dort wollen sie sich dem dortigen Widerstand anschließen.

Jedoch mißlingt der Absprung und die Helden landen nachts ausgerechnet in Westfalen. Unterwegs begegnet ihnen ein übervoller Heuwagen: „Heereslieferung nach Warendorf", erklärt der

Ronald Reagan in der fiktiven Filmadresse Bismarckallee 37. Der Film zeigt, wie sich die Amerikaner das Deutsche Reich vorstellten: Mittelalterlich war die Hollywood-Studiokulisse der Aaseegegend und auch die Radkappen der Autos hatten das Markenzeichen.

Bauer. Die beiden Filmhelden schaffen es an Münsters Aasee. Die Bebauung in der Filmkulisse erinnert aber mehr an das mittelalterliche Rothenburg ob der Tauber. Mühsam müssen sie sich im Dunkeln zurechtfinden und anhand der Straßenbezeichnungen „Bismarckallee" und „Mecklenbecker Straße" merkt der heutige Zuschauer, daß die Regie in Hollywood einen münsterischen Stadtplan hatte. Bei der Filmadresse „Bismarckallee 37" hoffen die beiden Helden auf charmante Damenbekanntschaft und Kontakt zum Widerstand. Statt dessen mutieren die anfangs freundlichen Menschen dort zu rabiaten Gestapo-Zombies, so daß Reagan und Flynn ganz schnell wegmüssen. Auf dem Weg nach Westen begegnen ihnen jede Menge tumbe NS-Bösewichter, mit denen die Helden selbstverständlich amerikanisch-lässig fertig werden. Außerdem ergeben sich bis zum heldenhaften Ende diverse spontane Fahrgelegenheiten, sei es durch den Diebstahl von Görings Auto mit Hakenkreuzen auf den Radkappen oder durch eine Schwarzfahrt im NS-Regierungszug.

Die Informationen über Münsters Straßennamen könnten aus einem münsterischen Stadtplan stammen, der aus US-Armeebestand nach Hollywood entliehen sein könnte. Die Westalliierten hatten sich deutsche Stadtpläne beschafft, um gezielt dichtbewohnte Altstädte und Arbeitergegenden treffen zu können, die für die Flieger rot markiert wurden.

3. AASEEKONFERENZ, GAULEITUNG – Bismarckallee 3–5

Des Gauleiters Büro wurde von den mächtigen Torbögen eingerahmt. Der teilzerstörte Baukörper wurde nach 1945 wieder aufgebaut.

Die Berliner „Wannseekonferenz“ mit der Planung der behördenübergreifenden Zusammenarbeit bei der Ermordung der europäischen Juden vom Januar 1942 ist allgemein bekannt. In Münster war man schon vorher so weit. Bereits im November des Vorjahres tagte in der Gauleitung am Aasee eine geheime Planungsrunde, die als „Aaseekonferenz“ gelten kann. Es gab die gleiche Tagesordnung wie danach in Berlin und zwar speziell ausgerichtet auf die Region. Die Teilnehmer als Vertreter ihrer jeweiligen lokalen Behörde war analog der Sitzung vom Wannsee und auch der Inhalt des „Aasee-Protokolls“ wirkt wie eine Vorlage für das spätere Wannseeprotokoll.

Themen waren die Anzahl der Juden, die Durchführung des Abtransports, die letzte Ausplünderung und auch wie später am Wannsee der Appell an alle Dienststellen zur geschmeidigen Zusammenarbeit. Als Konferenz-Teilnehmer wurden im Protokoll vermerkt: stellvertretender Gauleiter Peter Stangier (siehe S. 73) mit seinem Gauhauptstellenleiter Otto Thiemann, Oberregierungsrat Heinrich Heising von der Oberfinanzdirektion, 1949 Präsident des Finanzgerichts Düsseldorf (siehe S. 21), Oberregierungsrat Alfred Hoffmann vom Oberpräsidium, Oberregierungsrat/Obersturmbannführer Hans Joachim Busse von der Gestapo, Polizeipräsident SS-Oberführer Otto Heider (siehe S. 176), der Kreisleiter des Großkreises Münster-Warendorf Ernst Mierig (siehe

S. 123), Gauobmann der DAF Ferdinand Schürmann, vormals Telegrafenarbeiter, Oberbürgermeister Albert Hillebrand (siehe S. 114), Protokollant Rechtsrat Wilhelm Sasse, 1952 Stadtdirektor Paderborn (siehe S. 198). Nicht korrekt werden als anwesend auch noch die „Führer der Gliederungen der Arbeit" erwähnt, worunter wohl Vertreter von Arbeitsamt und Arbeitsdienst zu verstehen sind. Konferenzteilnehmer Mierig brachte nach 1945 die Behauptung, Münsters Juden seien in das friedliche Schweden ausgewandert.

Das langgestreckte Gebäude mit dem großen Schriftzug „NSDAP" über den Bögen am Haupteingang war Ende 1936 fertig. 1937 sandten die stolzen Lokalgrößen ein Fotoalbum ihres Prachtbaus an Hitler, der sich auch prompt bedankte. Das Album gilt im Endkampf von Berlin als vernichtet, da es sich nicht bei den Resten von Hitlers Bibliothek in der Library of Congress/Rare Books and Special Collections Division in Washington D.C. befindet. Unter Hitlers circa 1.400 Bänden befindet sich aber trotzdem etwas aus Münster. Es ist die Dissertation von Maria Schmidt vom zoologischen Institut mit der erglühten Widmung vom November 1935: „Meinem Führer in Verehrung und Dankbarkeit die 1. wissenschaftliche Arbeit". Die 116 Seiten zum Thema „Die Wirkung einiger Wirbeltierhormone auf den Süßwasserpolychaeten Lycastis ranauensis Feuerborn" könnten den Empfänger doch etwas ermüdet haben. Überhaupt wurde in diesen Jahren viel von Münster Richtung Berlin verschenkt. Ende Mai 1940 bedankte sich des Führers Partei-Stellvertreter Rudolf Heß beim Gauleiter für ein spezielles Geburtstagsgeschenk: Originaldokumente aus dem dreißigjährigen Krieg. Nach Ende des sechsjährigen Krieges sind diese verschwunden.

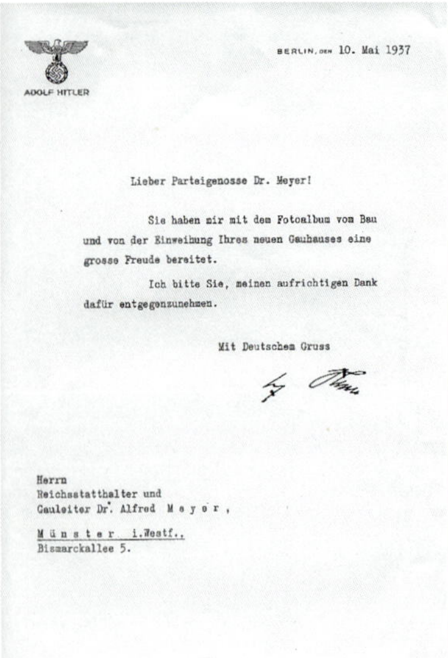

ADOLF HITLER

BERLIN, DEN 10. Mai 1937

Lieber Parteigenosse Dr. Meyer!

Sie haben mir mit dem Fotoalbum vom Bau und von der Einweihung Ihres neuen Gauhauses eine grosse Freude bereitet.

Ich bitte Sie, meinen aufrichtigen Dank dafür entgegenzunehmen.

Mit Deutschem Gruss

Herrn
Reichsstatthalter und
Gauleiter Dr. Alfred M e y e r ,

M ü n s t e r i.Westf.,
Bismarckallee 5.

Des Führers Dank für das Fotoalbum aus Münster ist erhalten, das Album nicht. 1945 verbrannte es im Berliner Endkampf.

Sieben Teilnehmer der Aaseekonferenz konnten mit Foto ermittelt werden. Oberbürgermeister Albert Hillebrand, Polizeipräsident Otto Heider, stellvertretender Gauleiter Peter Stangier, Kreisleiter Ernst Mierig, DAF-Gauobmann Ferdinand Schürmann, Oberregierungsrat vom Finanzamt Heinrich Heising, Verwaltungsjurist Wilhelm Sasse.

4. HUGO WIESMANN – Körnerstraße 46

56 Panzer abgeschossen: Panzerrichtschütze/Unteroffizier Hugo Wiesmann, darunter sein Ritterkreuz vom September 1944.

56 Panzer hat er abgeschossen, beim letzten wurde Hugo Wiesmann (1922–2004) fast tödlich getroffen. Nur sehr schneller medizinischer Hilfe verdankte er sein Leben; allerdings war ein Bein nicht mehr zu retten und mußte amputiert werden. Damit war der Krieg für ihn vorbei; die Uniform trug er nur noch ein einziges Mal für das Erinnerungsfoto mit Orden. Allerdings rettete ihm das Ritterkreuz später das Leben: Bei Kriegsende war er noch in ärztlicher Behandlung in einem Lazarett in Thüringen. Eines Tages verluden ihn amerikanische Soldaten ohne Begründung schnell ins Auto; es ging Richtung Westen. Später merkte Wiesmann, woran das lag. Im Sommer 1945 hatten die Amerikaner mit den Russen Thüringen und einen Großteil Sachsens gegen ein Stück Berlin getauscht. Beim Rückzug aus Thüringen wollten sie wohl vermeiden, daß das „Kind mit Ritterkreuz" den Russen in die Hände fiel. Wegen seines sehr jugendlichen Aussehens wurde er „Bubi" gerufen und in späteren Jahren blieb es dabei. Wieder in Münster arbeitete er, der vor dem Krieg eine kaufmännische Lehre bei Radio Schürmann & Brüggemann am Bispinghof absolviert hatte, wiederum als kaufmännischer Angestellter und gründete eine Familie.

5. GERHARD GLOKKE – Goebenstraße 18

Zum Stadtbild gehörte von 1929 bis zu seinem Tod 1944 mit nur kurzer Unterbrechung Gerhard Glokke, dessen Vermieter das „Heersunterkunftsamt" war. Ein Beispiel dafür, daß das Militär wie ansonsten nur die Reichsbahn „Staat im Staat" war. Vier Beförderungen vom Oberstleutnant zum General der Infanterie hatte er in Münster; eine so lange Dienstzeit am selben Standort ohne Versetzungen ist ungewöhnlich. Ein Grund für seinen Verbleib in Münster ergab sich bei Kriegsbeginn, als Glokke neu ernannter Befehlshaber im Wehrkreis VI wurde. VI war der größte der Wehrkreise und umfaßte drei Provinzen: Westfalen, Rheinland und Hannover mit 12 Millionen Einwohnern. Im Juni 1940 kamen Eupen, Malmedy und Monschau dazu. Glokkes Befehlsbereich umfaßte das Heimatheer, also alle militärischen Stellen und Soldaten, die innerhalb der Region und nicht im Kriegsgebiet waren. Diese Position konnte nur jemand übernehmen, der umfassende Kenntnisse der überregionalen militärischen

General Glokke nach einer Parade in Hamm.

Gegebenheiten hatte. Dieses Monopolwissen hatte Glokke, der in den Vorjahren nicht die üblichen ständigen Versetzungen hinter sich hatte. Gleichzeitig war er Stellvertreter des Kommandierenden Generals („KG“) des VI. Armeekorps, das komplett im Kriegseinsatz war. Glokke erlebte mehrmals den Dienstantritt eines neuen „KG“. Zu Glokkes Aufgaben gehören auch repräsentative Funktionen, wie Ordensverleihungen und Lazarettbesuche. Wohl lästig waren ihm Termine mit Grußrede wie etwa bei Gästeabenden der NS-Frauenschaft. Anzutreten hatte er auch immer, wenn Besuch aus Berlin kam. Als Gauhauptstadt wurde Münster oft von Besuchen hoher Funktionäre heimgesucht, darunter fast alle bekannten Namen der NS-Zeit. Das Programm war aber stark unterschiedlich: Längere Aktionen mit Antreten auf dem Prinzipalmarkt samt Kulturprogramm gab es etwa bei Robert Ley 1934 und Alfred Rosenberg 1941; Verkehrsminister Julius Dorpmüller wollte 1940 nur kurz die frühen Bombenschäden sehen, als es weiter östlich noch keine gab. Zur Begrüßung länger vorher angekündigter Funktionäre hatten jeweils die ranghöchsten Vertreter von Gau, Stadt, Heer, Luftwaffe, Arbeitsdienst, SS, Polizei anzutreten und so war General Glokke Vertreter des Heeres. Ob er beim Aufwand wegen der Berliner Parteigrößen besonders begeistert war, muß offen bleiben. Als Soldat, der seine Prägung im Kaiserreich erhalten hatte, rangierten Dienstauffassung und Pflichtbewußtsein vor den persönlichen Ansichten. Am 5. Juni 1944 traf ihn ein tödlicher Herzinfarkt; er hinterließ Ehefrau und Tochter. Schon am Tag danach hatten alle ein anderes Erregungsthema, als den Amerikanern die Landung in der Normandie gelungen war; später als „D-Day“ bekannt.

Nr. 18, in der Gerhard Glokke bis zu seinem Tod 1944 wohnte, steht nicht mehr, wohl aber das ähnliche Nachbarhaus Nr. 20.

Gerhard Glokke, geb. 26. November 1884, Posen, gest. 5. Juni 1944 Münster — 1916 Generalstabsoffzier, 1919 Grenzschutz Ost, 1920 Kompaniechef Glogau, 1923 Generalstabverwendung, 1925–29 Taktiklehrer Artillerieschule Jüterbog, 1929 Oberstleutnant und Bataillonskommandeur im 18. Infanterieregiment Münster, dann dergl. Oldenburg, 1933–1937 erster Kommandeur der wiedereingerichteten 16. Infanteriedivision, Standortkommandant Münster und Wehrgaubefehlshaber von Westfalen, 1934 Generalmajor, 1936 Generalleutnant, 1937 General z. b. V. (zur besonderen Verwendung) beim Generalkommando des VI. Armeekorps Münster, 1939 stellvertretender Kommandierender General des VI. Armeekorps und Befehlshaber im Wehrkreis VI., 1940 General der Infanterie.

6. OTMAR VON VERSCHUER – Goebenstraße 8

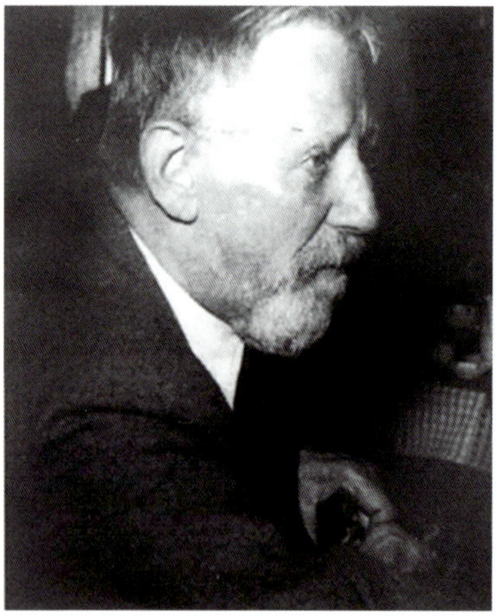

Verschuer auf einem anthropologischen Kongreß 1954 in Münster.

Der Doktorvater von 1938 des Auschwitzer Mordarztes Josef Mengele kam 1951 nach Münster und hatte einiges zu verbergen. Von seinem Assistenten Mengele hatte er sich zu Forschungszwecken aus den KZ Körperteile der Ermordeten kommen lassen und konnte vom Glück reden, daß dieser Mitwisser verschwunden war. Ein Spruchkammerverfahren 1946 war für Verschuers weitere Karriere kein Hindernis gewesen. Allerdings konnte Verschuer sich jahrzehntelang nie ganz sicher sein, ob Mitwisser Mengele wirklich für immer verschwunden bleiben würde. Geschickt war seine Vorplanung für den nicht auszuschließenden Krisenfall, daß dieser plötzlich wieder auftauchen könnte. Daher formulierte er schon mal eine Beschönigung Mengeles an die britischen Behörden und beschrieb ihn als rührenden Wohltäter in Auschwitz: „Mengele wurde gegen seinen Willen als Arzt an das Lazarett ... kommandiert, ... wie unglücklich er darüber war ... daß er sich bemüht hat, den Kranken ein Arzt und Helfer zu sein.“ Aber Verschuers Befürchtung war unnötig, da Mengele erst 1979 tot in Brasilien am Strand gefunden wurde.

1951 blieb er auch in Münster seinem Fachgebiet treu: Als Professor für Humangenetik war er erster Lehrstuhlinhaber des neu gegründeten Instituts dieses Fachs, nachdem der vorherige Gründungsversuch in Frankfurt durch Proteste der Öffentlichkeit verhindert wurde. Zeitweise war er auch Dekan der medizinischen Fakultät. Auch den Neudruck seiner verfaßten Lehrbücher hatte er in die neue Zeit herübergerettet. Nur wenig verändert, konnten sie problemlos weiter erscheinen. Seine erste Wohnung war eine Etage an der Goebenstraße, mit steigendem Wohlstand zog er ins Professorenviertel auf die Sentruper Höhe an die Tondernstraße. 1965 verunglückte er bei einem Verkehrsunfall und lag bis zum Tod jahrelang im Koma. Auch durch Verschuers Mißbrauch geriet dieser Wissenschaftszweig jahrzehntelang in Verruf, was die Forschung erheblich verzögert hat.

In den 50er Jahren wohnte er Goebenstraße 8, zweite Etage.

Otmar von Verschuer, geb. 16. Juli 1896, Richelsdorfer Hütte/Landkreis Hersfeld-Rotenburg, gest. 8. August 1969 Münster — Ab 1919 Universitäten Marburg, Hamburg, München, Freiburg. 1923 Assistent Univ. Tübingen, Spezialgebiet Zwillingsforschung, 1927 Kaiser-Wilhelm-Institut (KWI) für Anthropologie, menschliche Erblehre und Eugenik in Berlin, 1936 Professor Universität Frankfurt, 1942 Direktor des KWI und Biologie-Referent der Forschungsabteilung Judenfrage beim Minister für die besetzten Ostgebiete Rosenberg, 1943 Professor Berlin, 1944 Beirat des Generalkommissars für das Sanitäts- und Gesundheitswesen Karl Brandt. 1945 Vorsitzender der Gesellschaft für Anthropologie Berlin, 1949 Mitgründer der Mainzer Akademie für Wissenschaften, 1951–1965 Professor für Humangenetik Münster. 1952 Vorsitzender der Deutschen Gesellschaft für Anthropologie, 1965–1969 Koma nach Verkehrsunfall.

7. GEISTSTRASSE 44 – Albert Hillebrand

Während seiner Zeit als Oberbürgermeister 1933–1945 war OB Hillebrand (siehe S. 114) privat genügsam und blieb an der Geiststraße 44 wohnen.

Kein Auto, sondern ein rollender Landsitz. Mit diesem Dienstwagen wurde Albert Hillebrand morgens von der Geiststraße abgeholt. Den Horch hatte er von seinem Amtsvorgänger Karl Zuhorn übernommen.

8. FRANZ LUDWIG – Am Krug 17

Franz Ludwigs nationalsozialistische Bekenntniskompositionen umfaßten fünf Prozent seines Gesamtwerks und sorgten später für hitzige Diskussionen.

„Wir treten an, wenn der Führer uns ruft; wir treten an, wenn uns sein Auge sucht ...", oder: „Wir wollen mir ihm durchs Feuer gehen als Deutschlands würdige Erben, so wie wir mit ihm zu leben verstehn, verstehn wir auch, mit ihm zu sterben!"

Martialisch tönten die Kantaten „Gelöbnis" und „An den Führer" 1939 aus dem Haus Am Krug 17. Mancher Nachbar mochte sich über den Text amüsiert oder geärgert haben. Aber in dieser Zeit voller Zwänge konnte eine Lärmbeschwerde wegen politischer Bekenntnismusik Probleme bereiten. Daher hielt man sich besser zurück und die Ohren zu. Der Sudetendeutsche Franz Ludwig hatte die „An den Führer"-Kantate sozusagen crossmedial ausgerichtet, damit sie für sämtliche mehr oder weniger großen NS-Feierlichkeiten verwendbar war: Arrangements für großes und kleines Blasorchester gab es, aber auch die magischste aller Zahlen der NS-Zeit kam vor: 1000 Stimmen hatte ein Chor in Hagen 1940. Auch wurde damals viel marschiert. Zu „Marschlied für die Flak", „Marschierer des Sieges", „Marsch für den RAD" oder „Soldaten im Braunhemd" knallten die Stiefel aufs Pflaster. Auch weitere Kompositionen lagen im Trend der Zeit: „Mit dem Schädel durch die Wand" oder „Eisen ins Blut" liefen damals als „Kampflieder" und sind heute Inhalte amerikanischer Rapper der Splatter-Ausrichtung. Schwerpunkt blieben jedoch Werke für Großchöre, die auch Produkte ehelicher Gemeinschaft waren. Die Parteitagsmusik „Der Tag von Nürnberg" wurde 1934 mit 400 Sängern in Münster aufgeführt. 7.000 westfälische Goldkehlen reisten zum Breslauer Sängerbundfest und ließen den Schlesiern Ena Ludwigs Komposition „Volk, baue Dein Reich!" in den Ohren schallen. Fairerweise sei angemerkt, daß dieser „ nationalsozialistische Realismus" fünf Prozent seines Schaffens ausmacht. Zu wenig gesehen wurde bei der stets gesinnungstarken Diskussion über den Komponisten die mikroökonomische Seite. Der stets finanzschwache Ludwig wollte durch diese „Konjunktur-Musik" seine Einnahmen verbessern, da eine Festanstellung im öffentlichen Dienst am Widerspruch der Partei scheiterte. Vielleicht beflügelte den gebürtigen Sudetendeutschen auch die Begeisterung über die Wiedervereinigung 1938.

Unzerstört hat das Haus den Krieg überstanden.

Franz Wenzel Ludwig, geb. 7. Juli 1888 oder 1889 in Graslitz/Erzgebirge, gest. 15. Juni 1955 Münster — 1909–1911 Studium Kompositionslehre Leipzig u. a. bei Max Reger, 1913 fürstlicher Hofpianist Konservatorium Sondershausen und Komposition von Klavier- und Kammermusikwerken und Vermählung mit der Pianistin Ena Howorka, 1916–1918 Kriegsdienst, 1919–1920 Teilnahme an den vergeblichen Gründungsplanungen einer „Westfälischen Hochschule für Musik", danach als „freier Tonkünstler" prekäre Finanzlage bei 30 erfolglosen Bewerbungen in den Folgejahren, 1920 Gründung „Ludwigbund" als alternatives Klavierseminar, 1928 Leitung des münsterischen Männergesangsvereins, 1928 Oper „Schlag 12", Januar 1934 Uraufführung des dramatischen Oratoriums „Das Lambertusspiel" in Bremerhaven, im Oktober in Münster, 1935 Verbot seiner Wüllner-Biographie (1928) wegen darin erwähnter jüdischer Musiker. 1935–1937 ehrenamtlicher Landesleiter des Reichmusikkammer-(RMK-) Gaus 29, 1937 Entlassung vor seiner Partei-Aufnahme, 1939–1941 Musik-Aushilfslehrer Oberschule am Wasserturm (jetzt Ratsgymnasium), 1943–1945 Kaaden/Böhmen, Sommer 1945 Rückkehr nach Münster.

9. WILHELM DEGE – Am Krug 11

Bartwuchs als Wärmeschutz bei arktischen Termperaturen.

Der Soldat der Wehrmacht, der als Letzter kapitulierte, war ein Münsteraner.

Erst am 4. September 1945 legte die Einheit „Haudegen" mit Kapitänleutnant Wilhelm Dege (1910–1979) und seinen zehn Männern die Waffen nieder. Dege war jedoch kein Durchhaltefanatiker. Der Grund für die Spätkapitulation war nicht heroisch, sondern sehr simpel: In der Isolation im nordpolaren Spitzbergen waren alle von der Außenwelt abgeschnitten und es gab keine Kommunikationsmittel, um die Kapitulationserklärung loszuwerden. Ein Jahr zuvor, im September 1944, wurde die elfköpfige Gruppe von Soldaten mit Polar-Erfahrung und Geographen im Rijpfjord bei Spitzbergen abgesetzt; bis März

Deges Wohnsitz in Münster.

1945 waren Mond und Polarlicht die einzigen natürlichen Lichtquellen der Männer. Deren Aufgabe war die verschlüsselte Übermittlung von Wetterdaten, und zwar im Drei-Stunden-Takt. Gute Wetterprognosen waren kriegswichtig, da durch das Wetter manche Kämpfe entscheidend beeinflußt werden konnten. Besonders wichtig waren dabei die Daten der Polarfront, welche die mitteleuropäischen Hoch- und Tiefdruckgebiete entscheidend beeinflussen. Die Arktis-Expedition erforderte eine aufwendige Planung. 80 Tonnen Ausrüstung in 1.800 Gepäckstücken, darunter vier Tonnen Brot, zeigen, daß ein längerer Aufenthalt bevorstand. Auch ein OP-Besteck, eine kleine Bibliothek, Schnaps und Zigaretten waren enthalten. Das OP-Besteck kam nur einmal im Kampf gegen einen rebellierenden Zahn zum Einsatz. Um einen Polarkoller zu vermeiden, gab es täglich zwei Stunden Holzsägen, den Bau einer Sauna und Schulunterricht beim ausgebildeten Lehrer Dege. Außerdem wurden zwei Eisbärjunge großgezogen. Per Funk erfuhr die Truppe im Mai 1945 vom Kriegsende, wurde aber nicht abgeholt. Dege übermittelte die Wetterdaten jetzt direkt an die Norweger, aber nichts tat sich. Das Polaridyll war erst Anfang September 1945 zu Ende, als ein norwegisches Fischereischiff einlief. Nach dem feucht-fröhlichen Abendessen aus der Konkursmasse der Wehrmacht erklärte der Norweger, er sei ja eigentlich wegen der Kapitulation hier, worauf der erleichterte Dege seine Pistole auf den Tisch legte: „Hiermit kapituliere ich!". Im Dezember 1945 kam er frei und hatte später einen Lehrstuhl für Volkskunde an der Pädagogischen Hochschule Dortmund.

10. AUSWEICHSTADTVERWALTUNG 1944 – Sentmaringer Weg 53

Das großzügige Gebäude aus Rotklinker und Baumberger Sandstein wurde im Juni 1938 für die HJ durch Architekt Hans Ostermann fertiggestellt. Im späteren Kriegsverlauf mit immer größeren Bombenschäden in der Innenstadt wurde es zur Ausweichstadtverwaltung. In den 50er Jahren nutzte es die Kunstakademie; 2010 wurde es abgerissen. In den 70er Jahren wurden bei Reparaturarbeiten auf dem Dachboden Fahnen und Standarten der HJ entdeckt, die seitdem verschwunden sind. Hinweise auf den Verbleib nimmt das Stadtmuseum gerne entgegen.

Der Parteiadler verschwand 1945, später wurde der Bau um ein Geschoß aufgestockt. Das Gebäude aus Rotklinker und Baumberger Sandstein wurde 2011 abgerissen.

11. HAUS SENTMARING – Sentmaringer Weg 55/57

Am Morgen des 12. Juli 1941 betraten Gestapobeamte Haus Sentmaring, das mit großem Park mit altem Baumbestand den Jesuiten gehörte. Zu den zehn Männern gehörte auch Gestapomann Eugen Dehm, der „grobe Durchsetzer" der münsterischen Gestapo. Er war den Jesuiten schon von früheren Hausdurchsuchungen bekannt und forderte Pater Superior Max Klein als Leiter des Hauses auf, alle Hausbewohner zu versammeln, um erst mal eine Drohkulisse zu schaffen. Dann forderten sie Pater Superior als Leiter des Hauses auf, in ein separates Zimmer zu gehen. Zweck war, daß

Haus Sentmaring wurde 2003 für Eigentumswohnungen abgerissen. Heute erinnert nur noch der Straßenname daran.

erst mal alle erschrecken sollten. Mit dem Pater setzte Dehm zwei Schriftstücke auf, die schon von den Gestapo-Juristen vorformuliert waren: Im ersten wurde die Beschlagnahme des Hauses samt Inventar fixiert mit Ausnahme der persönlichen Sachen der Patres. Das zweite Schriftstück war ein Hausverbot ab dem Abend desselben Tages sowie eine Art „Bannbulle" für ein größeres Gebiet: Aufenthaltsverbote für die Provinzen Rheinland und Westfalen. Im Klartext wurden die Jesuiten auf die Straße geworfen. Weil die Patres die schweren Meßbücher und liturgischen Gewänder so schnell nicht mitnehmen konnten, erklärte die Gestapo, die Sachen sollen in einer Stelle im Haus zusammengelegt werden und die Patres könnten sie dann später bekommen. 1947 notierte Pater Superior sinngemäß: „Darauf warten wir noch heute." Die Jesuitenpatres verließen am späten Nachmittag nach einer letzten Meßfeier das Haus und fuhren mit der Bahn zu anderen Ordenshäusern. Um 18 Uhr erschien Bischof Galen und traf als einzigen noch den Pater Superior an. Galen kritisierte lautstark diesen Rauswurf. Als der Pater ihn auf die beiden Gestapoleute hinwies, meinte Galen: „Das können die Herren ruhig hören!" Die verunsicherten Gestapoleute beriefen sich auf ihre Befehle: „Sagen Sie das unseren Auftraggebern!". Inzwischen waren auch schon die neuen Hausbewohner gekommen: Es waren „braune Schwestern" der NSV (nationalsozialistische Volkswohlfahrt), die sich schon mal in der Küche betätigten, damit das Abendessen auf den Tisch kam.

Da war die Gestapo schon unterwegs zur nächsten Beschlagnahme. Jetzt war das Ignatiushaus an der Königsstraße 36a an der Reihe (siehe S. 51). Wieder erschien Bischof Galen, der dieses Vorgehen in seiner nächsten Sonntagspredigt in der Lambertikirche würdigte.

Haus Sentmaring wurde kriegsbeschädigt, teilweise wieder aufgebaut und um 2000 abgerissen. Heute steht dort Eigentumswohnungs-Investorenarchitektur.

12. OTTO HEIDER – Prinz-Eugen-Straße 42

Ämtertausch im dritten Reich: Otto Heider wurde Polizeipräsident in Münster und sein Vorgänger Günther Claassen (siehe S. 138) übernahm Heiders bisherigen Posten in Düsseldorf als Stabsführer beim SS-Oberabschnitt West. Bevor Heider im August 1940 nach Münster kam, hatte er schon aus dem Nichts einen steilen Aufsteig und dann einen tiefen Fall hinter sich: Bis 1933 war er unverschuldet einer von sechs Millionen Arbeitslosen, dann brachte ihm

Angetreten auf dem Platz Sentmaringer Weg/Geiststraße sind Einheiten von Polizei und Feuerwehr, die während des Krieges der SS unterstellt wurden. Mit weißen Mantelaufschlägen: SS-Oberführer/Polizeipräsident Heider.

das nationalsozialistische Schicksal einen prominenten Posten: 1934 wurde er Regierender Bürgermeister von Bremen. Drei Jahre später wurde er dort entlassen; wegen „Unregelmäßigkeiten in der Amtsführung", wie es im Amtsdeutsch heißt. Im Klartext hieß das: Er hatte Stiftungsgelder satzungswidrig der SS zugeschoben, die sich nach seinem Rauswurf dankbar zeigte. Mit offenen Armen wurde Heider aufgefangen und schnell gab es eine schöne Stellung für ihn in Düsseldorf. In Münster war er Teilnehmer der „Aaseekonferenz" zur Deportation der Juden (siehe S. 165). Später entwickelten sich beider Wege unterschiedlich. Zwischen den „Ämter-Tauschern" Heider und Claassen bestanden ab 1942 erhebliche Unterschiede in den Tätigkeiten bis Kriegsende. Claassens folgende Posten beim SS-Totenkopfverband und als Warschauer Polizeipräsident symbolisieren bis heute schwerste Verbrechen und können nur als Tatorte bezeichnet werden. Heider hatte 1942 offensichtlich wenig Interesse an einer weiteren Karriere im SS-System. Es hätte genügend Massenmord-Posten mit Aussicht auf Beförderungen und Orden gegeben. Es gelang ihm, einen unverfänglichen Büroposten zu bekommen. Das war zwar die Karriere-Sackgasse, aber man hatte seine Ruhe: Bis Kriegsende beschäftigte er sich im SS-Heiratsamt mit dynastischen Fragen des SS-Neuadels, genauer gesagt, mit der Historie der Bräute, die von den Edelingen geheiratet werden wollten. Bis zum dreißigjährigen Krieg mußte alles überprüftermaßen „garantiert arisch" sein. Durch Anfragen bei Ahnenforschern und Korrespondenzen mit zerbombten Standesämtern konnte man sich einen beträchtlichen bürokratischen Apparat aufbauen, der sich faktisch selbst ernährte. Kaum jemand konnte dort hereinreden und somit war es eine elegante Art, das dritte Reich hinter sich zu bringen. Parallel dazu war Heider Laienrichter (Schöffe) beim

Heiders Karriereknick 1942 erwies sich nach 1945 als Glücksfall.

Volksgerichtshof. Sich einer Einberufung als Schöffe bei Gericht zu entziehen, war damals wie heute nicht einfach. Heider hatte nach 1945 Glück, weil sich niemand für die Volksgerichtshof-Richter und erst recht nicht für die 95 Schöffen (Stand 1939–43, 1944: 173) interessierte. Das lag auch daran, daß es bei den Nürnberger Prozessen kein ernsthaftes Verfahren gegen kriminelle NS-Juristen gegeben hatte. Das war möglich, weil die vier Top-Mordjuristen 1945 tot waren: Freisler starb durch Bombentreffer, Reichsgerichtspräsident und Justizminister richteten sich selbst, der Vorgängerminister verstarb 1941. Daher konnten schuldige Juristen stets nach Belieben bequem auf Befehle der Toten verweisen. Bei seinem Wegzug nach Berlin 1942 übernahm sein Amtsnachfolger, SS-Standartenführer Heinz Manger, die Mietwohnung bis Kriegsende.

Otto Heider, geb. 26. Mai 1896 Bremerhaven, gest. 13. Mai 1960 Groß-Berkel/Kreis Hameln-Pyrmont — 1921 Elektroingenieur, 1921–1926 verschiedene Positionen, 1925 NSDAP, 1926–1928 Geflügelfarmleiter Bad Sachsa/Harz, 1928–1931 Monteur Werft „AG Weser" Bremen, 1931–1933 arbeitslos, Kommissar für Arbeit, Wohlfahrt, Medizinal- und Versicherungswesen, 1933–1935 Präsident der evangelischen Landeskirche Bremen, 1935 Rücktritt auf Druck der SS, 1936 SS-Standartenführer, 1934–1937 Regierender Bürgermeister Bremen, 1937–1939 Stabsleiter des SS-Oberabschnitts West Düsseldorf, 1938 SS-Oberführer, 1939–1942 Polizeipräsident Münster, 1942 SS-Brigadeführer und Generalmajor der Polizei, 1942–1945 Chef des Heiratsamts des SS-Rasse- und Siedlungshauptamts Berlin sowie Laienrichter am Volksgerichtshof, Mai–September 1945 russische Kriegsgefangenschaft, 1945–1950 unter Falschnamen „Siedler" in Groß-Berkel, 1950 wieder Klarname und Restaurantleiter in Aerzen bei Hameln, anschließend Abnahmeingenieur E-Werk Wesertal Hameln.

13. EBERHARD SCHÖNGARTH – Habichtshöhe 66

Unverändert hat sich die Bebauung an der Habichtshöhe erhalten.

Als mobilen Terroristen kann man Eberhard Schöngarth bezeichnen. Vor Kriegsbeginn brachte er an mehreren Orten nacheinander die Gestapo auf Kurs, im Krieg war er in Osteuropa ein Phänomen menschlicher Verrohung und Dezivilisation. Nach Münster kam er 1938 nach einigen Blitzbeförderungen und war bis 1939 Chef der Gestapo-Leitstelle. Auf gleichem Posten war er schon vorher in Dortmund und Bielefeld, und zwar auch im Ein-Jahres-Rhythmus als eine Art „Unternehmenseinpeitscher". Sein Auftrag jeweils war, den „Laden schnell auf Vordermann" zu bringen. Innerhalb des Jahres 1938 hatte er einige Blitzbeförderungen um drei SS-Dienstgrade hinter sich, und zwar vom Obersturmführer zum Sturmbannführer. Seine Personalakte bescheinigte ihm dafür die nötigen Voraussetzungen: Starker Wille, intelligent,

Eberhard Schöngarth als SS-Oberführer 1941/42.

Volljurist, tadelloses Verhalten, keine Frauengeschichten, keine Schulden, breitschultrig, impulsiv, laute Stimme, eckige Bewegungen, Gefühl für Disziplin und Kameradschaft. In Münster wohnte er auf der Habichtshöhe 66. Diese Häuser gehörten der Wohnstättengesellschaft Münsterland mbH, die fast die gesamte Straße im Bestand hielt. Es war üblich, daß bevorzugt bei Firmen mit großem Wohnungsbestand angefragt wurde, um schnell etwas zu finden. Nachdem Sturmbannführer Schöngarth nacheinander drei Gestapo-Leitstellen befehligt hatte, kam dann der nächste Karrieresprung als SD-Chef nach Dresden. Zusammen mit dem westfälischen Gauleiter Meyer war er der zweite Teilnehmer der Wannsee-Konferenz vom Januar 1942, dessen Biographie einen Posten in Münster enthielt.

Karl Eberhard Schöngarth, geb. 22. April 1903 Leipzig, hingerichtet 16. Mai 1946 Hameln — 1920 Freikorpskämpfer, 1922 NSDAP Erfurt, 1924–1932 Studium, Promotion, Referendariat, 1933 Richter, 1935 Gestapo Erfurt, 1937–

1939 Leiter der Gestapo-Leitstellen in Dortmund, Bielefeld, Münster, 1939 Inspekteur der Sicherheitspolizei (IdS) und des SD Sachsen, 1941–1943 gleicher Posten im Generalgouvernement und Leitung von „Einsatzgruppen" zur Ermordung der jüdischen Bevölkerung, 1942 Teilnehmer Wannseekonferenz, 1943 SS-Brigadeführer und Kriegseinsatz in Griechenland und Jugoslawien, 1944 Befehlshaber der Sicherheitspolizei der Niederlande, 1946 britisches Militärgerichtsverfahren Burgsteinfurt; wegen schwieriger Beweislage hinsichtlich seiner Hauptverbrechen schließlich Todesurteil wegen angeblicher Übergriffe auf britische Flieger.

14. SA-SIEDLUNG – Kappenberger Damm

Landleben in der Stadt: Eines der wenigen Häuser mit dem original erhaltenen Anbau für eine landwirtschaftliche Nutzung.

Die erste westdeutsche SA-Siedlung entstand an der Westseite des Kappenberger Damms. Die Grundsteinlegung im März 1934 war ein Teil der groß angekündigten „Arbeitsschlacht", deren Gegner einmütig feststand: die Arbeitslosigkeit. Zahlreiche staatliche Großbauprojekte in der Region wie Kanalregulierungen, Autobahnbau und Schiffshebewerke sollten allseits anzeigen, wie die seit einem Jahr an der Macht befindliche NSDAP die Probleme anpackte. Am Kappenberger Damm sollten zunächst 44 „Soldaten der Revolution" angesiedelt werden, „um sie mit dem Boden der Väter und der Heimat zu verbinden". Die Siedlung lag im Außenbereich, der eigentlich nicht bebaut werden durfte, und war aus der Not geboren, da die Bewohner vorher in Baracken leben mußten. Die Gästeliste der Grundsteinlegung zeigte die Wichtigkeit: Angetreten waren Gauleiter Meyer, Oberpräsident von Lüninck, Landeshauptmann Kolbow, Regierungspräsident

Matthaei und Oberbürgermeister Hillebrand. Im Großeinsatz war Arbeitsgauführer Paul Zimmermann (siehe S. 88), der sozusagen als „General der Arbeitsschlacht" von Projekt zu Projekt eilte und daher der „rasende Paul" genannt wurde. Festgelegt waren Bauabschnitte und Finanzierung der „Horst-Wessel-Siedlung"; heute Ascheberger Straße, Davensberger Straße und Rinkerodeweg. Vorgesehen waren gegenseitige Nachbarschaftshilfe und „Muskelhypothek". Die Zinsen waren für die gesamte Laufzeit fixiert, die monatlichen Lasten waren bei 18 RM für eine lange Laufzeit gedeckelt. Eigenmächtige Änderungen der Siedler und Beratungstricks der Banken gab es nicht; es war zwar autoritär gesteuert, aber für alle verständlich. Der Dachausbau richtete sich nach der Kinderzahl. Außerdem orientierte sich der Lebensstil stark am Landleben. Ein Stall für zwei Schweine, Hühnerhaltung und Anbauflächen sicherten weitgehende Autarkie und wenig Abhängigkeit vom Bargeldfluß. 1936 wurde die Siedlung Richtung östlicher Seite des Kappenberger Damms erweitert. Interessenten für die 107 Grundstücke mußten darlegen, daß sie in „charakterlicher, gesundheitlicher und erbbiologischer Hinsicht" als Neusiedler geeignet waren. Bis Kriegsbeginn entstanden in Münsters Süden weitere Siedlungen südlich des Kriegerweges, südlich der Bahnstrecke am Vennheideweg, in Berg Fidel nördlich der Bahn sowie in Mecklenbeck. Nur noch sehr wenige Häuser sind im Originalzustand. Die großen Grundstücke, ursprünglich für die Agrarnutzung gedacht, werden zunehmend für Bauvergrößerungen mit Eigentumswohnungen verwendet.

Die „Arbeitsschlacht" wurde von vielen Organisationen geschlagen. Hier die Abzeichenvariante der „NS-Hago", der mächtigen Handlungsgehilfen-Organisation mit Hunderttausenden Mitgliedern.

15. HERMANN PÜNDER – Hof Geist 27, jetzt Robert-Bosch-Straße 10

Zweimal wurde Hermann Pünder nach dem Attentatsversuch am 20. Juli 1944 verhaftet. Beim ersten Mal kam er schnell wieder frei, die zweite Verhaftung war der Auftakt zu einer jahrelangen Tortur. Noch in der Attentatsnacht kam die Gestapo auf Pünders Eichenhof bei Münster, durchsuchte erfolglos seinen Schreibtisch und transportierte ihn in das Generalkommando am Schlossplatz (jetzt deutsch-niederländisches Korps). Nach einem Verhör wurde er am Nachmittag des 21. Juli wieder freigelassen.

Später stellte sich heraus, daß es sich dabei um eine pauschale reichsweite Verhaftungsaktion gehandelt hatte. Das aufgeschreckte Regime wollte seine Panik verbergen und handelte nach dem Prinzip Aktionismus. Unter dem Geheimcode „Aktion Gewitter"

Hohe Positionen hatte Hermann Pünder vor 1933: Staatssekretär in der Reichskanzlei, danach Regierungspräsident in Münster. Foto von 1946.

wurden sozusagen mit dem „eisernen Rechen“ viele Personen ohne konkreten Verdacht verhaftet, die das Regime als Gegner vermutete. Lebensgefährlich wurde es für Hermann Pünder einige Wochen später bei der zweiten Verhaftung. Ein dramatisches Alarmzeichen dabei war, daß Hermann Pünder schon einige Tage später unter Gestapo-Bewachung per Bahn von Münster nach Berlin gebracht wurde. Somit war die Sache nicht mehr wie beim ersten Mal in Münster zu beenden, sondern war auf weitaus gefährlicherem Terrain gelandet. In dieser Krisensituation merkte die Familie, auf wen Verlaß war und bei wem man aufpassen mußte. Viele Münsteraner, darunter Landesrat Karl Fix, Professor Karl Hugelmann und Notar Bernhard Terrahe II, schickten taktische Briefe, die Pünders deutsch-zuverlässige Haltung bescheinigten und daher zum Herumzeigen bestimmt waren. Erst später stellte sich der Grund für diese zweite Verhaftung heraus. Auf dem Eichenhof hatte Pünder Besuch von dem Mitplaner des Attentats Friedrich Carl Goerdeler (1884–hingerichtet 1945) bekommen und dieser hatte nach seiner Verhaftung im August 1944 in schwerster Verhörsituation die Besuche in Münster zugegeben. Goerdeler, ehemals Leipziger Oberbürgermeister, hatte Pünder zwei Mal besucht; 1942 und nach Stalingrad 1943. Da Telefongespräche und auch eine briefliche Terminierung zu gefährlich waren, kam er jeweils ohne Voranmeldung.

Beim ersten Besuch war Goerdeler nur wenige Stunden in Münster und stand genauso plötzlich wie leichtsinnig in Pünders Büro im Generalkommando/Wehrkreiskommando am Hindenburgpatz, wo es auch von NS-Getreuen nur so wimmelte. Allerdings hatte Goerdeler konspirativ einen falschen Namen bei der Wache angegeben. Beim zweiten Besuch 1943 fühlte Goerdeler sich beobachtet und wollte eine Hotelübernachtung vermeiden. Daher übernachtete er auf Pünders Eichenhof. Wie gefährlich die Zeiten waren, merkte man an Goerdelers nächster Unvorsichtigkeit. Dem Dienstmädchen auf dem Eichenhof gab er großzügig 20 RM Trinkgeld, wodurch garantiert war, daß der spendable Schenker lange in Erinnerung blieb. Bei Verhören des Mädchens hätte das erhebliche Probleme geben können. Immerhin hatte der grandseigneural auftretende Goerdeler sich jetzt nebulös als „Baron“ tituliert. Er war nach Münster gekommen, um Hermann Pünder von den schwierigen Attentatsvorbereitungen zu berichten. Ein weiteres Thema waren Goerdelers Personalplanungen sowie Überlegungen, wie es nach Hitlers Tod weitergehen sollte, auch gegenüber den Alliierten.

Als Goerdeler nach vergeblicher Flucht im August 1944 verhaftet wurde, hatte er – wohl unter Folter – eingeräumt, zweimal bei

Hermann Pünder in Münster gewesen zu sein. Daher vermutete das Reichssicherheitshauptamt zwar keine aktive Mittäterschaft Pünders, wohl aber eine Mitwisserschaft, was als „Hochverrat" genauso gefährlich war. Denn selbst auf deren Nichtanzeige stand die Todesstrafe, wenn auch die geplante Tat mit dem Tode bestraft würde. Der nächste Schreck für Pünders Familie war im November 1944 das Schockwort der NS-Justiz: Volksgerichtshof. Der Kampf um Besuchserlaubnisse, die Anwaltssuche, die ständige Ungewißheit und die Bombenzerstörung des Eichenhofs waren kaum zu schaffende Belastungen. Die Familie kam dann in Warendorf auf Haus Bleiche unter. Unvermeidlich waren nötige Fragen der Vermögensübertragung innerhalb der Familie, weil bei einem Todesurteil auch noch das Vermögen des Verurteilten eingezogen wurde. In der Umhüllung einer Feldflasche gelang fünf Monate lang der Austausch von Nachrichten mit der Familie. Diese waren für die ständigen Verhöre strategisch von enormem Wert. Bei den Verhören hatte Hermann Pünder einen harten Gegner, der seine Reitpeitsche schwang und diese dann auf die Tischplatte

Nur knapp zehn Jahre stand der Gutshof. Jetzt sind dort die Lagerhallen der Robert-Bosch-Straße.

knallte. Sturmbannführer Herbert Lange (1909–1945) hatte offensichtlich Befehl, auf keinen Fall damit zuzuschlagen. Einmal traf Pünder zu seinem Schrecken beim Verhör auf den gequälten Goerdeler, es war eine simulierte Zufälligkeit, von der sich die Verhörerseite Erkenntnisse versprach. Da Pünder nicht wissen konnte, was aus Goerdeler herausgequetscht worden war, handelte er nach dem Motto „Kleine Wahrheit – große Lüge". Er gab sofort zu, Goerdeler zu kennen, beschrieb das Verhältnis aber als oberflächlich. Pünder vermutete dann, daß die Verhörer auch von Goerdeler nicht allzuviel über die Gesprächsinhalte in Münster erfahren

Die Verhandlung vor dem Volksgerichtshof am 21. Dezember 1944. Die Kamera wurde durch die schwarzen Stellen einer davorgehängten Hakenkreuzflagge getarnt.

hatten, da eine anschließende Vertiefung dieses Themenbereichs ausblieb. Letztendlich waren die Verhöre Pünders für die Gestapo maximaler Aufwand bei minimaler Erkenntnis. Die Prozedur vor dem Volksgerichtshof mit Mordrichter Roland Freisler dauerte eine Stunde. Verhandelt wurde gegen zwei Angeklagte. Der ehemalige Staatspräsident von Württemberg wurde zum Tode verurteilt und später hingerichtet. Während des Prozesses stellte sich Hermann Pünders Vermutung, des Volksgerichtshofs Akten enthielten wenig über die Gespräche in Münster, als richtig heraus. Freisler, der ansonsten keine Hemmungen hatte, trotzdem die Todesstrafe zu ziehen, zuckte diesmal zurück: Freispruch mangels Beweisen. Anschließend folgte ein längerer Monolog Freislers, daß es nicht im Sinne Hitlers wäre, wenn auch nur ein Hauch einer Unrechtmäßigkeit in die Urteile einfließen würde. Lange Zeit später kam heraus, wie dieses Urteil zustandegekommen war. Ein wohlmeinender Berliner Freund der Familie, Freislers Staatsrats-Kollege Heinz Tietjen, Generalintendant der preußischen Staatstheater in Berlin, hatte dem Theaterfreund Freisler oft Freikarten beschafft und war daher bei Freisler „persona gratissima". Tietjen war am Verhandlungstag unmittelbar vor der Verhandlung unangemeldet bei Freisler in dessen Büro erschienen und hatte diesem erzählt, Reichsmarschall Hermann Göring habe spezielles Interesse an dem Verfahren Pünder und erwarte Informationen über den Verhandlungsverlauf samt Akteneinsicht. Für Rückfragen stehe Görings Adjutant bereit. Der Adjutant war eingeweiht und auf einen Kontrollanruf Freislers vorbereitet, Göring wußte nichts davon.

Freisler, der gerne Brüllreden gegen Schwächere hielt, traute sich aber nicht, im Büro des mächtigen Reichsmarschalls anzurufen. Statt dessen fabrizierte er schnell ein Urteil, das Göring nicht beanstandet hätte. Aber Pünders Qualen hatten noch lange kein Ende. Von Freilassung war auf Befehl des mächtigen Reichssicherheitshauptamtes (RSHA) keine Rede, statt dessen behandelte das RSHA das Volksgerichtshofurteil als Fehlurteil und betrieb die Wiederaufnahme des Verfahrens. Zunächst wurde Hermann Pünder in der Sicherheitspolizeischule Fürstenberg/Mecklenburg eingesperrt. Aus 136 Häftlingen aus 22 Ländern wurde ein von der SS geführter Todestransport zusammengestellt. Diese Gruppe, darunter Bekenntnispfarrer Martin Niemöller (siehe S. 98) und Generaloberst Franz Halder, der von 1931–1934 Oberst in Münster war, sollten für etwaige Verhandlungssituationen mit den Alliierten Geiseln sein. Der Weg führt über die KZ Buchenwald und Dachau. Ende April 1945 erfolgte im Tiroler Pustertal bei Schneesturm die dramatische Befreiung durch Wehrmachtssoldaten. Zwei Tage später wurde die Gruppe von der US-Armee übernommen. Durch ein Wunder war Pünder den Erschießungen der letzten Kriegstage entgangen. Ende Juli 1945 war er wieder in Münster. An der Stelle des Eichenhofs stehen jetzt Lagerhallen.

Hermann Pünder, geb. 1.4.1888 Trier – gest. 3. Oktober 1976 Fulda — 1923 Ministerialrat Reichsfinanzministerium und Generalreferent des Ministers, 1926–1932 Staatssekretär und Chef der Reichskanzlei, 1932–33 Regierungspräsident Münster, danach auf seinem landwirtschaftlichen Betrieb Eichenhof bei Münster als „Teilselbstversorger", 1939 Hauptmann, Dezember 1944 als Major nach dem Anschlagsversuch des 20. Juli 1944 Anklage beim Volksgerichtshof mit Freispruch, dann KZ-Haft, 1945 Todestransport und Befreiung in Niederdorf/Südtirol, Mai 1945 Empfang durch Papst Pius XII., 1945–1948 Oberbürgermeister Köln, 1948–50 Oberdirektor und Vorsitzender des Verwaltungsrats des Vereinigten Wirtschaftsgebietes (d. h. Quasi-Regierungschef der britischen und amerikanischen Zone, also des in Entwicklung befindlichen deutschen Weststaats), 1949–1957 Mitglied des Bundestages, 1952–56 Vizepräsident der Gemeinsamen Versammlung für Kohle und Stahl (Montanunion, Vorläuferin des Europäischen Parlaments). 1968 Autobiographie: „Von Preußen nach Europa".

SECHSTER RUNDGANG

RECHTS VOM AASEE

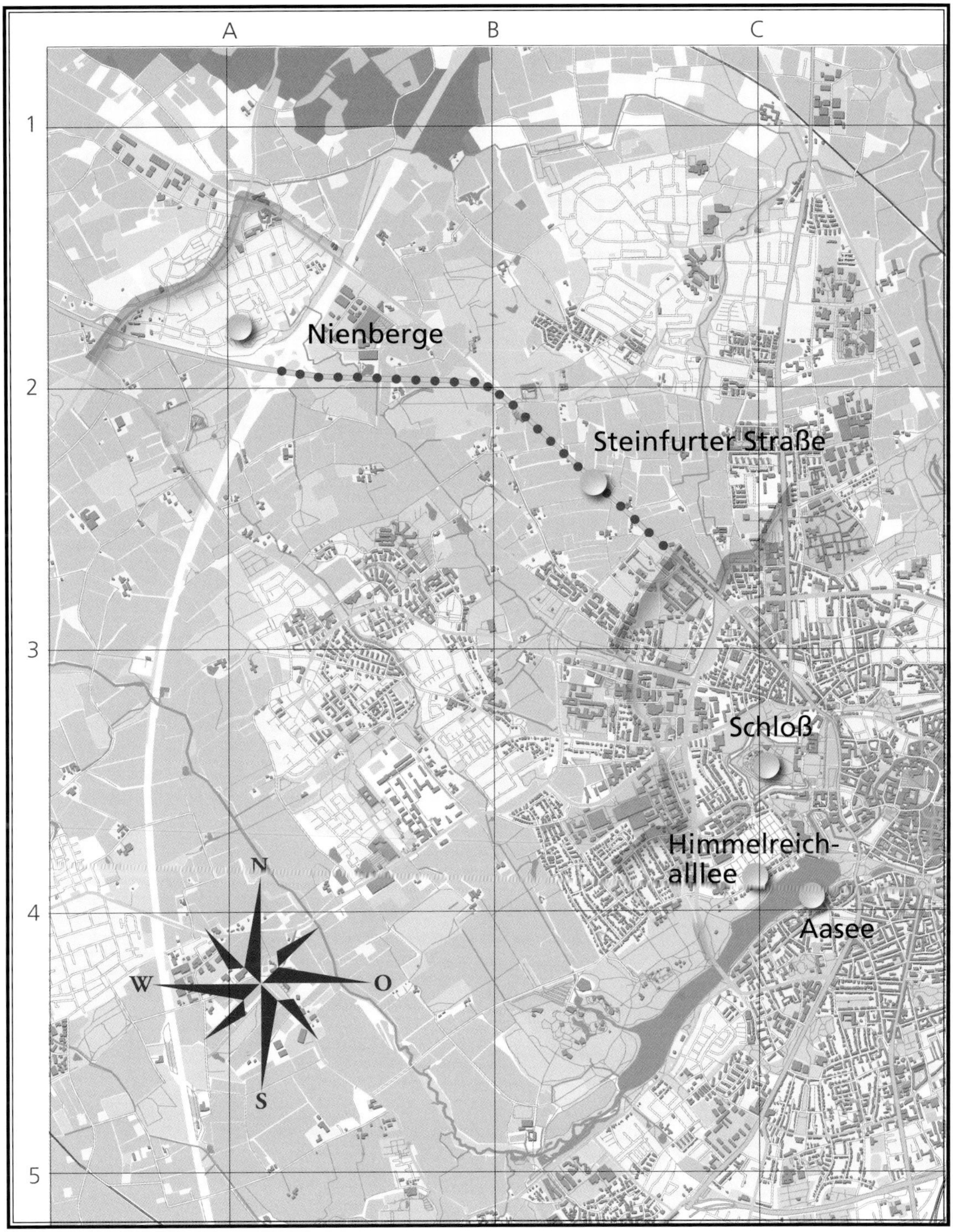
A
B
C
1
2
3
4
5
Nienberge
Steinfurter Straße
Schloß
Himmelreich-
alllee
Aasee
N
W
O
S

1. GAULEITER ALFRED MEYER – Annette-von-Droste-Hülshoff-Allee 25

Von betrunkenen Engländern wurde Haus Nr. 25 im Sommer 1945 verwüstet und dann abgerissen. Seitdem gibt es diese Hausnummer nicht mehr. Jetzt ist dort ein Durchgang zum Aasee.

Schöner wohnen mit Aaseeblick, das war für Gauleiter Meyer nur bis 1941 vornehm genug; dann mußte es eine Nummer größer sein. Neue Adresse war Münsters Schloß.

Das Haus Annette-von-Droste-Hülshoff-Allee 25 diente dann als Rotkreuz-Schwesterschülerinnenwohnheim; im Sommer 1945 wurde der intakte Bau durch betrunkene englische Soldaten verwüstet und dann abgerissen. Im Schloß wohnte schon der Kommandierende General des VI. Armeekorps Otto Wilhelm Förster, aber man kam sich in dieser sonderbaren Wohngemeinschaft nicht in die Quere, weil der General im Nordflügel seine Privaträume hatte und Meyer im Südflügel residierte. Jedoch war Meyer in jener Zeit kaum noch zu Hause, da er im gleichen Jahr auch noch in die finstersten Bereiche des NS-Systems berufen worden war. Nach Beginn des Rußlandfeldzugs wurde ein neues Ministerium für die besetzten Ostgebiete gegründet und stellvertretender Minister wurde Meyer. Somit konnte er sich nur noch selten an den Barockverzierungen in den Schloßräumen erfreuen, statt dessen standen Ministerpflichten an. Diese bestanden in der Verwirklichung der staatlich subventionierten Feindwissenschaften, wie etwa die Teilnahme an der Wannsee-Konferenz im Januar 1942. Hinzu kamen Inspektionsreisen in sein zusätzliches Herrschaftsgebiet im Osten. 1943 lieferte er seine 1.000-seitige Fleißarbeit ab, eine Gesetzessammlung mit dem monströsen Titel: „Das Recht der besetzten Ostgebiete Estland, Lettland, Litauen, Weißruthenien, Ukraine". Geschmerzt dürfte es ihn haben, daß er nicht noch als Krönung das geplante „Reichskommissariat Moskowitien" hinzufügen konnte. Gedrechselt rechtfertigte der Verschärfer des Vernichtungskrieges seine Fleißarbeit: Wichtiger sei natürlich der „unmittelbare Einsatz der Männer im weiten Raum des Ostens", aber die grundlegende Neuordnung sei ohne Paragraphen eben auch nicht möglich. Im münsterischen Volksmund wurde er „Meyer-Großdeutschland" genannt. Das lag an der allgemeinen Möglichkeit, einem „Allerwelts-Familiennamen" noch einen lokalen Zusatz zur besseren Unterscheidbarkeit hinzuzufügen, wie es Fritz Schmidt-Münster (siehe S. 109) getan hatte. Ansonsten sagte man, für den Gauleiter-Posten in Münster habe man keinen Altkämpfer von der Saalschlachtfront nehmen wollen und daher den promovierten Staatswissenschaftler Meyer bevorzugt.

Freitod 1945: Gauleiter Alfred Meyer.

Alfred Meyer, geb. 5. Oktober 1891 Göttingen, Freitod circa Mitte April 1945 am Hohenstein bei Hessisch-Oldendorf, aufgefunden 15. Mai 1945 — 1923 Jurist auf Zeche „Graf Bismarck" Gelsenkirchen, 1931 Gauleiter Westfalen-Nord, 1933 Reichsstatthalter Lippe und Schaumburg-Lippe, 1938 Oberpräsident Provinz Westfalen, Juli 1941 stellvertretender Minister für die besetzten Ostgebiete, 1942 Teilnehmer Wannsee-Konferenz, 1944 Reichsverteidigungskommissar Gau Westfalen-Nord.

2. PAULUS VAN HUSEN – Annette-von-Droste-Hülshoff-Allee 23

Der westfälische Jurist überlebte das letzte Verfahren vor dem Volksgerichtshof nur knapp. Im April 1945 war selbst dort „die Luft raus". Mordrichter Freisler war schon tot und sein Stellvertreter verurteilte Paulus van Husen in der letzten Sitzung des Volksgerichtshofs als Mitwisser des 20. Juli 1944 zu drei Jahren Zuchthaus. Van Husen hatte seit Oktober 1944 eine furchtbare Zeit in der Folter U Haft der Gestapo hinter sich und hätte diese wohl nicht überlebt, wenn nicht ein mitfühlender SS-Bewacher ihn diskret aus der SS-Kantine versorgt hätte. Nach einigen Tagen Haft wurde es schon wieder lebensgefährlich für van Husen, als nach einigen Tagen Haft die Gestapo kurz vor Berlins Eroberung durch die Rote Armee begann, Gefangene zu erschießen. Als die Russen das Zuchthaus stürmten, erschossen sie dann die Bewacher. Van Husen kam zwar frei, sein Leben war allerdings außerhalb des Zuchthauses genauso gefährdet wie vorher. Als er durch Berlin irrte, wurde er von Sowjetsoldaten gepackt, die ihm erst mal beide Arme brachen. Sie vermuteten einen geflüchteten deutschen General; die Erschießung stand bevor. Ein deutscher Jude, der für die Russen

Nachdem Paulus van Husen sein Haus an der Warendorfer Straße 1946/47 durch lokale Korruption verloren hatte, errichtete er ab 1949 dieses Einfamilienhaus am Aasee.

Paulus van Husen entging 1944/45 vier Mal nur knapp dem Tod.

arbeitete, kannte die Zusammenhänge des 20. Juli und verhalf van Husen zur Freilassung. Insgesamt war van Husen also seit Oktober 1944 viermal knapp der Tötung entronnen. 1949 kam der Paulinumsabiturient von 1909 wieder nach Münster und war zehn Jahre Präsident des Oberverwaltungsgerichts. Schwierig war das Wohnproblem. Zwar besaß van Husen ein wiederaufbaufähiges Haus an der Warendorfer Straße 39. Aber die Stadt hatte es inzwischen aus angeblichen „Sicherheitsgründen" heimlich und ohne seine Erlaubnis abreißen lassen. Van Husen war sich sicher, daß Baubeamte der Stadt das als Schwarzmarktgeschäft für jemanden aus der Baubranche getan hatten, um diesem das Baumaterial zu überlassen. Aber sein Präsidentenamt war zu hoch, um sich in diesen Kreisen auf Zeugensuche zu begeben. Auch sein Berliner Haus machte keine Freude; wegen der „Russendrohung" waren Berliner Häuser damals nichts wert. Somit kampierte van Husen erst mal in seinem Büro, was er bei den überlebten Zuständen als komfortabel ansah. 1949 gelang der Kauf eines Grundstücks am Aasee, allerdings stockte der Hausbau, weil der Architekt plötzlich Professor in Darmstadt wurde, was den Bauherrn viel Ärger und Geld kostete. Den Garten bearbeitete der Gerichtspräsident selber nach Entfernung der Quecken, Disteln und Schachtelhalme, was die Wirtschaftswunderumwelt am Aasee als „anstößig für das soziale Ansehen" betrachtete.

Paulus van Husen, geb. 26.1.1891 Horst/Kreis Recklinghausen, gest. 1.9.1971 Münster — 1927–1934 Mitglied der Gemischten Kommission für Oberschlesien Kattowitz, 1934–1940 Oberverwaltungsgerichtsrat Berlin, 1940–1944 Wehrmachtsführungsstab Berlin, ab 1941 Mitglied des Kreisauer Widerstandskreises, 1944 im Umsturzfall als Staatssekretär im Innenministerium eingeplant, Oktober 1944 verhaftet, April 1945 Volksgerichtshofsurteil drei Jahre Zuchthaus, 1946–1948 Wiedereinrichtung der Verwaltungsgerichtsbarkeit in der amerikanischen Zone, Juni 1945 CDU-Gründungsmitglied Berlin, 1948–1949 Obergerichtsrat am Deutschen Obergericht Köln (für die Bizone, d.h. die amerikanische und englische Besatzungszone), 1949–1959 Präsident des Oberverwaltungsgerichts Münster, 1952–1959 Präsident des Verfassungsgerichtshofs Nordrhein-Westfalen, 2010 erschienen seine Erinnerungen aus vier Staatsformen, die auch wegen ihrer deutlichen Sprache sehr lesenswert sind.

3. MARINE-HJ – Aasee

Zur Hitlerjugend gehörte eine Abteilung, die Wert auf Exklusivität legte und anstatt der Parole „Volksgemeinschaft" gerne elitäre Distanz zu anderen Formationen hielt: Die Marine-HJ. Programm

Die NS-Jahre waren der Beginn des Massentourismus, allerdings meist mit militärischem Anstrich: Die Großwasserfahrt von Münsters Marine-HJ führte von der Aa an die Donau nach Pressburg.

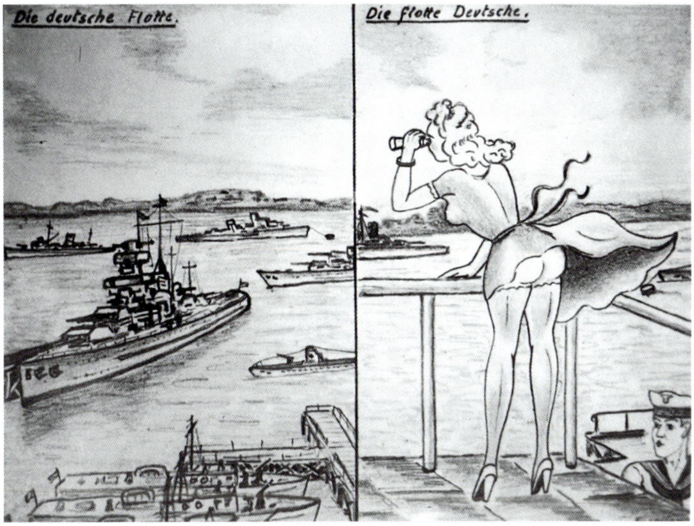

Die deutsche Flotte – die flotte Deutsche: Marine-Humor.

waren Flaggensignale, Segelübungen und Seerettungsübungen auf dem Aasee. Der Höhepunkt dieser Jahre war für den Herbst 1939 die lange vorausgeplante „Großwasserfahrt" auf der Donau nach Ungarn. Grundsätzlich war der Kriegsbeginn Anlaß zur Stornierung derartiger Prestigeveranstaltungen, aber hier wurde eine Ausnahme gemacht. Man wollte bei den ungarischen Freunden nicht den Eindruck erwecken, der Polenkrieg strenge das Reich so sehr an, daß dieses Tourismus-Sportprogramm daher ausfallen müsse. Die Leitung war nicht auf Stadtebene, sondern eine Nummer größer: Der Stabsführer der Reichsjugendführung Hartmann Lauterbacher war der „Chef". Akribisch waren die Planungen. Jeder bekam ein Merkblatt mit der mitzubringenden Ausrüstung wie Zeltbahn, Schlafsack bis zu Handtüchern und Schuhputzzeug. Es fehlte nicht der Hinweis, daß vergessene Sachen der Allgemeinheit zur Last fallen, und: „Seesack wird gestellt". Ein Vorkommando fuhr zwecks Vorbereitungen vor Ort per D-Zug nach Budapest. 400 Marine-Hitlerjungen auf 60 Booten legten sich im Oktober 1939 in die Riemen. Nach der Strapaze für Rücken, Gesäß und Armmuskulatur gab es am Zielort Budapest auch Arbeit für die Füße: Vorbeimarschiert wurde am Reichsverweser Admiral Horthy.

4. HERMANN REICHLING – Tuckesburg, Hüfferstraße 18 a

Hermann Reichling im August 1943 in der Lüneburger Heide (Wilseder Borg). An den KZ-Folgen verstarb er 1948.

„Reichling, jetzt gibts reichlich!" tönten die SS-Bewacher im KZ Esterwegen/Emsland, bevor sie zuschlugen. Nach drei Monaten KZ war Münsters Naturkunde-Museumsdirektor halbtot. Schwerstverletzt wurde er Anfang September 1934 freigelassen, weil es seinem Bruder gelungen war, den Reichsforstmeister Hermann Göring auf Reichlings Verdienste um den Naturschutz aufmerksam zu machen. Göring befahl daraufhin die Freilassung. Als Umweltschützer war Hermann Reichling innovativ und kann als „grüner Vorreiter" gesehen werden: Er hatte erstmals ganze Landstriche als Naturschutzgebiete ausgewiesen und zahlreiche Schriften darüber verfaßt, als sich noch wenige dafür interessierten. Sein Unglück begann im Oktober 1933 mit einer üblen Büroverschwörung, die heute wohl als schweres Mobbing bezeichnet würde. Hermann Reichling, der einschließlich der Wochenenden völlig in seinem

Beruf aufging, bemerkte davon nichts. Freizeit und Urlaub dienten ihm für Erkundungen potentieller Naturschutzgebiete. Seine Energien verwandte er für aufwendige Filmaufnahmen mit Titeln wie „Wenn der Birkhahn balzt". Bei den damaligen begrenzten technischen Möglichkeiten dieses neuen Mediums war Reichling auf diesem Gebiet ein Filmpionier. Ständig unterwegs war er auch zur Sicherstellung von Exponaten für das Naturkundemuseum und für Kontakte zur ländlichen Bevölkerung. In einem seiner Fotobücher mit unberührter Natur der 20er Jahre waren auch Aufnahmen von Landfahrersippen, wobei seine Beschriftung „Zigeuner" nicht unfreundlich gemeint war. Vielleicht ahnte er, daß diese Bilder bald Vergangenheit sein würden.

Währenddessen braute sich in seinem Büro Übles zusammen. Es begannen üble „Parteikampfspiele", die einen interessanten Einblick in Konkurrenzen und Abneigungen in der Welt münsterischer NSDAP-Kreise bieten. Der Botaniker Paul Graebner, ein Mitarbeiter Reichlings, der frisch mit Reichlings Sekretärin verheiratet war, schielte auf Reichlings Position. Um diesen von seinem Posten abzuschießen, ließ das Paar in Parteikreisen verlauten, Reichling habe sich abfällig über das NS-System geäußert, denn das zog immer. Es mag sein, daß der impulsive Reichling einmal seine Meinung nicht zurückgehalten hatte. Scheinbar vor Erregung und Empörung bebend übertrieb das Ehepaar Graebner boshaft und beschrieb ihn als Dauerquerulanten.

Daraufhin betrieb Staatskommissar Karl-Friedrich Kolbow die Absetzung Reichlings. Es war kurz bevor Kolbow seinen Posten als Landeshauptmann antrat, unter dem er weithin bekannt ist. Später wurde aus dieser Stellung das Amt des Direktors des Landschaftsverbandes Westfalen-Lippe. Kolbow wußte, wer schnell das gewünschte Ergebnis garantierte: Hausjurist Hans Brüggestrat, der wiederum einen weiteren Mittäter der Büroverschwörung für die Vorermittlungen einsetzte, deren Ergebnis von vorneherein schon feststand. Brüggestrat mobilisierte Erich Stiepermann, den Bürosekretär des Zoodirektors. Dieser war in der Hierarchie ziemlich tief angesiedelt. Schon lange sah er sich zu Höherem berufen und jetzt war seine langersehnte Stunde gekommen: Er sollte die Befragungen im Büro leiten. Vor Wichtigkeit triefend, lieferte er schnell Brüggestrat die gewünschten Ergebnisse, was ihm als Belohnung die enorme Schnellbeförderung zum Landesamtmann einbrachte. Auch Brüggestrat wurde fürs flotte Gehorchen mit der Beförderung zum Landesverwaltungsrat belohnt. Brüggestrat servierte Kolbow die befohlenen Aussagen der restlichen Bürokräfte und Kolbow war zufrieden. Auch die gesetzlich vorgeschriebene Anhörung Reichlings gab es nicht. Anfang April 1934 übergab

Die Tuckesburg von der Himmelreichallee gesehen.

Kolbow die Sache dem Regierungspräsidenten Kurt Matthäi, dessen Dienststrafkammer die Entlassung Reichlings anordnete, die Pension wurde um 10% gekürzt. Reichling war bestürzt, auch weil er seine Ehre als Beamter ruiniert sah. Diese war damals ein hohes Gut und mindestens so wichtig wie die Pensionserwartung.

Beide Seiten legten Berufung ein: Reichling verlangte die ehrenhafte Wiedereinsetzung ins Amt, Gegner Kolbow wollte die Pension noch weiter reduzieren.

Als Reichling sich an die Staatsanwaltschaft Münster wandte, um gegen die falschen Anschuldigungen vorzugehen, verweigerte diese die Annahme des Falls, drehte sich aber nach dem Wind, als es später für Reichling günstiger lief. Inzwischen hatte der mächtige Gauleiter Alfred Meyer, Kolbows Vorgesetzter, von der Sache gehört. Er ließ die Vorgänge durch seine Juristen prüfen und pfiff Kolbow zurück. Mitte April 1934 wurde Reichling wieder einge setzt.Nur einen Monat hatte der Museumsdirektor Ruhe, danach ging es wieder los. Am 25. Mai 1934 veranlaßte Kolbow das zweite Dienststrafverfahren. Allerdings war er jetzt raffinierter, indem er den höheren Stellen unterjubelte, die Anhörung Reichlings habe stattgefunden. Damit diese auf keinen Fall nachgeholt werden konnte, hatte Kolbow zu einem zeitgemäßen Mittel gegriffen: Zwei Tage vorher hatte er Reichling ins KZ deportieren lassen. Der „Münsterische Anzeiger" brachte am 28. Mai eine Drei-Zeilen-Meldung, daß Reichling „aus politischen Gründen in Schutzhaft genommen" wurde. Das war mutig, da allseits bekannt war, daß KZ-Deportationen diskrete Sache der Gestapo waren. Die KZ-Haft bis September 1934 überlebte Reichling nur knapp mit lebenslangen Spätfolgen. Die übelsten KZ-Schläger, Lagerkommandant Remmert und Platzmeister Pätzold, wurden angezeigt. Im November 1934 wurden beide vom Landgericht Osnabrück verurteilt; in diesen Jahren war das noch möglich. Die Urteile waren mager: Die höchste Bestrafung war nicht mehr als sechs Monate Haft. Den KZ-Insassen nutzte das allerdings nichts, weil die freigewordenen Stellen sofort durch neue Aufseher gleichen Kalibers ersetzt wurden.

Als Jurist Brüggestrat von Reichlings Entlassung hörte, wollte er schnell das begonnene zweite Dienststrafverfahren durchziehen. Nur mit Hilfe einer 14-wöchigen Krankschreibung Reichlings konnte das erst mal gestoppt werden. Im Dezember 1934 schrieb Reichling unter Einhaltung des vorgeschriebenen Dienstweges über Gauleiter Meyer an Göring und beschrieb die KZ-Zeit. Göring stoppte sofort das Verfahren gegen Reichling. Aber damit war die Sache immer noch nicht beendet. Im März 1935 versuchte Stiepermann seinen Auftragebern zu gefallen, denn er war ja so dankbar über seine „creatio ex nihilo" vom Bürobüttel zum feinen Landesamtmann. Wieder versuchte er, Reichling ins KZ zu deportieren. Allerdings wurde das durch die Gestapo gestoppt. Stiepermann hatte sich geirrt: Die Gestapo Münster wollte in Berlin nicht negativ auffallen und machte nichts. Auch der schmierige Jurist Brüggestrat hatte sich an dieser Stelle geschickt zurückgehalten und erst mal beobachtet, ob die Gestapo auf Stiepermanns Manöver einging. Später konnte sich Brüggestrat bei diesem Verlauf einfach auf die richtige Seite schlagen und schlicht behaupten, es sei eine eigenmächtige Aktion Stiepermanns gewesen, mit der er überhaupt nichts zu tun gehabt habe.

Jetzt schaltete sich eine weitere Parteigröße ein. Für Landes- und Kreisstellenleiter Fritz Schmidt-Münster (siehe S. 109) war Stiepermann ein Parteischädling und daher ein Anlaß für einen Ausschluß aus der NSDAP. Stiepermann drohte damit ein tiefer

Sturz unterhalb derjenigen, die nie in der Partei waren. Es war nämlich üblich, daß aus der Partei Ausgeschlossene danach nicht einfach wieder den normalen Nicht-Parteimitgliedern gleichgestellt wurden. Mit dem Ausschluß erfolgte automatisch auch der Ausstoß aus der Beamtenschaft samt Aberkennung der Pensionsansprüche, also der Absturz ins Nichts. Die Ausgestoßenen standen daher wesentlich schlechter da als jene, die nie in der Partei gewesen waren. Schon die erste Vernehmung vor dem Parteigericht im September 1935 war für Stiepermann zuviel: Er brach dabei zusammen. Durch diese schwache Figur wurde jetzt die Sache für Kolbow unangenehm. Per Gefälligkeitsattest ließ er Stiepermann als „vernehmungsunfähig" vom Dienst beurlauben und sicherte ihm damit den Beamtenstatus und sich selbst ewiges dankbares Schweigen. Inzwischen hatte Ende Oktober 1935 Göring angeordnet, daß die Vorgänge endlich durch das Berliner Oberverwaltungsgericht beendet werden sollten. Reichling wollte sicher gehen und wählte als Verteidiger keinen Münsteraner, da er hier keinem mehr trauen konnte. Statt dessen beauftragte er den bekannten Rechtsanwalt Friedrich Grimm (1888–1959); wohl der prominenteste Anwalt der NS-Zeit. Zwar galt dieser als sehr parteinah, aber wenn er verteidigte, kämpfte er immer für seine Mandanten. Einen Tag vor Silvester 1935 war in Berlin die Verhandlung. Kurz zuvor hatte Kolbow noch versucht, das Gericht zu beeinflussen, indem er den Richtern einen Bericht eines obskuren Sauerländer Wandervereins gegen Reichling unterschieben wollte. Auch hatte Kolbow einen Bekannten, den Hilchenbacher Fabrikanten Münker, dazu gebracht, den Gauleiter zu beeinflussen, was dieser verärgert abwies. Die Berliner Richter waren die Querschüsse aus Münster leid und hoben die Zwangspensionierung auf. Allerdings verringerten sie Reichlings Gehalt für drei Jahre um 20%. Reichling war erleichtert, weil er im Amt blieb und die Gehaltsreduzierung kein öffentliches Thema war.

Da Kolbow allmählich merkte, daß er in Westfalen Reichling nicht mehr bekämpfen konnte, versuchte er neue Hilfstruppen zu mobilisieren. Für Anfang Juni 1936 hatte er einen Besprechungstermin im Berliner Innenministerium bekommen. Dort war man sich einig, daß nach dem Berliner Gerichtsurteil vom Dezember 1935 das zweite Dienststrafverfahren gegen Reichling nicht zu gewinnen wäre. Die Berliner wollten aber Kolbow eine „goldene Brücke" bauen. Zwar seien Reichlings Stammtischzitate gegen die Partei nicht als Grundlage einer Beurteilung geeignet, wohl aber seine „politische Gesamthaltung". Faktisch war das eine Aufforderung, sich geeignete neue Beschuldigungen gegen Reichling auszudenken. Es bedeutete aber auch für Kolbow, daß aus Berlin keine konkrete

Beihilfe zu erwarten sei. Kolbow erwiderte, daß vom hierbei maßgeblichen Kreisleiter Fritz Schmidt-Münster kein negatives Urteil über Reichling zu erwarten wäre und daher Aktivitäten in Münster gegen diesen zwecklos seien. Mit einem mageren Kompromiß kehrte Kolbow nach Münster zurück. Reichling behielt Direktorentitel und Gehalt, wurde aber durch jahrelange Forschungsaufträge außerhalb Münsters auf Abstand gehalten. Als nach dem 20. Juli 1944 eine Hausdurchsuchung bei dem verhafteten Oberpräsidenten Ferdinand von Lüninck (siehe S. 208) erfolgte, wurde auch ein leicht politisch-kritischer Brief von Kolbow entdeckt. Angesichts der allgemeinen politischen Radikalisierung nach dem Attentat reichte das zur Absetzung als Landeshauptmann und zum Ausstoß aus der NSDAP, worauf Kolbow sich zur Wehrmacht meldete. Kolbow war schon seit 1921 Parteigenosse; sein Nachfolger Hans von Helms (1899–1980) seit 1922. Es sind zwei der seltenen Fälle in Münster, daß Frühmitglieder in hohe Positionen gelangten und sich dort auch halten konnten. Reichling starb 1948 an den KZ-Spätfolgen.

Das KZ Esterwegen wurde 1936 wegen seiner Nähe zu der niederländischen Grenze geschlossen und die Insassen auf andere Lager verteilt. Regierungspräsident Matthäi betätigte sich nach 1945 in rechtsradikalen Parteien. Meyer nahm sich bei Kriegsende das Leben, Schmidt-Münster fiel unter ungeklärten Umständen 1943 aus einem fahrenden Zug; Kolbow starb in französischer Kriegsgefangenschaft. 1966 erschien „Blätter der Erinnerung an Karl-Friedrich Kolbow", ein balsamischer Privatdruck „für seine Familie, Freunde und Mitarbeiter". Die kleineren Wichte Brüggestrat, Graebner und Stiepermann verloren ihre Posten und waren nach 1945/46 aus Münster verschwunden. Graebner bekam im Februar 1946 vom Landesrat Franz Schulte Broich ein günstiges Zeugnis mit der Floskel „ausgeschieden". Dann wurde er verwaltungstypisch entsorgt. Wie bis heute in Problemfällen üblich, wurde er auf diejenigen losgelassen, die sich nicht wehren können: Auf Schüler. 1953–1966 war er Biologielehrer am Pelizaeus-Mädchengymnasium Paderborn.

Maske schneidig, dahinter kläglich: Landeshauptmann Kolbow.

Hermann Reichling, geb.24. Januar 1890 Heiligenstadt/Eichsfeld, gest. 6. Mai 1948 Münster — Paulinum Münster, 1909–1913 Studium Zoologie, Geologie, Botanik, meist in Münster, dann Dozent am Zoologischen Institut, 1914–1917 Kriegsteilnahme, 1919 Direktor des Westfälischen Provinzial-Museums für Naturkunde, 1922–1930 Zoodirektor Münster, bis 1933 in zahlreichen Gremien für Naturschutz, Herausgeber zahlreicher Schriften, 1926–1933 Schaffung von über 70 Naturschutzgebieten mit Musterstationen für Vogelschutz. Einrichtung des größten norddeutschen Bild-und Filmarchivs über diesen Bereich, 1935/36–1945 bei Titel- und Besoldungsäquivalenz Forschungsauftrag: „Die Natur des Dümmer".

5. KARL BARTH – Himmelreichallee 43

Zerstört wurde das Haus, das Karl Barth bewohnte. Es ähnelte der erhaltenen Nachbarbebauung.

Karl Barths (siehe S. 108) Familie konnte ihm erst ein halbes Jahr später nach Münster folgen, weil sich der Verkauf des Göttinger Hauses verzögerte und somit auch der Erwerb des Nachfolgeobjektes in Münster, dessen Voreigentümer der bekannte Rechtsanwalt August Stähler war. Barth kündigte seine Mietwohnung an der Warendorfer Straße. Neue Adresse war eine Straße, deren Name Theologen besonders erfreuen dürfte: Himmelreichallee. Für ihn war das neue Haus der Prototyp westfälischen Baustils: „Backsteinkathedrale" nannte er es.

6. WILHELM SASSE – Himmelreichallee 65

Der bekannte Enthüllungsjournalist Günter Wallraff war raffiniert: Als Wilhelm Sasse, Münsters Spezialbeamter für die Deportation der Juden, 1969 zu Hause seinen 62. Geburtstag feierte, verkleidete er sich vorher südländisch, um als israelischer Staatsbürger gelten zu können. Dann ging er zur Feier und bat vor den versammelten Gästen höflich ums Wort. Er stellte sich als Abgesandter des Kulturzentrums Tel Aviv vor. Mit maliziösem Lächeln überreichte er Wilhelm Sasse für seine „Verdienste in der Vergangenheitsbewältigung" eine Schein-Auszeichnung: Die „Jakob-Goldmann-Versöhnungsmedaille". Sasse, als Stadtdirektor Profi im Annehmen von Ehrenpreisen, war hocherfreut. Aber er war auch schon etwas alkoholgetränkt und redete sich gegenüber Wallraff zu diesem delikaten Thema um Kopf und Kragen, was dieser genüßlich in seinem Artikel in der „Konkret"-Ausgabe vom August 1969 ausbreiten konnte.

Zurück in den Dezember 1941: Als Protokollführer der „Aaseekonferenz" schrieb Sasse nicht nur fleißig mit, sondern machte eifrig auch noch Vorschläge, wie man die Anzahl der Personen auf den Deportationslisten erhöhen könne. Trainiert auf diesem Gebiet war er allerdings schon seit Ende Februar 1938, als Oberbürgermeister Hillebrand ihn mit der Verwertung jüdischer Grundstücke und Geschäfte beauftragte und der flotte Sasse mit seinem münsterischen Rechtsamt schon ein Jahr später komplette Erledigung melden konnte.

Nach Kriegsende tauchte er unter und arbeitete in einer Metallwarenfabrik in Sundern/Sauerland, wo der dynamische Sasse es innert eines Jahres vom Hilfsarbeiter zur Entscheiderebene brachte. Die Entnazifizierung lief zunächst

Wenn charakterschwache Personen Macht bekommen, wird es gefährlich: Deportations-Manager Sasse 1944 in seinem Ausweichbüro am Breul 23.

nicht nach Plan: Die erste Einstufung war „Mitläufer", bevor ihm auch hier der glorreiche Aufstieg glückte: 1950 gelang es ihm, daß der Entnazifizierungsausschuß Münster ihn sozusagen als „Mutter Teresa" für Münsters Juden bejubelte, was im Wortlaut wiedergegeben werden muß: „Er hat rassisch und religiös Verfolgte bevorzugt behandelt und hatte wegen seiner christlichen Gesinnung wiederholt Differenzen mit Parteikreisen." Wie ein lyrischer Erguß ging es weiter: „ein über innere Ablehnung hinausgehendes Aufbegehren gegen die Ziele der NSDAP". Das schaffte nicht jeder und der smarte Sasse war jetzt praktisch Widerstandskämpfer. Auch hatte er diverse „Entlastungszeugen", denen er im Tausch für deren Entnazifizierungsverfahren das Gewünschte bescheinigte. Einfach hatte er es mit denen, die dann später damit rechnen mußten, daß Jurist Sasse bald wieder ihr Vorgesetzter würde: Sie funktionierten im vorauseilenden Gehorsam vollautomatisch.

1952 wurde er Stadtdirektor in Paderborn. Balsamische Worte gab ihm die Presse auf den Weg, als er 1952 von Münster nach Paderborn verabschiedet wurde. Kommentare von Überlebenden der Deportationen dazu sind nicht überliefert. In Paderborn erkannte er früher als andere, daß die Ansiedlung von Wirtschaftsunternehmen die Basis des künftigen Wohlstandes sein würde. Das war noch in jenen Jahren, als andere Städte befürchteten, daß Gewerbezuwachs auch einen Zuzug von Linkswählern und Gewerkschaftern bedeuten würde. Weitsichtig schuf Sasse unbürokratisch Gewerbeflächen am Stadtrand, was Firmen wie Nixdorf zur Entscheidung für den Standort Paderborn bewegten. Somit verdankt Paderborn Sasse seinen Nachkriegswohlstand und wäre ansonsten wohl unbedeutend wie ein rostiger Kirchenschlüssel

Privat wohnte Wilhelm Sasse an der Himmelreichallee 65.

geblieben. Diese Wohlstandsunterschiede vor und nach dem Krieg waren in den 90er Jahren Grund für heftige Diskussionen, wie Sasse zu bewerten sei. Die eine Seite betonte Sasses verbrecherische Vergangenheit in Münster, die Gegenmeinung sah diese nach seinem jahrzehntelangen großem Einsatz für Paderborn erledigt. Es gab auch behäbige Ermittlungen gegen Sasse durch den Dortmunder Staatsanwalt Klaus Schacht, den der bekannte Schriftsteller Ralph Giordano als „emotionslosen Ochsenfrosch" titulierte.

Wilhelm Sasse, geb. 6. August 1907 Paderborn, gest. 17. Juli 1996 ebenda — Realgymnasium Münster (jetzt Ratsgymnasium) bis 1926, Studium Rechtswissenschaften Münster und Wien, 1933 Stadtverwaltung Münster, 1935 Rechtsrat, 1938/39 Arisierungen Münster, 1939 stellvertretender Gauamtsleiter, 1941 Teilnahme Aaseekonferenz zur Judendeportation, 1947/48 Metallwarenfabrik Sundern, zuletzt Einkaufsleiter, 1948–1950 Entnazifizierungsverfahren Münster, 1950 wieder Rechtsrat Münster, 1952–1971 Stadtdirektor Paderborn, 1959 Teilnahme an Neueinweihung Synagoge Paderborn, seit 1964 Probleme mit der Vergangenheit, 1971 reguläre Pensionierung, 1987 Geburtstagsehrung der Stadt Paderborn mit Empfang im Rathaus, 1993–1995 ergebnislose Ermittlungen mit Verfahrenseinstellung.

7. JOHANN PAUL KREMER – Hittorfstraße 17

Paul Kremer nach Entlassung aus polnischer Haft nach 1958.

KZ-Arzt Kremer zeigte nach Kriegsende ein Verhalten vieler NS-Verantwortlicher, über das die Ermittler immer wieder staunten: Viele konnten sich von ihren Erinnerungsstücken überhaupt nicht trennen, die bei Entdeckung dann Beweisen gleichkamen. Hier waren es ausgerechnet seine Auschwitzer Tagebücher; noch schlimmer ging es nicht. Anstatt des üblichen Verbrennens versteckte er seine Erinnerungen hinter der Zierverblendung der Heizung seiner Mietwohnung an der Hittorfstraße 17. Ein ungeschickteres Versteck gab es nicht: Mit einem Griff hatten die Engländer, die schon einiges hinter deutschen Zierverblendungen entdeckt hatten, die Bände bei Festnahme im August 1945 gepackt. Der Inhalt war ein Beweisprotokoll, aus dem das Urteil nur abgeschrieben zu werden brauchte.

Zwei Monate war Kremer in Auschwitz und ohne die selbstfabrizierten Beweise hätte er sich vielleicht mit der Kürze dieser Zeitphase herausreden können, zumal er auch nicht in den noch existenten Personallisten des KZ-Stammpersonals aufgeführt war. Kremer war bei allem dabei: Selektionen, Vergasungen, Morde für medizinische Experimente. Sein weiterer Spezialauftrag bestand darin, während der Vergasungen die SS-Männer vor Unfällen mit den Giftstoffen zu schützen. Der Schreibstil der Tagebücher war stets nach dem gleichen Schema: „Morgens Selektion, mittags Regen, abends lustiger Bierabend mit den KZ-Chargen", und markierten Abgründe menschlicher Existenz. Den Ermittlern wurden dadurch die ansonsten sehr schwierigen zeitlichen Zuordnungen passend serviert. Daher blieb Mittäter Kremer in den beiden Gerichtsverfahren in Krakau und Münster nur eine schwache Verteidigungslinie: Er sei zwar dabei gewesen, aber nur als machtloser Zuschauer. Der Start in diese Finsterwelt war im Sommer 1942, als er sich nach jahrelanger passiver Mitgliedschaft in der SS freiwillig zum Dienst in das Prager SS-Standortlazarett meldete. Möglicherweise wollte er in dem als „Friedensstadt" geltenden Prag gemütlich Münsters Bombardierungen ausweichen, als er schon nach zwei Prager Wochen plötzlich nach Auschwitz abkommandiert wurde. Währenddessen versorgte eine Hausnachbarin seine Wohnung an Münsters Hittorfstraße und nahm auch Kremers obskure Pakete aus Auschwitz an, die dieser an sich selbst adressiert hatte. Die Nachbarin stapelte die Sendungen in seiner Wohnung. Als Lebensmittel waren die Blechbüchsen getarnt, enthielten aber frisch entnommene Körperteile. Das Krakauer Todesurteil wurde am Tage der geplanten Hinrichtung aus ungeklärten Gründen in „Lebenslang" umgewandelt, was in jener Zeit ungewöhnlich war. Nach zehn Jahren kam er wieder frei. Nachdem der Jubel der Universität über den verlorenen Sohn verklungen war, verurteilte ihn das Landgericht Münster zu zehn Jahren Haft, die aber als verbüßt galten. Allerdings hatte Kremer die Gerichts- und Anwaltskosten zu zahlen.

Die unheimlichen Sendungen aus Auschwitz wurden hier angeliefert.

Johann Paul Kremer, geb. 6. Dezember 1883 Stelberg bei Köln, gest. 8. Januar 1965 Münster — 1927 Anatomie Universität Münster, 1929 Habilitation, 1936 Professor, 1942 SS-Lazarett Prag, August – November 1942 Aushilfs-Lagerarzt Vernichtungslager Auschwitz-Birkenau, 1943–45 Münster, August 1945 Verhaftung, 1946 britische Internierung, 1947 Auslieferung an Polen, 1947 Todesurteil Gericht Krakau, 1948 Reduzierung lebenslänglich, 1958 Abschub nach Münster und Willkommensfeier der Universität, 1960 Landgericht Münster, Urteil zehn Jahre, die als verbüßt galten. 1964 Zeuge im Frankfurter Auschwitzprozeß

8. OTMAR VON VERSCHUER – Tondernstraße 16

Mit steigendem Wohlstand verzog der berüchtigte Verschuer (siehe S. 170) an die Sentruper Höhe.

9. HEINRICH HIMMLER – Schlossplatz

Schlossplatz, damals Hindenburgplatz, Juni 1934: Hinter Himmler rechts der münsterische SS-Stabschef Stroop.

Stundenlanges Stiefelputzen, Reinigen der Uniformen und Polieren von Karossen und Rössern war das Samstagsprogramm für Münsters SS-Einheiten vor dem Antreten auf dem Schlossplatz. Erwartet wurde am 2. Juni 1934 der oberste Dienstherr Heinrich Himmler, der formell noch dem „OSAF", dem obersten SA-Führer, unterstand. Sein Besuch war kurz und bestand eigentlich nur aus einem Vorbeimarsch vor Münsters SS.

Nach ähnlichem Zeremoniell aus Bielefeld kommend kam er über die Warendorfer Straße nach Münster. Die Bevölkerung auf der Einfahrtstrecke war zur Beflaggung der Häuser aufgefordert worden. Mit halbstündiger Verspätung traf er auf dem Schlossplatz ein, wo schon alles mit durchgedrückten Knien wartete. Wie beim Militär üblich schon lange vorher. Angetreten waren SS-Reiterstandarte, SS-Motorstaffel, SS-Nachrichtensturmbann sowie SS-Sanitäts- und Pioniereinheiten. In Himmlers Rede wurden sie als „alte" SS-Einheit gelobt. Dann mahnte er, nicht die Beschwernisse der „Kampfzeit" zu vergessen, und beschwor den Aufstieg Deutschlands. Anschließend ging es in den Friedenssaal, bevor Himmler am Sonntagmorgen weiterreiste. Für einen SS-Mann hatte die Begegnung auf dem Schlossplatz Folgen: Der lokale Stabschef Stroop (siehe S. 11) wurde von Himmler aus den Tagen des Lipperländer Wahlkampfes wiedererkannt und spontan um mehrere Dienstgrade befördert, was die SS-Bürokratie erst mal stocken ließ.

10. GAUPARTEITAG – Schlossplatz

Allseits bekannt sind die Nürnberger Reichsparteitage. Regional auf Gauebene gab es das Ganze jeweils zusätzlich eine Nummer kleiner. Hier der Gauparteitag 1935.

Gauparteitag 1935. SA-Chef Viktor Lutze und Reichsleiter Robert Ley.

11. HANS HALM – Schlossplatz

Fliegergeneral Hans Halm wurde 1938 auf dem Hindenburgplatz in den Ruhestand verabschiedet.

Die Jahre 1935 bis 1939 waren eine Zeit größerer Revirements der Luftwaffe. Die Änderungen der Befehlsgebiete und deren Neubezeichnungen betrafen in erster Linie auch Münster. Nach der Kündigung des Versailler Vertrages war die Luftwaffe offiziell wieder entstanden und von Münster aus wurde der Luftkreis 4 kommandiert. Dieser reichte von der Nordsee nach Baden und vom Ruhrgebiet in den Harz. Nach der Bezeichnung „Luftkreiskommando IV" hieß es bis Kriegsende „Luftgau VI". Diese Einheiten waren schließlich fast deckungsgleich mit den Heeres-Wehrkreisen, hier also dem Wehrkreis VI (siehe S. 168). Dieses Bild zeigt die Übergabe des Befehlsgebiets von General der Flieger Hans Halm an Generalleutnant August Schmidt (siehe S. 86). Vom Geburtsjahr 1879 her war Halm einer der lebensältesten Kommandeure, der seine Prägung von der Infanterie der Kaiserzeit erhalten hatte. In seiner Rede betonte Halm das Selbstbewußtsein der jüngsten Teilstreitkraft, erinnerte daran, daß es „Flakverbände dieses Luftkreises waren, die am 7. März 1936 den Rhein überquerten und in das jubelnde Köln einmarschierten", und lieferte dann noch ein Beispiel der Literaturkategorie Militärpoetik: „... und es waren Jagdverbände des Luftkreises 4, deren Schwingen sich als erste in den Fluten des Rheins spiegelten, um sich dann für immer an diesem ewig deutschen Strom niederzulassen." Nach der Rede donnerten fast 100 Flugzeuge im Tiefflug über den Platz und erschreckten die Prädikatsjuristen im Landgericht. Nach seinem Abschied aus Münster wurde Halm noch zweimal aus dem Ruhestand wieder in Dienst gestellt, bis er 1942 endgültig pensioniert wurde. 1957 verstarb er in Kronberg/Taunus.

12. TAG DER WEHRMACHT – Schlossplatz –

Die Freifläche Hindenburgplatz war zu fürstbischöflichen Zeiten als freies Schußfeld geschaffen worden und war es auch im September 1938. Einmal im Jahr gab es den „Tag der Wehrmacht" und die Städte verwandelten sich in Truppenübungsplätze, wie hier vor dem Schloß. Während der Kriegsjahre gab es dann nur noch einen „Tag der Wehrmacht", und zwar immer.

13. HOCHZEIT KLUGE – Schlossplatz

Hochzeit im Schloß, das wäre der Höhepunkt einer westfälischen Kitschserie. Kurz vor Weihnachten 1938 war es Wirklichkeit. Es vermählte sich die 21-jährige Generalstochter Marie Luise von Kluge. Vater Günther war kommandierender General, das Schloß war sein Wohnsitz und konnte daher auch Hochzeitsadresse sein. Marie Luise heiratete den 25-jährigen Frauenarzt Dr. med. Udo Esch. Das Eheglück war nicht von Dauer, die Scheidung war schon im Oktober 1947. Ihr Vater, der in seiner münsterischen Zeit bei seinen Ausritten nach Haus Runde bei Billerbeck zu sehen war, war da schon drei Jahre tot, da er sich nach dem 20.

Juli 1944 das Leben genommen hatte. Die nächste Hochzeit war weniger prunkvoll, kam dafür aber schnell und perspektivisch Richtung Wirtschaftswunder. Drei Monate später heiratete sie in Lüdenscheid den Fabrikbesitzer Otto Crone.

Hochzeitsfeier

von Fräulein

Marie Luise von Kluge

mit Herrn

Dr. Udo Esch

Münster (Westf.), 13. Dezember 1938

Wenn beim Militär geheiratet wird, sitzen nur Uniformen am Tisch: Links das Brautpaar, rechts Brautvater General Kluge, der einzige Zivilist ist Bräutigamsvater Esch.

Günther von Kluge, geb. 30. Oktober 1882 Posen, Freitod 19. August 1944 bei Metz — 1934 Generalleutnant, Oktober 1934 Kommandeur 6. Division und Befehlshaber Wehrkreis VI Münster, 1935 Kommandierender General des wiederentstandenen VI. Armeekorps, 1936 Einsatz im Rheinland, August 1936 General der Artillerie, 1938 Oberbefehlshaber Heeresgruppe 6 Hannover, 1939 Korridorkämpfe Danzig-Ostpreußen, 1940 Durchstoß zur Kanalküste, Juli 1940 Generalfeldmarschall, Januar 1943 Eichenlaub, Oktober 1943 Schwerter, Anfang Juli 1944 Oberbefehlshaber West, Mitte Juli 1944 Oberbefehlshaber Heeresgruppe B, August 1944 von Hitler abgesetzt (Nachfolger August 1944: Walter Model, siehe S. 74).

14. OTTO WILHELM FÖRSTER – Schlossplatz

Bei Verschlechterungen der Kriegslage erinnerte der erboste Hitler in seinen Lagebesprechungen mehrmals an den münsterischen General Förster, den er als unfähig und als chronischen Kapitulanten betrachtete. Ende Juli 1944 war Hitler doppelgenervt von alliierter Landung in Frankreich und Attentat und erinnerte an 1938, als ihm Förster den fertiggestellten Westwall präsentierte. Als Hitler bei einer Besichtigung nur die stabilsten Stellen gezeigt bekam, änderte dieser spontan das Programm und kontrollierte die gesamte Befestigungslinie vom Niederrhein bis zur Schweiz. Noch sechs Jahre später ärgerte Hitler sich

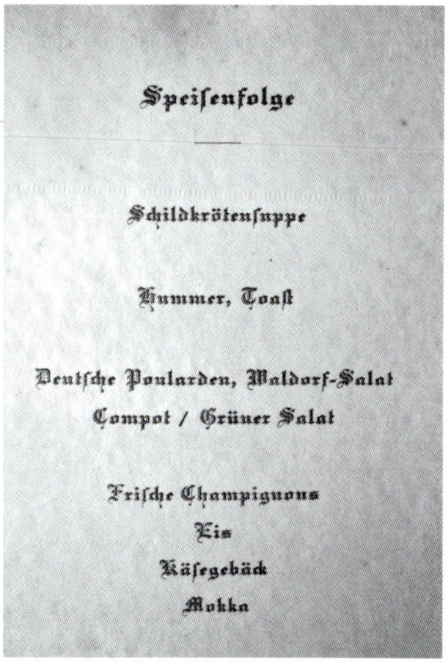

Speisenfolge

Schildkrötensuppe

Hummer, Toast

Deutsche Poularden, Waldorf-Salat

Compot / Grüner Salat

Frische Champignons

Eis

Käsegebäck

Mokka

Antreten auf dem Hindenburgplatz: General Förster, um 1938 karrikiert von Heinrich Hoffmeister.

über Försters ausweichende Antworten bei der Entdeckung von Schwachstellen, die Hitler, der nachts ein Fachbuch nach dem anderen las, sofort aufgefallen waren: „Da kam dieser Bursche und sagte ... weil das sowieso kein Angriffsgelände ist." Hitler mochte Förster ohnehin nicht, weil dieser überwiegend in Generalstäben war und wenig aktive Kommandoerfahrung hatte. Auch schon nach Stalingrad diente der daran unbeteiligte Förster als negativer Vergleich mit dem Oberhaupt der Stalingradarmee: „... wie wenn ich heute sagen würde, ich gebe eine Festung dem General Förster, dann weiß ich sofort: Er ist der Erste, der die Fahne einzieht." Hitler erinnerte damit an seine Absetzung Försters als Kommandierender General des VI. Armeekorps (9. Armee, Heeresgruppe Mitte) Ende Dezember 1941. Heeres-Generalstabschef Franz Halder notierte an jenem Tag: „... dramatische Besprechungen im Führerhauptquartier ... Absetzung Försters ...". Grund war Försters Teilrückzugsbefehl kurz vor Moskau in der Winterkrise 1941, wodurch er große Verluste vermieden hatte. Dringend nötig war dieser Befehl auch deswegen, weil die Soldaten keine Winterkleidung hatten, da ein „Sommerblitzkrieg" geplant war und man von einem Sieg innert dreier Monate ausging; eine Ansicht, die auch von britischen Generalstäblern geteilt wurde, denen diese Entlastung durchaus recht war. Hitler veranlaßte gegen Förster und andere aus gleichen Gründen abgesetzte Ostfront-Generale die Einleitung eines Strafverfahrens beim Reichskriegsgericht. Da er den Wehrmachtsjuristen mißtraute, installierte er hierfür Göring als temporären stellvertretenden Gerichtsherrn. Die Voruntersuchungen des Oberreichskriegsanwalts inklusive Ortstermin Ostfront ergaben anhand der Unterlagen von Försters Vorgesetzten, daß dieser nicht „eigenmächtig" gehandelt hatte. Zwar hatte er nach vorheriger Ankündigung den Rückzug begonnen, dieser war aber dann schnell genehmigt worden. Außerdem wurde die Unmöglichkeit eines Vormarsches festgehalten, schon allein wegen der fehlenden Winterkleidung. Somit kündigte das Gericht entgegen politischem Druck die Einstellung des Förster-Verfahrens an. Göring war zunächst empört, gab dann zögernd nach und Hitler genehmigte die Einstellung; Förster blieb aber weiterhin kaltgestellt und kehrte nicht mehr nach Münster (vorige Dienstwohnung: Schloß) zurück. Israelische Militärstrategen sehen die „Winterkrise 1941/42" anders als Hitler: „Die Wehrmacht brauchte fünf Monate bis Moskau, die Alliierten fünf Jahre bis Berlin."

Otto Wilhelm Förster, geb. 16. März 1885 Ilmenau, gest. 24. Juni 1966 Walsrode — 1915–1929 viele Stabs- und Adjutantenstellen, u. a. im Reichswehrministerium, 1929 Pionier-Bataillonskommandeur Magdeburg, 1933 Inspekteur der Pioniere und Festungen, bis 1938 Errichtung des Westwalls, 1938–1941 Kommandierender General des VI. Armeekorps Münster, 1942–1944 funktionslos (Führerreserve Oberkommando des Heeres), 1944–1945 abgeschoben Zivilverwaltung Ostpreußen, 1945–1955 sowjetische Kriegsgefangenschaft, 1960 Buch: Das Befestigungswesen – Rückblick und Ausschau (Buchkameradschaft Scharnhorst).

15. TRAUERFEIER FRITZ SCHMIDT-MÜNSTER – Schlossplatz

Anfang Juli 1943 im Schloß: Trauerfeier für den Generalkommissar der Niederlande Fritz Schmidt-Münster. Keiner dieser Trauergäste erlebte die Nachkriegszeit: Erste Reihe v. l. n. r.: Reichsleiter Martin Bormann (1900–Freitod 1945), Arthur Seyß-Inquart, Reichskommissar für die besetzten Niederlande (1892–hingerichtet 1946), Anton Adriaan Mussert, Gründer der niederländischen Nationaal-Socialistische Beweging (1894–hingerichtet 1946), Gustav Simon, Gauleiter Koblenz-Trier-Moselland (Luxemburg) (1900–Freitod 1945), dem gelangweilten General Gerhard Glokke (1884–1944) hilft nur noch die Deckenverzierung. In der zweiten Reihe hinter Simon und Glokke: Helmuth Friedrichs, Oberbefehlsleiter in Bormanns Parteikanzlei (1899–Volkssturmeinsatz 1945), Ganz links in der Trauerfamilie erkennbar Wilhelm Schmidt (1898–erschlagen 1945), der als Gebietskommissar der Provinz Limburg eine Hierarchiestufe unter seinem Bruder stand.

Trauerredner war Gauleiter Alfred Meyer (links). Anschließend erfolgte die Beisetzung auf dem Waldfriedhof Lauheide.

16. FERDINAND FRH. V. LÜNINCK – Schlossplatz 5

Haltung in aussichtloser Situation: Ferdinand Freiherr von Lüninck 1944 vor dem Volksgerichtshof.

Die Posten der Oberpräsidenten als ständige Vertreter der Reichsregierung und somit höchstes Amt in der Provinz wurden nach 1933 meist an die NSDAP-Gauleiter oder an hohe Parteifunktionäre vergeben, die oft wenig Kenntnis vom Verwaltungsaufbau hatten, sondern ihr Amt rein politisch ausübten. Als Kompromiß anstelle gegeneinander rivalisierender Gauleiter wurde für die Provinz Westfalen 1933 Ferdinand Freiherr von Lüninck eingesetzt. Das Mitglied der Deutsch-Nationalen Volkspartei hatte sich in den Notjahren vor 1933 gegen die Weimarer Republik ausgesprochen; hinzu kam, daß die Berliner Führung für Münster einen Katholiken einsetzen wollte, um die als schwer erreichbar geltenden Westfalen zu beeinflussen. Der Jurist war schon 1931 als Präsident der Landwirtschaftskammer nach Münster gekommen, war mit den Verhältnissen vertraut und trat energisch für die bäuerlichen Interessen ein. Seine beginnende Skepsis gegenüber dem Nationalsozialismus wurde zu Abneigung und Gegnerschaft. Somit trat er 1938 als Oberpräsident zurück, was sein Bruder Hermann, der ebenfalls 1933 Oberpräsident der benachbarten Rheinprovinz geworden war, 1937 getan hatte. Ferdinand Lüninck meldete sich 1939 zur Wehrmacht und verlor im Krieg zwei Söhne. 1943 wurde er von Carl Goerdeler gefragt, ob er nach einem geglückten Staatsstreich für ein Amt für Verfügung stünde, was er bejahte. Goerdeler konnte nicht darauf verzichten, seine Personalplanungen schriftlich festzuhalten, was mehr als riskant war. Nach dem 20. Juli 1944 wurden seine Aufzeichnungen, die in mehreren Varianten existierten, gefunden und auch Lüninck zum tödlichen Verhängnis. Im November 1944 stand er vor dem Volksgerichtshof; es war von Anfang an aussichtlos. Einen Tag nach dem Todesurteil wurde er hingerichtet.

17. WEHRKREISKOMMANDO – Schloßplatz 15/Hindenburgplatz 71

Im April 1965 war das Preußen-Stadion gefüllt von Männern in Grün. Allerdings waren es nicht die grünen Fußball-Trikots der Preußenspieler, sondern das Olivgrün der Bundeswehr. Angetreten waren 319 Heeresbataillone, denen die neuangeschafften Truppenfahnen feierlich übergeben wurden, nachdem die

Bis 1945 Wehrkreiskommando, dann Zwischennutzung Polizei, dann Stab des I. Korps der Bundeswehr, dann GE/NL Korps.

Bundeswehr bis dahin die weltweit einzige Armee ohne Fahnen war. Durchgesetzt hatte das General Heinz Trettner, der neue Generalinspekteur der Bundeswehr. Bevor er oberster Soldat der Bundeswehr wurde, war seine vorherige Position am Schlossplatz. In dem Gebäude, das oft fälschlich als NS-Architektur bezeichnet wird, aber schon 1931–1932 erbaut wurde, war Heinz Trettner vom Februar 1960 bis Ende 1963 Kommandierender General des I. Korps, des Vorgängers des deutsch-niederländischen Korps. Unter seinem Kommando wuchs die Anzahl der Korps-Soldaten um 30.000 auf 80.000 Mann. Außerdem erweiterte er die Ausbildungsberichte und beschleunigte die Aufstellung der Einheiten für eine atomare Kampfführung. Aufsehen erregte 1964 seine Forderung, als deutliche Ansage des Verteidigungswillens entlang der DDR-Grenze einen Atomminengürtel zu verlegen. Vor 1945 hatte Trettner eine der steilsten Militärkarrieren hinter sich.

Generalleutnant Heinz Trettner um 1960.

Heinz Trettner, geb. 19. September 1907 Minden, gest. 18. September 2006 Mönchengladbach — 1932 Pilotenausbildung Flugschule (zivil) Braunschweig, dann italienische Luftwaffe, 1935 Reichsluftwaffe, 1936–1938 Adjutant, 1938–1939 spanischer Bürgerkrieg (Legion Condor), 1939 Generalstabsausbildung und 1. Generalstabsoffizier der 7. Fliegerdivision, 1939–1940 Aufbau der Fallschirmtruppe, 1940 Major und Stabschef von Generalleutnant Kurt Student bei der Eroberung der Niederlande und Ritterkreuz, 1941 Eroberung Kreta mit schweren Verlusten, 1942 Oberstleutnant und Kämpfe um Smolensk, dann Korpsstab Berlin, 1943 Oberst, November 1943 Generalmajor und Divisionskommandeur, bis 1944 Kämpfe in Mittel- und Norditalien, September 1944 Kampf um Rom, dann Eichenlaubverleihung für monatelanges Stoppen der Alliierten, 1945 Generalleutnant, Mai 1945–1948 amerikanische, dann britische Kriegsgefangenschaft, 1948–1956 Berufstätigkeit und Studium Universität Bonn, November 1956 Diplom-Volkswirt und Generalmajor, Leiter der Logistikabteilung im SHAPE (Supreme Headquarters of Allied Powers in Europe). 1960–1963 Generalleutnant und Kommandierender General I. Korps Münster, 1964–1966 General und Inspekteur der Bundeswehr, 1966 Rücktritt wegen Konflikten mit der Bonner Bürokratie, 2005 Kritik am Verteidigungsministerium wegen der Umbenennung der nach dem Jagdflieger Werner Mölders (1913–1941) benannten Geschwader/Kaserne.

18. GENERAL HANS VALENTIN HUBE (Stab 16. Panzerdivision) – Wilhelmstraße/Ecke Orleansring

General Hube bei einer Ordensverleihung circa 1941.

Münster – Stalingrad und nicht wieder zurück; das war der harte Weg der 16. Panzerdivision. Große Bestandteile und der Stab der Division waren in Münster, die wiederum Bestandteil des XIV. Panzerkorps war. Dieses gehörte zur 6. Armee des Feldmarschalls Friedrich Paulus, die als „Stalingradarmee" Bestandteil der Umgangssprache wurde und Stoff für Filme und Bücher in riesiger Anzahl wurde. Das Stabsgebäude der 16. Panzerdivision lag an der Wilhelmstraße, Ecke des heutigen Orleansrings; dort erfolgten die Anfangsplanungen unter Divisionskommandeur Hans Valentin Hube, die mit der Divisionsbereitstellung von März bis Juni 1941 in Polen und auf dem Balkan begannen. Knapp drei Monate dauerte dieser Aufmarsch vor dem deutschen Angriff auf Rußland. Nach dem Angriffsbeginn ging es zunächst rasant gen Osten und schnelle Siege führten auch bei vielen Zweiflern zu der Auffassung, der Krieg sei schnell zu gewinnen, zumal Stalin bis 1939 große Teile seiner Armee ermorden ließ. Unterwegs kümmerte sich Hube um deutsche Minderheiten, oft hatte er als Begleitung seinen

Der einzige Wehrmachtssoldat mit Irokesenschnitt: Der münsterische Friseurmeister Walter Reich von der Ostmarkstraße war 1941/42 Obergefreiter und verpaßte einem Kameraden der Sanitätsabteilung 16 (d. h. 16. Panzerdivision) das, was später in den 80er-Jahren Markenzeichen der Punkerszene wurde. Auf diese „undeutsche Verunstaltung" folgte eine Disziplinarstrafe. Normalerweise hätte es drei Tage Arrest gegeben, aber weil das an der Ostfront fernlag, gab es einige Nachtwachen zusätzlich.

Die 16. Panzerdivision – genannt der „Rammbock" des XIV. Panzerkorps – im Aufmarschgebiet in Ostpolen Juni 1941. Von den rund 10.000 Divisionsangehörigen kehrten ca. 130 aus Stalingrad zurück.

Regimentskameraden von 1915–1918 Dr. Erwin Paal (siehe S. 94), der übrigens bis August 1944 Divisionsangehöriger war. Im Troß fuhr auch ein beschlagnahmter und oliv lackierter Reisebus aus Münster mit, der als mobiles Divisionsbüro diente. Die dort tätigen Soldaten mußten erst mal antreten, um des Generals Unterschrift zu üben, da dieser keine Zeit hatte, alles selbst zu unterschreiben. Vor Stalingrad wurde das mobile Büro durch Artillerieeinschlag zerstört. Diejenigen, die sich darin sicher gefühlt hatten und nicht herausgesprungen waren, waren tot. Hubes Adjutant war ein Neffe des Bischofs Galen, der seines Onkels Schriften in Umlauf brachte. Hube, der nicht religiös orientiert war, ließ ihn gewähren. Von Sommer 1941 bis Winter 1942/43 dauerte der Rußlandkrieg dieser Division im Osten bis zum Ende in Stalingrad. Für die Überlebenden ging es danach als Einzelschicksale weiter – als Kriegsgefangene mit sehr ungewisser Überlebensperspektive. Vorstöße, Schlachten und Kessel waren die Chiffren für harte Kämpfe mit vielen Toten und schweren Materialverlusten. Uman, Dnjepr, Nikolajew am Schwarzen Meer, Kiew, Asowsches Meer, Donezbecken, Charkow, mittlerer Don waren die Kampfplätze auf dem Weg nach Stalingrad, die jeder Soldat auf seiner inneren Landkarte im Kopf hatte. Der Begriff „Stalingrad-Kessel" ist allgemein bekannt, weniger bekannt ist, daß es schon Ende August 1942 nördlich Stalingrad der Roten Armee gelang, die Flanken der 16. Division einzuschließen und von der nachrückenden Infanterie abzuschneiden. Die Lage war schon jetzt desaströs; man war ohne Munition und Benzin und nur noch 75 Panzer der Division waren intakt. Die Zeit der sowjetischen Gegenoffensive hatte begonnen, auch mit neuen Panzern „Made in USA".

Diese Propagandakarte war 1942/43 ein doppeltes Desaster und kam nicht zur Verbreitung. Die Zeichnung bejubelt einerseits den deutschen Sieg bei Stalingrad und andererseits ist die Schwurhand mit drei erhobenen Fingern ihrem Herkommen nach eine christliche Bezugnahme auf die göttliche Dreifaltigkeit, in deren Namen geschworen wird.

In dieser Situation beendete General Hans-Valentin Hube diesen Kampf und erlaubte den Eingeschlossenen das Ausbrechen Richtung Westen. Die nachrückende Infanterie sollte die Eingeschlossenen beim Ausbruch unterstützen, was eine Woche später auch gelang. Hube erklärte in einem Divisionsbefehl seine Verweigerung des sinnloses Weiterkampfes, entband die Soldaten vom Treueeid, übernahm die Verantwortung gegenüber Hitler und formulierte deutlich: „Ich handle hiermit gegen den Führerbefehl." Negative Konsequenzen für Hube hatte das nicht. Daher kann das als ein Beispiel gegen diejenigen gelten, die immer behaupteten, auf selbständiges Handeln hätten automatisch KZ und Hinrichtung gestanden. Drei Wochen später wurde Hube sogar befördert und erhielt das Kommando über das der 16. Division vorgesetzte XIV. Panzerkorps, das von September bis November 1942 neben Karl Streckers XI. Panzerkorps (siehe S. 76) im Nordteil der Stadt lag. Unter seinem Nachfolger konnte sich zwar die Division in der Region halten, aber auch die Probleme blieben. Im November waren es nur noch 25 Panzer und der Stalingrader Schnee- und Kellerkampf begann. Auch General Hube saß im Kessel, bis er am 28. Dezember Hitlers Befehl zum Antreten in Berlin zur Ordensverleihung erhielt. Am 8. Januar flog er wieder zurück, den sicheren Tod vor Augen. Zehn Tage später kam Hitlers nächster Befehl. Jetzt verließ Hube den Kessel, um die Versorgung von außen zu organisieren, was nicht mehr möglich war. Ende Januar 1943 wurde die gesamte 16. Division im Kessel von Stalingrad vernichtet. In Münster war das ein Schock und Zeitungen und Briefkästen füllten sich mit Traueranzeigen. 4.000 Soldaten, die außerhalb des Kessels gekämpft hatten, wurden nach Frankreich verlegt, was eine Erlösung gewesen sein muß. Bis Mai 1943 wurde die Division neu aufgestellt. Das bedeutete im Klartext: Die Bezeichnung „16. Panzerdivision" blieb, aber mit komplett „neuen" Soldaten, weil fast alle tot oder in Gefangenschaft waren. 1943 wurde in Italien gegen die vorrückenden Amerikaner gekämpft, ab Dezember gab es 1943 Abwehrkämpfe an der Ostfront, wobei eine erhebliche Verzögerung des russischen Vormarsches gelang.

Bei Kriegsende ergaben sich die Reste der Division im Sudetenland den Amerikanern. Die Amerikaner lieferten sie teilweise den Russen aus, was den eisigen Todesmarsch nach Sibirien bedeutete. Es war ein verbrecherischer Verstoß gegen das Völkerrecht, das ein klares Verbot enthält, sich ergebende Soldaten gegen deren Willen einer anderen Macht auszuliefern.

Hans-Valentin Hube, geb. 29. Oktober 1890 Naumburg/Saale, Flugzeugabsturz 21. April 1944 bei Ainring bei Salzburg — 1914 Kriegsverlust eines Arms,

1934 Oberstleutnant, 1935 Kommandeur Infanterie-Ausbildungsstab Döberitz, 1936 Oberst, 1939 Infanterie-Regimentskommandeur Deutsch-Eylau, Mai 1940 Generalmajor und Kommandeur der 16. Infanteriedivision, 1941 Ritterkreuz für Durchbruch der Stalin-Linie, 1942 Generalleutnant, September 1942 General der Panzertruppe und Kommandeur XIV. Panzerkorps, Dezember 1942 Schwerter zum Ritterkreuz, Februar 1943 Neuaufstellung des XIV. Panzerkorps und Oberbefehlshaber aller Heeres- und Flaktruppen auf Sizilien, Oktober 1943 Kesselschlachten Ostfront, April 1944 Generaloberst und Brillanten zum Ritterkreuz (als 13. von insgesamt 27), am Folgetag nach dem Flugstart nach Berlin zur Ordensverleihung Tod durch Absturz. Die Gaupresse meldete die erfolgte Brillantenverleihung in Berlin durch Hitler und verschwieg den Absturz.

19. JOSEF EBBERT – Standortlazarett, von-Esmarch-Straße 56–58

1935–1938 wurde auf freiem Feld in Gievenbeck ein 240 Meter langes Gebäude errichtet. Die Pläne für das riesige Militärkrankenhaus, das Standortlazarett Münster, kamen aus Berlin und stießen wie so vieles von dort in Münster auf wenig Gefallen.

Das langgestreckte Gebäude, das gemäß den Planungen 1939 als nördlicher Endbau des Gauforums vorgesehen war, hat sich unverändert erhalten.

Das Gebäude galt als zu riesig und vor allem zu lang. Letzteres wurde damit begründet, daß den Kranken Hochhäuser nicht zumutbar seien: Der Weg ins Grüne sei aus einem Hochhaus zu weit und schwindelerregende Ausblicke genesungswidriges Fehlverhalten. Schließlich wurde ein Kompromiß gefunden. Zwar blieb es bei der Länge des Baukörpers, aber die Architektur wurde mit regionalem Akzent versehen. Für die Gestaltung des Mittelrisalits, also des Eingangsportals bis zum Dach, wurde innerhalb Münsters ein Architektenwettbewerb angesetzt. Durchgesetzt hat sich der Entwurf von Hans Ostermann, der schon viele markante Bauten errichtet hatte, die sich gut in das Stadtbild einfügten. Unter Verwendung von Rotklinker, Naturstein und Sprossenfenstern entstand der Mittelrisalit in einer Kombination aus dem Stil westfälischer Schlösser und dem strengen NS-Klassizismus. Bezeichnen könnte man es als „Schlaun-Monumental". Hausherr war Generalarzt Dr. Josef Ebbert, ein praktizierender Katholik, der dem Militär nahe- und dem NS-System fernstand. Jahrelang war er als Münsters Militärarzt eine Konstante im Stadtbild. Welche Zwänge damals vorherrschten, zeigt sein Schicksal in Stalingrad. Als kurz nach Weihnachten 1942 die Stadt von der Roten Armee fast komplett eingeschlossen war, wollte Ebbert kurz das letzte Schlupfloch nutzen, um seine per Führerbefehl festsitzenden Kameraden zu versorgen. Dazu verließ er den Kessel und versprach auf Ehrenwort Rückkehr mit Nahrung und Materialnachschub. Als er den Weg aus dem Kessel geschafft hatte und wie versprochen mit Material

Generalarzt Dr. med. Josef Ebbert (1886–1942).

Bewaffneter Tourismus, Athen 1943: Generalarzt Dr. Hermann Hofmann, Kommandeur der Sanitätsabteilung 16 (d. h. der 16. Panzerdivision).

zurückkehren wollte, war der Rückweg versperrt, weil es den Russen inzwischen gelungen war, Stalingrad komplett einzuschließen. Der verzweifelte Ebbert sah sich seinem Ehrenwort gegenüber den Kameraden verpflichtet. Düster stellte er sich vor, wie seine halb erfrorenen Kameraden vermuten könnten, er habe sich abgesetzt. Mit seinem Fahrer fuhr er entlang der Außenseite des Kessels, aber jeder Näherungsversuch endete mit russischem Beschuß. In der apokalyptischen Ruinenlandschaft eines Stalingrader Vorortbahnhofs bereiteten ihm seine Untergebenen ein Essen und ein Feldbett, aber vergebens. Mit düsterer Miene ging Ebbert auf dem Bahnsteig hin und her. Dann zog er seine Dienstpistole und setzte seinem Leben ein Ende. Umfangreiche Befragungen über das Geschehen folgten. Noch kurz vor Kriegsbeginn wurde Münsters Militärkrankenhaus auch noch zu Höherem berufen. Wegen seiner Architektur und insbesondere der Gebäudelänge wurde es 1938/39 in die Monumentalplanungen des münsterischen Gauforums einbezogen. Das Gauforum war eine Monumentalisierung des um 1930 geplanten Universitätsforums an der linken Aaseeseite, das wegen der Wirtschaftskrise im Planungsstadium steckengeblieben war. 1939 griff man diese Planungen in erweiterter Form wieder auf. Gemäß Hitlers Anordnung sollten die Gauhauptstädte, also auch Münster, mit riesigen Anlagen von Verwaltungsbauten, Parteigebäuden und Aufmarschflächen nach Vorbild des Nürnberger Parteitagsgeländes erweitert werden. Immerhin war man volkspsychologisch so geschickt, daß dafür keine alte Bausubstanz abgerissen werden sollte. Die neue Großklinik wurde an prominenter Stelle mit einbezogen; sie sollte Endpunkt des neuen Stadtteils werden. Auch der Anfangsbau stand schon seit 1936/37, es war die Gauleitung, jetzt Mensa Bismarckallee. Kilometerweit sollte sich das Forum von der linken Aaseeseite bis nach Gievenbeck erstrecken. 1939 besichtigte Himmler das Holzmodell, jedoch blieb es infolge des Kriegsbeginns Fiktion, bis auf die beiden erhaltenen Bauten. An deren räumlicher Distanz läßt sich die Dimension des geplanten Gauforums auch heute noch gut erkennen.

Während der NS-Zeit ging es ständig um Körper: „Arische Körper", „gestählte Körper", „Volkskörper" waren die Chiffren der Abgrenzung von schädlichen Einflüssen. Zur massenhaften Körperdurchleuchtung wurden diese Busse umgebaut, um die Bevölkerung auf Tuberkulose (Tbc) zu untersuchen. In den 30er Jahren wurde mit 10.000 SS-Männern begonnen. 1944 hatten sechs Millionen Deutsche diese Reihenuntersuchungen hinter sich, die mit den staatlichen Gesundheitsämtern organisiert worden waren. Ärzte waren nicht dabei; es wurden lediglich die Röntgenbilder gefertigt, die später ärztlich betrachtet wurden. 1943

Der große Schriftzug auf dem SS-Röntgensturmbannwagen, hier im August 1940 an der Aegidiistraße, Ecke Rothenburg, signalisierte: Nächste Hierarchiestufe: Himmler. Mit neuem Lack war der Bus noch bis in die 70er Jahre im Einsatz.

gab es konkrete Planungen zum Einsatz des Röntgensturmbanns („RöStub") in den eroberten Grenzgebieten, um dort Körper auf andere Weise zu klassifizieren. Die Fotos sollten jetzt zu rassischen Bewertungen verwendet werden. Dazu kam es jedoch wegen des Kriegsverlaufs nicht mehr. Noch bis in die 70er Jahre waren die Busse im Einsatz, bis sie wegen ihrer enormen Strahlenbelastungen aus dem Verkehr gezogen wurden. Welche Wichtigkeit diesen Untersuchungen in der NS-Zeit beigemessen wurde, läßt sich an der hierarchischen Einordnung erkennen. Der „RöStub", dessen Personalstärke zwischen 200 und 800 SS-Angehörigen schwankte, gehörte zum Sanitätswesen der Waffen-SS, das direkt dem SS-Führungshauptamt unterstand. Das war eines der zwölf SS-Hauptämter, die direkt Himmler unterstanden. Die Zahl Zwölf ging übrigens auf den mystischen Himmler zurück, der darin die zwölf Ritter aus König Artus' Tafelrunde erblickte. Allerdings übersah er dabei, daß sich diese auf die zwölf Stämme Israel beziehen.

Josef Ebbert, geb. 4.April 1886 Nottuln bei Münster, Freitod 29. Dezember 1941 bei Stalingrad — 1932 Stabsarzt, 1933 Sanitätsstaffel Münster, 1934 Chefarzt Standortlazarett Münster, 1938 Oberstarzt und Chefarzt Standortlazarett Wien, 1939 Divisionsarzt Mannheim, 1940 Korpsarzt in Frankreich und Rußland, 1942 Generalarzt.

20. WALTER MODEL – Grevener Straße 5

1924 zog das Ehepaar Model (siehe S. 74) an die Grevener Straße 5; 1925 wurde Walter Model nach Dresden versetzt.

21. HERMANN REICHLING – Steinfurter Straße 43

Nachdem die Familie aus der Tuckesburg (siehe S. 192) ausziehen mußte, fand sie eine Wohnung an der Steinfurter Straße 43.

22. GERD SCHERBENING – Von -Einem-Kaserne, jetzt Leonardo-Campus, Steinfurter Straße

„Es hat die Hand am Mützenrand der Adjutant" – hinten – vorne Gerd Scherbening noch als Oberst.

Sonderbarerweise wurden Münsters Kasernen nicht durch Bomben zerstört, was den Denkmalschutz freut. Heute ist die Von-Einem-Kaserne, jetzt Leonardo-Campus, eine Oase der Friedfertigkeit: Studiert werden dort Architektur und Kunst und zwischen den historischen Ziegelbauten laden an Sommertagen Cafés unter alten Bäumen zum Verweilen. Dabei gerät die ursprüngliche militärische Funktion der Anlage allmählich in Vergessenheit. Diese Bilder zeigen etwas vom Kasernenleben an der Steinfurter Straße. Aufgenommen 1937 zeigen sie den Dienstantritt des späteren Generalleutnants Gerd Scherbening, noch als Obristen. Scherbening hatte eine ungewöhnliche Stellung: Er war Leiter der psychologischen Prüfstelle im Wehrkreis VI (Ost) und war auch ansonsten unkonventionell: Mit seinen Soldaten betrieb er bei schönem Wetter draußen japanischen Kampfsport. Scherbenings Einheit beurteilte die Eignung von Offiziersbewerbern. Das war kein konfliktfreier Raum. Viele Truppenkommandeure mißtrauten der Wehrmachtspsychologie und vertraten die Ansicht, die

Unverändert haben sich die Baulichkeiten an der Steinfurter Straße erhalten. Dem Steyr 630 Cabrio sieht man an, daß er 1939 soeben für den Krieg beschlagnahmt wurde, da er noch das Zivilkennzeichen „IZ" der Region Aachen, Köln, Koblenz, Trier trägt. Dafür ist auf dem linken Kotflügel schon die Abkürzung der neuen Besitzerin zu sehen: Wehrmacht/Heer (WH).

Fernöstlicher Kampfsport außerhalb der Dienstvorschriften. General Scherbening im Sommer 1944 an der Steinfurter Straße.

wahre Eignung zeige sich erst im Kampf und alles andere sei akademischer Ballast. Auch die HJ hatte damit ihre Probleme, da Scherbenings Männer sich weigerten, automatisch jeden HJ-Führer für die Offizierslaufbahn zu akzeptieren. Und die NSDAP-Funktionäre waren chronisch dagegen, weil man wahre Führernaturen nicht durch theoretische Übungen erkennen könne, und verwiesen auf den Lebenslauf des Führers. Dagegen konnten die Wehrmachtspsychologen einwenden, 95% ihrer Entscheidungen seien richtig gewesen. Bei der Luftwaffe wurde der „Psycho-Test" Ende 1941 eingestellt, beim Heer im Sommer 1942. Scherbening übernahm daraufhin wieder klassische militärische Führungsaufgaben. Viele der von ihm kommandierten Einheiten existierten 1944 fast nur noch auf dem Papier. Während der Ardennenoffensive kam General Scherbening ums Leben.

Die „Abwrackprämie" gab es schon bei Kriegsbeginn zur Rohstoffgewinnung. Hier der Räderberg in einer vormaligen Reithalle.

Aber es gab auch auch völlig andere Tätigkeiten an der Steinfurter Straße. Die „Abwrackprämie" ist keine Erfindung heutiger Tage; es gab sie schon 1940. Allerdings war es keine Maßnahme, um den Kauf von Neuwagen zu fördern, sondern um der extremen Rohstoffknappheit der Armee wenigstens ansatzweise abzuhelfen. Aufgrund des „Wehrleistungsgsgesetzes" wurden Autos der Baujahre vor 1930 für rund 500 RM angekauft, in der Reithalle durch Zuchthäusler verschrottet und nach Rohstoffen sortiert. Das begann schon vor dem Frankreichfeldzug. Je nach Gemütslage sahen einige darin schon die beginnenden Schwierigkeiten, den Krieg überhaupt länger durchzuhalten, andere freuten sich schon auf goldene Zeiten, in denen alle nur noch in neuen Autos unterwegs sein würden. Auch Münsters Kirchenglocken wurden schon in diesem frühen Kriegsstadium beschlagnahmt und eingeschmolzen.

Gerd Scherbening, geb. 16. Juli 1888 Schweidnitz/Schlesien, gest. bei Luftangriff 18. Dezember 1944 bei Urft/Eifel — 1918 Hauptmann, 1919 Reichsheer, 1926 Bataillonsstab Breslau, 1930 Reichswehrministerium, Abteilung Heeresfachschulen und Versorgungswesen, 1932 Major, 1934 Bataillonskommandeur Glogau, 1935 Oberstleutnant, 1937 Oberst und Leiter der psychologischen Prüfstelle im Wehrkreis VI (Ost) Münster, 1939 Führung Divisionsstab 406 Münster, 1941 Generalmajor und Kommandeur 406. Division, 1943 Generalleutnant, 1944 Tod bei Fliegerangriff auf Gut „Haus Dalbenden" bei Urft/Eifel.

23. KARL STRECKER – Grevener Straße 69–71

Das Korpsbekleidungsamt des VII. Armeekorps war ab 1922 Polizeischule Rheinland-Westfalen mit Kommandant Karl Strecker (siehe S. 76).

Kommandeur Streckers imposanter Dienstwagen wurde nach den damaligen Sparsamkeitsgrundsätzen fast 15 Jahre bis 1935 benutzt.

Das vormalige Korpsbekleidungsamt an der Grevener Straße war Dienstsitz von Karl Strecker (oben). Das Hauptgebäude wurde in den 60er Jahren abgerissen und mit der Feuerwehrwache bebaut. Weitere Gebäudeteile an der Südseite wurden später als Asylantenunterkunft genutzt sowie außen von Gesindel beschmiert. Ende 2012 wurden auch diese abgerissen.

24. DREIFALTIGKEITSKIRCHE – Grevener Straße 106

In der NS-Zeit suchten staatliche Stellen immer nach Gründen, um Kirchenbauten zu vermeiden. Diese Kirche von den Architekten Heinrich Benteler und Albert Wörmann durfte 1938/39 nur mit einer speziellen Bauauflage gebaut werden, die von außen nur von Kennern bemerkt wird: Die übergroße Krypta ist ein Hinweis auf den darunter befindlichen Schutzbunker, ohne den die Baugenehmigung nicht erteilt worden wäre.

Einer der letzten Kirchenbauten in der NS-Zeit war die Dreifaltigkeitskirche.

25. GREVENER STRASSE 107

Hier wohnte Joseph/Jürgen Stroop (siehe S. 11) während seiner Zeit in Münster 1934/35.

Hier wohnte Münsters SS-Stabschef Jürgen Stroop, dessen Name nach 1945 weltweit bekannt wurde.

26. FRANZ STEBER – Nienberge, Am Kalthof 17

Der Reichsführer SS Franz Steber war ein charismatischer Mann und zog die Massen an. Seine Wochenzeitschrift „Junge Front" hatte ihre Auflage von 1932 bis 1936 verzehnfacht und stand bei 330.000 Abnehmern; mehr hatte auch die massiv gesponserte NSDAP-Zeitung „Völkischer Beobachter" nicht. Als 1935 die Massen zum Nürnberger Parteitag strömten, charterte auch Steber zunächst 57 Busse, dann wurden es 80. Sein Ziel lag allerdings weiter südlich. Es war der Papst in Rom, woran Stebers Gesinnung deutlich wird: Er war strammer Katholik. „SS" stand bei Steber für „Sturmschar", seine katholische Jugendorganisation, deren äußere Formen denen der Hitlerjugend entsprachen. Steber wollte das NS-System mit seinen eigenen Waffen schlagen und hatte dabei beträchtliche Erfolge in einer Zeit, in der alles Militärische in Mode war. Schon 1930 hatte die Sturmschar rund 25.000 Mitglieder. Die „Sturmschärler" sahen sich als „Gottesstreiter" und wollten Vortrupp der neuen katholischen Jugend sein: „Wir wollen ein Leben in Christus führen ... Wir folgen unserer Führerschaft in Kameradschaft und Treue", hieß es in den Statuten. Eine einfache Lebensweise gemäß der Naturgesetze und gegen den Konsum-„Firlefanz" sollte durch eine straffe Erziehung der Jugend verwirklicht werden. Zur Bekämpfung des Kommunismus, mit dessen Angriff auf Westeuropa ständig gerechnet wurde, gehörte auch eine militärische Ausbildung.

Das NS-System wurde immer nervöser, weil Stebers Konkurrenz schnell Divisionsstärke erreicht hatte und zur echten Gefahr wurde. Wenn Tausende Uniformierte den Sturmschargruß „Treu Heil" schmetterten und die 1932 gegründete „Schwarze Hundertschaft" marschierte, sah mancher NS-Funktionär einen Anschlag auf den Lifestyle des dritten Reichs. Auch bei Bezeichnungen wie „Diözesanführer" oder „Gaukaplan" für besonders gute Prediger sahen die braunen Satrapen rot. Schon seit 1933 waren Tausende Sturmschärler verhört und mißhandelt worden, was der Organisation noch mehr Ansehen und Zulauf bescherte. Auch unter die Teilnehmer der Bus-Rom-Wallfahrt 1935 hatten sich Gestapoleute gemischt und schöne Tage in Rom gehabt.

Der Reichsführer SS Franz Steber überlebte die NS-Zeit nur knapp.

Diese Romfahrt hatte schon vor Abreise zu scharfen Konflikten geführt, da es dem dynamischen Steber gelungen war, die nötigen Devisen zu erhalten, was von der NS-Seite als wirtschaftliche Sabotage angesehen wurde. Sogar die Parole „Zäh wie Leder und hart wie Kruppstahl" war nicht mehr ausschließlich von der HJ gepachtet, sondern zum Markenzeichen auch der Konkurrenz geworden. Manche zackige Sturmschar-Marschlieder wurden nach Textänderungen von der HJ übernommen. Anstatt Führers Geburtstag beging die Sturmschar als Feiertag den St.-Michaels-Tag, den Tag des Patrons der Deutschen.

Im Februar 1936 wurde die Sturmschar-Führung, darunter Franz Steber, verhaftet; es folgte die Verhaftung fast aller Diözesanführer und Gauführer. Alle wurden nach Düsseldorf überstellt, wo auch die Gestapo-Verhöre durchgeführt wurden. Diese Verhaftungswelle war selbst für die Gestapo eine Überforderung und rund 30 Sturmschärler wurden mangels

Beweisen wieder freigelassen. Ansonsten lautete der Vorwurf „Vorbereitung zum Hochverrat". Grundlage dafür waren einige wenige Kontakte zu Mitgliedern des verbotenen kommunistischen Jugendverbands als entschiedenen NS-Gegnern. Im April 1937 war das Scheinverfahren vor dem Volksgerichtshof. Es war die Rache des NS-Systems, schwach getarnt durch Paragraphen. Franz Steber wurde zu fünf Jahren Zuchthaus verurteilt und schwer mißhandelt. 1941 wurde er freigelassen und war nach 1945 wieder in der katholischen Bewegung aktiv.

Seine letzte berufliche Stellung war in Münster in der Schulverwaltungsabteilung beim Regierungspräsidenten. Nach dem Ruhestandsbeginn 1964 baute er, der immer unterwegs gewesen war, im Alter von 60 Jahren sein Haus in Münster-Nienberge. Allerdings hatte er noch immer einige Posten, wie den stellvertretenden Vorsitz des münsterischen Caritasverbandes und des Sozialdienstes katholischer Männer. 1983 wurde er auf dem Friedhof Nienberge begraben.

Franz Steber, geb. 15.November 1904 München, gest. 29. Juli 1983 Münster — 1922–25 Kanzleidienst Stadtverwaltung München, 1926 Jugendsekretär beim Landesjugendseelsorger Bayern, 1927 Verwaltung Jugendhaus Düsseldorf, 1926–30 Reichswanderwart des Katholischen Jungmännerverbandes Deutschlands (KJMVD), 1928–29 Studienkurs staatlich geprüfter Jugend- und Wohlfahrtspfleger Freiburg, 1929 Zusammenfassung der Wandergruppen des KJMVD zur Sturmschar; Steber wird vom Reichswanderwart zum Reichsführer Sturmschar, 1932 Sturmschar-Reichstreffen Koblenz und Publikation „Junge Front" gegen den NS, 1934 Sturmschar-Reichstreffen auf Rheinschiff als Schutzort gegen NS-Übergriffe, Eingliederung der 1.500-Mann-Deutschmeister-Jungenschaft, 1935 Heirat und daher Rücktrittspflicht als Reichsführer SS,

1936 Verhaftung, 1937 Urteil Volksgerichtshof fünf Jahre Zuchthaus, ab 1938 Verweigerung ärztlicher Behandlung, 1939 formelles Verbot der Sturmschar, 1941 Freilassung, dann Kunstgewerbegeschäft Gelsenkirchen, ab 1942 Geburt vierer Kinder, 1943 Evakuierung nach Bayern, dort Kontakte mit Alfred Delp vom Kreisauer Kreis, 1945 Mitbegründer CSU und erster Landesvorsitzender der Jungen Union Bayerns, 1949 Ablehnung Bundestagsmandat wegen gesundheitlicher Haftfolgen, dann Direktor des Bayerischen Jugendsozialwerks; dabei Bauprojektierungen von über 200 Jugendwohnheimen. 1955 Sozialreferent in der Zentrale der katholischen Jugend Deutschlands (BDKJ) in Düsseldorf, 1960 päpstlicher Silvesterorden, 1964 Ruhestand in Münster.

27. HAUS RÜSCHHAUS – Nienberge

1945 war man in Münster froh, daß der Wohnsitz der Annette von Droste-Hülshoff den Krieg überstanden hatte. Wenig bekannt ist, daß das Haus bei der Eroberung Münsters akut gefährdet war, weil es in der Nähe Kämpfe gegeben hatte. Einige Hitlerjungen waren in ihrem Schießstand auf der Lauer, als ein einzelner amerikanischer Panzer heranrollte. Der HJ gelang ein Volltreffer oberhalb der Kanone. Der Panzerfahrer sprang heraus, wollte fliehen und wurde mit dem MG 41 erschossen. Die Hitlerjungen reparierten den Panzer und gingen damit auf „Feindfahrt". Dabei trafen sie plötzlich auf Amerikaner zu Fuß, für die es eine üble und tödliche Überraschung war, vom eigenen Panzer beschossen zu werden. Die Hitlerjungen, die alle in derselben Schulklasse waren, belastete diese Erinnerung noch Jahrzehnte danach.

DANKSAGUNGEN

Für diese Darstellung hat sich ein institutsähnlicher Apparat von Unterstützern entwickelt, durch die viele Recherchen ermöglicht und beschleunigt wurden. Wichtige Hinweise, Kontaktherstellungen, Ausleihen, Fotos, Literaturquellen verdankt der Autor Anna Averdiek, Vera Baumeister, Volker Bettin, Kristian Buchna M.A., Dr. Mechthild Black-Veldtrup/Staatsarchiv NRW/Münster, Sebastian Felz M.A., Ewald Halbach †, Dr. Ralf Hammecke/Zentralfriedhof Münster, Dr. Bernd Haunfelder, Gerd Heidemann, Dr. Paul Hüffer, Katrin Jaspers M.A., Dr. Klefisch/Staatsarchiv NRW/Düsseldorf, OKD a. D. Heinrich Kemper, Volker Knopf, Prof. Alfred Koch, Prof. Wilhelm Kohl, Helmut König, Hptm. a. D. Siegfried Kottmann, Lektor Dr. Bernward Kröger, Lutz Kröger, Renate Kröger, Carsten Krystofiak, Hans Joachim Krystofiak, Walter Kutsch/Bibliothek Monasteria, Bernd Löckener, Rüdiger von Manstein, Gisela Möllenhoff, Dr. Doris Möllers, Florian Niggemeyer M.A., Dr. Eberhard Paal, Siegfried Peis, Irmgard Pelster/Stadtarchiv Münster, Dr. Tilman Pünder, Heidi Reichling, Gen. StA. a. D. Ursula Reichling, LOStA a. D. Horst Rüdiger Rieso, Martin Schäfer/ STUVA e. V. Köln, Thorsten Schmidt und Rudolf Eienbröker/Zeitungs- und Pressearchiv WWU, Dr. Axel Schollmeier/Stadtmuseum Münster, The Hon. Oliver Soskice, Christoph Spieker/Villa ten Hompel, Henning Stoffers, Christoph Thiel, Joachim Thiele, Gudrun Wilhelmsmeyer, ULB Münster.

QUELLEN UND LITERATUR

Ackermann, Volker: Die Geschichte des Industrie-Clubs, Düsseldorf 2006

Amtliches Fernsprechbuch für den Bezirk der Reichspostdirektion Münster (Westf.) 1943

Aronson, Shlomo: Reinhard Heydrich und die Frühgeschichte von Gestapo und SD, Stuttgart 1971

Baumeister, Vera: Beitrag zum Geschichtswettbewerb des Bundespräsidenten: .... Wenn eine Finanzbehörde zuerst die Enteignung und dann die Wiedergutmachung regelt ..., Münster 2011

Beevor, Antony: Stalingrad, München 1999

Bezwinska, Jadwiga (Hg.): KL Auschwitz in den Augen der SS, Kattowitz 1981

Börger, Bernd et alii (Hgg.): Sie hielten Stand. Sturmschar im Katholischen Jungmännerverband Deutschlands, Düsseldorf 1989

Bräuninger, Werner: Hitlers Kontrahenten in der NSDAP, München 2004

Breckoff, Olrik (Regie): Zwischen Kreuz und Hakenkreuz, 1969

Brilling, Bernhard: Juden in Münster. Eine Gedenkschrift, Münster 1960

Brütting, Georg: Das waren die deutschen Kampfflieger-Asse 1939–1945, 2./Stuttgart 1975

Birn, Ruth Bettina: Die Höheren SS-und Polizeiführer, Düsseldorf 1986

Busch, Eberhard: Karl Barths Lebenslauf, 4./ München 1986

Deschner, Günther: Reinhard Heydrich, 5./ Wien 2008

Detmering, Rolf: Sanitätsoffiziere des Heeres im Generalsrang, o. O., 1957

Ditt, Karl: Raum und Volkstum. Die Kulturpolitik des Provinzialverbandes Westfalen 1923 bis 1945, Münster 1988

Einwohnerbuch der Stadt Münster, Jgg. 1921–1966

Elsner, Gine: Heilkräuter, Volksernährung, Menschenversuche. Ernst Günther Schenck: Eine deutsche Arztkarriere, Hamburg 2011

Fest, Joachim; Eichinger, Bernd: Der Untergang. Das Filmbuch, 8./Hamburg 2005

Fröhlich, Elke (Hg.): Die Tagebücher von Joseph Goebbels, München 1987–1995
Fünfzehn Jahre NSDAP Münster, o. O. u. J. [Münster 1937]
Gassert, Philipp, Mattern, Daniel: The Hitler Library: A Bibliography, Westport CT, 2001
Gernwarth, Robert: Reinhard Heydrich, München 2011
Gotto, Klaus et alii (Bearb.): Das Tagebuch von Staatssekretär Lenz 1951–1953, Düsseldorf, 1989
Grevelhörster, Ludger: Anfänge und Entwicklung der NSDAP in Münster, in: Quellen und Forschungen zur Geschichte der Stadt Münster, Neue Folge, 11. Band, Münster 1984
Grimm, Friedrich: Unrecht im Rechtsstaat, Tübingen 1957
Gutschow, Niels; Pick, Gunnar: Bauen in Münster. Architekturführer, Münster 1983
Hachmeister, Lutz: Der Gegnerforscher. Die Karriere des SS-Führers Franz Alfred Six, München 1998
Hart, Liddell: Geschichte des Zweiten Weltkriegs, Wiesbaden 1970
Haunfelder, Bernd: Die münsterischen Regierungspräsidenten des 20. Jahrhunderts, 2006
Haunfelder, Bernd: Nordrhein-Westfalen. Ein biographisches Handbuch, Münster 2006
Heiber, Helmut: Universität unter dem Hakenkreuz, München 1991
Heuer, Gerd: Die Generalobersten des Heeres, Rastatt 1988
Husen, Paulus van: Erinnerungen eines Juristen vom Kaiserreich zur Bundesrepublik Deutschland, Paderborn 2010
Herhudt von Rohden, Hans-Detlef: Die Luftwaffe ringt um Stalingrad, Wiesbaden 1950
Ingrao, Christian: Croire et détruire. Les intellectuels dans la machine de guerre SS; Paris 2010
Internationales Auschwitz-Komitee (Hg.): Unmenschliche Medizin. Anthologie, Bd. 1, Teil 2, Warschau 1969
Irving, David: Goebbels, Mastermind of the Third Reich, London 1996
Jakobi, Franz-Josef; Thomas Sternberg (Hgg.): Kulturpolitik in Münster während der NS-Zeit, Münster 1990
Janssen, Hauke: Nationalökonomie und Nationalsozialismus, 4./Marburg 2012
Keinemann, Friedrich: Soziale und politische Geschichte des westfälischen Adels 1815–1945, Hamm 1976
Keipert, Maria et alii: Biographisches Handbuch des deutschen Auswärtigen Dienstes, Paderborn 2000–2012
Kenkmann, Alfons; Spieker, Christoph (Hgg.): Im Auftrag, Polizei, Verwaltung und Verantwortung, Essen 2001
Kenkmann/Spieker: Wiedergutmachung als Auftrag, Essen 2007
Knopf, Volker: Görings Reich. Selbstinszenierungen in Carinhall, Berlin 1999
Koch, Horst-Adalbert: Flak. Die Geschichte der deutschen Flakartillerie 1935–1945, Bad Nauheim 1954
Kohl, Wilhelm: Kleine westfälische Geschichte, Düsseldorf 1994
Krausnick, Helmut: Einsatzgruppen, Die Truppe des Weltanschauungskrieges 1938–1942, Hamburg 1993
Kroos, Franz: Der Fall Regensberg. Dunkle Dokumente, in: Festschrift für Anton Eitel, Münster 1947
Krüger, Gerd: „Treudeutsch allewege!" .Gruppen, Vereine und Verbände der Rechten in Münster, Münster 1992
Kuropka, Joachim (Bearb.): Meldungen aus Münster 1924–1944, Münster 1992
Kurz, Lothar et alii (Hgg.): 200 Jahre zwischen Dom und Schloß; Münster 1980
Landespolizeischule Carl Severing (Hg.): Die Geschichte der Landespolizeischule Münster (Westf.) 1920–1960, Ahlen 1960
Leppa, Konrad: Generalfeldmarschall Walter Model. Von Genthin bis vor Moskaus Tore, Nürnberg 1962

Leesch, Wolfgang: Verwaltung in Westfalen 1815–1945, Münster 1992

Lilla, Joachim: Leitende Verwaltungsbeamte und Funktionsträger in Westfalen und Lippe (1918–1945/6), Münster 2004

Loge „Zu den drey Balken" in Münster 1778–1978, Münster 1978

Longerich Peter: Joseph Goebbels, Berlin 2010

Mänz; Peter, Warnecke, Nils: Die ideale Frau. Ruth Leuwerik und das Kino der fünfziger Jahre, Berlin 2004

Manstein, Rüdiger von: Manstein. Soldat im 20. Jahrhundert, München 1981

Mehner, Kurt (Hg.): Die Waffen-SS und Polizei 1939–1945, Norderstedt 1995 (Rangliste)

Miethlau, Jens: Von der „ambulance chirurgicale mobile" (ACM) zur „Modularen Sanitätseinrichtung" (MSE), Marburg 2008

Moczarski, Kazimierz: Gespräche mit dem Henker. Das Leben des SS-Gruppenführers und Generalleutnants der Polizei Jürgen Stroop; aufgezeichnet im Mokotów-Gefängnis zu Warschau, Berlin 2008

Nathusius, Ingo: Am rechten Rande der Union. Der Weg der Deutschen Partei bis 1953, Diss. Mainz, 1992

Nationalrat der Nationalen Front (Hg.): Braunbuch 3./Berlin 1968

Nationalrat der Nationalen Front (Hg.): Graubuch, 2./Berlin 1967

Paal, Erwin: Unter der unsichtbaren Flagge bei der 16. Infanteriedivision und der 16. Panzerdivision, 2 Bde, Privatdruck o. O. u. J. (Münster ca. 1998)

Pollack, Martin: Der Tote im Bunker, Wien 2004

Pünder, Hermann: Von Preußen nach Europa. Lebenserinnerungen, Stuttgart 1968

Pünder, Magda: Höhen und Tiefen, Privatdruck Köln 1980

Pünder, Tilman: In jenen Jahren 1944–1945 bei uns daheim, Privatdruck, Köln 1962

Rademacher, Jörg/Steinhagen, Christian: Gelehrtes Münster und rundum, Jena 2005

Range, Clemens: Die Generale und Admirale der Bundeswehr, Herford 1990

Reichshandbuch der deutschen Gesellschaft, Berlin 1930

Reuth, Ralf-Georg: Goebbels, München 1990

Richard-Wiegandt, Ursula/Stadtplanungsamt: Das Siedlungswachstum der Stadt Münster vom 19. Jahrhundert bis zum zweiten Weltkrieg, Münster 1991

Rose, Arno: Werwolf 1944–1945, Stuttgart 1980

Rülander, Ulrike: Münster-Garnisonsstadt und Armeestandort 1871–1945, Münster 1997

Rüter-Ehlermann, Adelheid et. al. (Bearb.): Justiz und NS-Verbrechen, Band IV, Amsterdam 1970 (Ernst Mierig); Band XII, 1974; Band XVI, 1976 (Herbert Zimmermann)

Sauerlandia (Hg.): CV und Nationalsozialismus, Sauerlandia ./. Derichsweiler, o. O. (Münster), 1958

Scheuble, Julius (Hg. aus Nachlaß Friedrich Syrup): Hundert Jahre Staatliche Sozialpolitik 1839–1939, Stuttgart 1957

Schirach, Baldur: Die Pioniere des Dritten Reichs, Essen, o. J. (1933)

Schröder, Arno: „Hitler geht auf die Dörfer ..." Der Auftakt zur nationalen Revolution; Erlebnisse und Bilder von der entscheidenden Januarwahl 1933 in Lippe, Detmold 1938

Schröder Arno: Mit der Partei vorwärts, Münster 1940

Schröder, Arno: Westfalen-Nord seit der Machtergreifung, Berlin 1940

Ständer, Sonja et alii: Die Universitäts-Hautklinik Münster, Heidelberg 2006

Steiner, John M. et al.: Willkür in der Willkür. Befreiungen von den Nürnberger Gesetzen. In: Vierteljahreshefte für Zeitgeschichte 46, 1998.

Steinhagen, Christian: Münster – Die großen Kriminalfälle, 2./Münster 2012
Studiengesellschaft für unterirdische Verkehrsanlagen e. V (Hg.): Vergangenheit trifft Zukunft. 50 Jahre STUVA 1960–2010, Köln 2010
Stüken, Wolfgang: Vom nationalsozialistischen Rechtsrat zum Stadtdirektor: Wilhelm Sasse, in: Die Warte Nr. 144, Paderborn 2009
Smelser, Ronald: Robert Ley. Hitlers Mann an der Arbeitsfront, Paderborn 1989
Smieszchala, Alfred: Ernst Mierig. Kreisleiter Münster-Warendorf, in: Festschrift für Alfred Smieszchala, Warendorf 2006
Telefonverzeichnis für den Stadt- und Landkreis Münster (Westf.) o. J. (1947)
Thamer, Hans-Ulrich et alii: Die Universität Münster im Nationalsozialismus, Münster 2012
Thien, Hans-Günter et alii (Hgg.): Münster – Spuren aus der Zeit des Faschismus, 1983
Thomas, Franz; Wegmann, Günter: Die Ritterkreuzträger der Flugabwehrtruppen, Osnabrück 1991
Ullrich, Christina: „Ich fühl mich nicht als Mörder". Die Integration von NS-Tätern in die Nachkriegsgesellschaft, Darmstadt 2011
Verband Marburger Teutonen (Hg.): Blaubuch des Corps Teutonia, 2./Marburg 1953
Vergin, Ute: Die nationalsozialistische Arbeitseinsatzverwaltung und ihre Funktionen beim Fremdarbeiter(innen)einsatz während des Zweiten Weltkriegs, Online-Dissertation, Osnabrück 2008
Wald, Renate: Mein Vater Robert Ley, Nümbrecht 2004
Walsh, Raoul (Regie): Desperate Journey, Hollywood 1942
Wantzen, Paulheinz: Das Leben im Kriege 1939–1945, 2 Bde., Bad Homburg 1999
Wehrmann, Hildegard: Hermann Pünder, Patriot und Europäer, Essen 2012
Werner, Frank: Schaumburger Nationalsozialisten. Bielefeld 2009
Werthen, Wolfgang: Geschichte der 16. Panzer-Division 1939–1945, Bad Nauheim 1958
Wette, Wolfram: Kurt Jäger, Frankfurt a.M., 2011
Who's Who an Rhein und Ruhr 1963/1964, München 1963
Wilbrandt, Christa: Die Halle Münsterland 1926 bis 2001, Münster 2001
Wildt, Michael: Generation der Unbedingten. Das Führungskorps des Reichssicherheitshauptamtes, Hamburg 2002
Witte, Peter et alii (Hgg.): Der Dienstkalender Heinrich Himmlers 1941/42, Hamburg 1999

Zeitungen:

Das schöne Münster (Hg. Verkehrsamt der Stadt Münster); Frankfurter Allgemeine Zeitung; Konkret; Münsterischer Anzeiger; Westdeutsche Tageszeitung; Soldaten – Kameraden vom Rhein bis zur Weser. Nachrichten aus dem VI. Armeekorps (Wehrkreis VI) Hg. Wehrkreiskommando VI, Münster, Jgg. 1942/43; Der Spiegel; Westfälische Nachrichten.

Staatsarchiv NRW/Abtlg. Westfalen/Münster:

Personalakten: Brüggestrat, Flörke, Graebner, Peppersack. Ermittlungsakten: Kunz, Landgraf.
Privatbesitz: Unterlagen Becker, Ebbert, Kisnat, Kluge, z. T. Lucas/Regensberg, Manstein, Paal, Reichling.

Universitätsarchiv:

Personalakten Kunz, Ley.

Exemplarische Verweisstellen (in der Reihenfolge der Einträge):

— allgemein: Ernst Klee: Das Personenlexikon zum Dritten Reich. 2./Frankfurt, 2005
— zu Jürgen Stroop: Moczarski, Kasimierz: Gespräche mit dem Henker, Berlin 2008
— zu Walter Blume: vgl. Klee
— zu Heinrich Heising: Kenkmann, Alfons: „Pater Devisius ...", in: Hirschfeld, Gerhart (Hg): „Karrieren Nationalsozialismus ...", Hamburg 2002
— zu Wilhelm Rudolf Mann: vgl. Klee
— zu Heinrich Glasmeier: Ditt, Karl: Raum und Volkstum, Münster 1988
— zu Otto Bräutigam: vgl. Klee; Priamus, Heinz Jürgen: Alfred Meyer, Essen 2011; ders. in: Westfälische Lebensbilder, Band 17
— zu Heinrich Austermann: Sabine Mecking (Hg.): Stadtverwaltung im Nationalsozialismus, Paderborn 200
— zu Heinrich Lankenau: Kenkmann, Alfons; Spieker, Christoph: Im Auftrag, Essen 2001
— zu Herbert Zimmermann: Justiz und NS-Verbrechen, Bde. XII u. XVI, Amsterdam 1974, 1976
— zu Gerhard Bast: Pollack, Martin: Der Tote im Bunker, Wien 2004
— zu Otmar von Verschuer: vgl. Klee
— zu Franz Ludwig: Aufsatz von Sandberger, Wolfgang in: Jakobi/Sternberg: Kulturpolitik in Münster währe der nationalsozialistischen Zeit, 1990
— zu Eberhard Schöngarth vgl. Klee
— zu Alfred Meyer: Biographie von Priamus; Heinz Jürgen
— zu Wilhelm Sasse: Aufsatz von Wolfgang Stüken in. Die Warte Nr 144/2009
— zu Johann Paul Kremer: Bezwinska, Jadwiga (hg.): KL Auschwitz in den Augen der SS, Kattowitz 1981
— zu Franz Steber: Börger, Bernd: Sie hielten Stand, Düsseldorf 1989

Bildnachweise

Umschlagabbildungen aus Privatbesitz, Nachlaß Hermann Reichling 192, Nachlaß Dr. Hermann Pünder 183, 184, 214 u., Volker Bettin 140 u., Gerd Heidemann 137, Henning Stoffers 134 u., 135 u., 165, 175, 219, Nach Paulheinz Wantzen 32 u., 217 u., Nachlaß Heinrich Hoffmeister 103 u., 115 u., 206, Nachlaß Dr. Erwin Paal Nachlaß Erich von Manstein 93 o., STUVA e.V. Köln 91., Bernd Löckener 65, 66, 107, 139 u., 145 u., 181, 191 o., u., 158 Privatbesitz, durch Montage veränderter Bildauschnitt, Joachim Thiele 51, 52, 57, 136, 146 r. u., Nachlaß Frank Soskice 93 u., Völkischer Beobachter 43 o., Volker Knopf 25, Nachlaß Franz Averdiek 203 u., Frank Werr Schaumburger Nationalsozialisten 207 u., Stadtmuseum/Slg. Hülsbusch 85, 141, 171 u., 176, 177, Archiv Villa Hompel 11, 19 u., 21, 22 o., 50, 77, 80, 84, 121, Stadtarchiv 18, 19 o., 202 o., 215 o., Fotomontage, andere Arc Aschendorff, Autor, ungenannt aus Privatbesitz.

Karten

Quelle der Kartenausschnitte auf den Seiten 9, 55, 83, 129, 161, 187: Openstreetmap (stepmap.de)

PERSONENVERZEICHNIS: